우리가 혹하는 이유

THE LIFE-CHANGING SCIENCE OF DETECTING BULLSHIT

Text Copyright © 2021 by John V. Petrocelli
Published by arrangement with St. Martin's Publishing Group.
All rights reserved.
Korean translation copyright © 2021 by Haewadal Contents Group Co., Ltd.
Korean edition is published by arrangement with St. Martin's Publishing Group
through Imprima Korea Agency.

이 책의 한국어판 저작권은 Imprima Korea Agency를 통해
St. Martin's Publishing Group과의 독점 계약으로 주식회사 해와달콘텐츠그룹에 있습니다.
저작권법에 의해 한국 내에서 보호를 받는 저작물이므로 무단 전재와 무단 복제를 금합니다.

• 오월구일은 주식회사 해와달콘텐츠그룹의 단행본 브랜드입니다.

우리가 혹하는 이유

사회심리학이 조목조목 가르쳐주는 개소리 탐지의 정석

존 페트로첼리 지음
안기순 옮김

THE LIFE-CHANGING SCIENCE OF DETECTING BULLSHIT

오월구일

일러두기
1. 저자의 원주는 번호를 달아 미주로 처리했으며 각주는 모두 옮긴이의 것입니다.
2. 인명과 기관명 등의 고유명사는 외래어표기법을 따르되 국내에 이미 널리 사용되는 표현이 있는 경우 그에 따랐습니다.
3. 저작물 표기는 단행본·정기 간행물은 《 》, 신문·주간지·월간지나 영화·텔레비전 프로그램 등은 〈 〉을 사용했습니다.
4. 이 책에서 제공하는 통계나 정보는 원서의 출간 시점(2021년)을 기준으로 한 내용을 담고 있습니다.

차례

8   들어가며
우리는 자주 혹하고 기어이 속는다

확신은 위험하다 / 우리를 둘러싼 개소리꾼들 / 거짓말과 개소리, 어떻게 다른가 / 개소리에 꾀는 파리 지수 / 메시지는 태도와 신념을 흔든다

35   1장 미끼에 현혹되는 사람들
: 와인, 얼토당토않은 가격, MBTI 검사

기준이라곤 찾아볼 수 없는 와인 시장 / 사람들은 왜 개소리에 지갑을 여는가 / MBTI, 끝내주게 성공한 속임수 / 결코 사소하지 않은 대가

77   2장 합리적이라는 착각
: 버나드 메이도프의 주식 사기에 속아 넘어간 무리

폰지 사기의 공식 / 우리는 왜 개소리에 혹할까?

125   **3장 사람들은 언제, 왜 개소리를 할까?**
              : 신호를 감지하라

              치어리더가 된 전문가들 / 어떤 상황이 개소리를 유발하는가 /
              당신 곁에도 다스 베이더가 있는가

165   **4장 거짓말쟁이에게도 신봉자는 있다**
              : 더글러스 비클렌, 도널드 트럼프, 디팩 초프라

              신봉자를 만드는 방법 / 가짜 심오함을 팔기 / 권위라는 환상 이용하
              기 / 캐릭터 구축과 저격 / 호감을 쌓아 특별하게 다가가기

205   **5장 '왜' 대신 '어떻게'라고 물어라**
              : 사회심리학이 알려주는 개소리 탐지법

              테드 강연의 헛소리들 / 정중한 의심과 질문 / '왜' 대신 '어떻게'라고
              묻기 / 숫자는 어떻게 진실을 감추는가 / 헛소리를 감지하는 단어와
              구절 / 과학은 정말 정직한가

243 **6장 우리는 더 현명해질 수 있다**
: 의심하고 경계하고 의문을 제기하기

커티스 베이커와 자동차 딜러 / 팀 테리와 보석 소매상 / 크리스티나 프라이스와 부동산 중개업 / 형사 콜롬보식 사고방식 / 비교표준·참조점·기준점을 활용하기

278 **나오며**
개소리가 용인되지 않는 세상을 위해

동료 압력과 행동 전염 / 과학적 사고라는 안전장치

289 미주

들어가며

·

우리는 자주 혹하고
기어이 속는다

2017년 2월, NBA 올스타 경기를 이틀 앞두고 슈퍼스타 카이리 어빙Kyrie Irving은 팟캐스트에서 다음과 같은 흥미로운 주장을 펼쳐서 경기 자체보다 훨씬 뜨거운 주목을 받았다.

이것은 음모론도 개소리bullshit[1]도 아닙니다. 지구는 둥글지 않아요. 평평합니다. 정말 그래요. 우리는 지금껏 지구가 둥글다고 배웠어요. 하지만 여행할 때 우리 시야에 들어오는 경관, 우리가 움직이는 모습을 곰곰이 생각해보면, 정말 지구가 태양 주위를 돈다는 게 의아합니다. 모든 행성(행성이라는 단어를 언급할 때는 양손 각 두 손가락으로 따옴표를 표시했다)이 우리 머리 위에 있는데도, 정말 일정 주기에 맞춰 태양 주위를 돌며 일렬로 늘어선다는 게 이론적으로 맞는 걸까요? 행성들이 보내는 신호, 아니 보내고 있다고 말하는 신호도 무엇 하나 되돌아오지 않습니다. 과학자들이 우리에게 주는 정보 말고는 구체적인 정보가 전혀 없어요. 그들은 무엇을 믿고, 무엇을 믿지 말아야 할지 우리에게 강요합니다. 진리는 존재하므로, 이제 우리가 직접 찾아 나서야 합니다.[2]

황당하겠지만 이런 주장을 펼치는 것은 카이리 어빙만이 아니다. 온라인 조사기관인 유고브YouGov가 미국 성인 8000명 이상을 대상으로 "지구가 둥글다고 믿나요, 평평하다고 믿나요?"라고 묻자, 응답자의 84퍼센트만 지구는 확실히 둥글다고 대답했다. 5퍼센트는 둥글다는 말을 의심한다고 대답했고, 2퍼센트는 평평하다고 대답했으며, 7퍼센트는 잘 모르겠다고 대답했다.[3] 이뿐만이 아니다. 무려 22만 6000명이 넘는 사람들이 페이스북의 평평한지구학회Flat Earth Society를 팔로잉하면서 지구가 평평하다는 잘못된 믿음을 홍보하고 지구가 둥글다는 주장에 이의를 제기했다. 개인도 개인이지만, 트위터 팔로워가 400만 명이 넘는 세계적인 농구 스타 카이리 어빙 같은 사람들이 지구가 평평하다는 주장을 펼친다면 상당한 주목을 끌 것이다.

어빙은 정말 지구가 평평하다고 믿는 걸까? 아니면 그저 '개소리'를 한 것일까?

사회과학자 입장에서, 나는 어빙의 주장을 매우 진지하게 받아들인다. 어빙의 주장이 옳다고 생각하기 때문이 아니다. 어빙의 주장은 달이 치즈로 만들어졌다는 주장만큼이나 허무맹랑하다. 그런데도 진지하게 받아들이는 이유는, 개소리를 연구하는 입장에서 어빙의 말이 '반복적 행동 유형'에 부합하기 때문이다. 지구가 평평하다고 믿으려면 수십 년 동안 실시된 우주 탐사를 위조하는 전 세계적 음모, 과학의 많은 분야에 대한 부정, 새로운 힘과 자연법칙의 발견을 입증할 증거가 필요할 것이다. 하지만 실제로는 아무것도 필요 없이 진실과 진짜 증거를 철저하게 무시하는 사고방식만 있으면 된다. 다시 말해 개소리만 하면 된다.

어빙은 구체적인 정보를 발견하고 "연구"해서 진실을 찾으라고 권한다.[4] 이것은 개소리꾼이 하는 전형적인 개소리다. 개소리꾼은 널리 인정받은 증거에 기반하지 않거나 그 증거가 불분명하다고 암시함으로써 주위에 널리 퍼진 설득력 있는 증거를 무시한다.[5] 어빙이 말하는 "연구"가 무엇을 가리키는지 모르겠지만, 어빙이 지구 모양을 묻는 질문에 과학적으로 접근했다면 분명 지구가 "평평하지" 않다는 사실을 깨달았을 것이다.

어빙이 과학에 기반해 지구 모양을 탐구하려 했다면 손쉽게 수집할 수 있는 과학적 증거들을 살펴봤을 테니 말이다. 과학자들은 많은 연구 결과를 비판적으로 평가하는 분석 방법을 즐겨 사용한다. 직접 실험을 하는 것보다 훨씬 쉬울뿐더러 비용도 시간도 적게 들기 때문이다. 지구가 달과 태양 사이를 지날 때, 즉 월식일 때 달에 비친 지구의 그림자, 세계적으로 일출과 일몰이 동시에 일어나지 않는다는 사실, 일몰 때 사람들의 시야, 다른 행성의 모양, 전 세계 우주 연구 프로그램들이 수집한 방대한 양의 위성 이미지를 뒷받침하는 증거가 각종 연구 자료에 체계적으로 기록되어 있고, 하나같이 지구가 평평하지 않다는 사실을 입증한다.

'증거에 근거한 추론 방식'을 따르는 '비판적인 사고자'의 입장에서, 나는 지구가 둥글다고 확신한다. 왜냐고? 지구에 대한 복합적이고 독립적인 연구자료와 증거를 추적하다 보면, 우리가 살고 있는 행성이 하키 퍽보다는 농구공을 훨씬 더 닮았다는 동일한 결론으로 수렴되기 때문이다.

역사 기록이 어빙 같은 구형 지구 회의론자들을 만족시키지 못한다면, 과학 연구 방법에서 필수 요소인 실험 복제를 시도해볼 만하다. 2000년 전 그리스 학자인 에라토스테네스는 매우 간단한 실험을 실시했다. 땅에 막대기를 꽂고 수학적 계산을 이용해 지구의 모양을 판단한 것이다. 에라토스테네스는 시에네에서 여름의 첫날인 6월 21일 정오가 되면 태양이 머리 바로 위에 떠서 땅에 그림자를 만들지 않는다는 사실을 알고 있었다. 그가 시에네에서 북쪽으로 거의 800킬로미터 떨어진 알렉산드리아에 머물 때였다. 알렉산드리아 땅에 막대기를 꽂고 정오가 되면 땅에 그림자가 만들어지는지 지켜보았다. 짐작한 대로 막대기 그림자가 약 7도 정도 기울어져 드리웠다. 태양 광선은 하루 중 같은 시각에 같은 각도로 들어오는데, 알렉산드리아 땅에 꽂은 막대기에는 그림자가 생기고 시에네 땅에 꽂은 막대기에는 그림자가 생기지 않았다면 지구 표면은 틀림없이 둥글다는 뜻이다.[6]

또 포르투갈 탐험가 페르디난드 마젤란Ferdinand Magellan과 스페인 탐험가 후안 세바스티안 엘카노Juan Sebastián Elcano가 배로 지구를 일주할 때 선택한 항로를 살펴보자. 마젤란과 엘카노는

1519년 9월 20일 세비야에서 출항해 대서양을 횡단해서 남아메리카 남단을 통과한 후에 태평양과 인도양을 거쳐 아프리카 남단을 돌아 1522년 9월 6일 세비야로 귀환했다.[7] 두 사람처럼 3년에 걸쳐 세계를 일주할 시간을 낼 수 없다면 딕 루탄Dick Rutan과 지나 이거Jeana Yeager가 세계 최초로 비행기를 타고 9일 만에 세계를 일주한 항로를 따라가보자. 정리하자면 어떤 경로를 따르더라도 결론은 같다.

확신은 위험하다

진실이 아닌 이야기를 믿는 사람이 어디 어빙뿐이겠는가. 아폴로 우주비행사가 사실이 아니라고 밝혔는데도 달에서 만리장성을 볼 수 있다고 믿는 사람이 많다.[8] 개의 나이는 품종과 몸집에 따라 다른데도(7년 후 세인트 버나드는 54세지만 말티즈는 44세에 불과하다) 인간 나이 1년이 개의 나이 7년과 맞먹는다고 믿는 사람이 많다.[9] 인간이 모자를 쓰지 않고 외출했을 때 체온이 떨어지는 정도는 바지를 입지 않았을 때와 같다고 전문가들이 입증했는데도 대부분의 사람들은 체온이 머리를 통해 가장 빨리 빠져나간다고 믿는다.[10] 설탕이 과잉행동을 유발하지 않는다고 거의 모든 실험 결과가 말하고 있지만 아이들에게 설탕을 먹이면 과잉행동이 유발된다는 주장 역시 끊이지 않는다.[11] 또 전문가들이 전혀 입증되지 않았다고 설명하는데도 비타민 C가 감기 치료에 효과적이라고 믿는 사람이 여전히 많다.[12]

하지만 진실을 아무리 말해주어도 애초에 과학을 믿지 않는 사람들을 설득시키기란 쉽지 않다. 만약 전 세계 수천 명의 과학자들이 지구의 진짜 모습을 감추려는 음모에 가담했을지 모른다고 믿는 사람이 있다면, 아무리 아니라고 설명해도 꿈쩍도 하지 않을 것이다. 어빙은 지구가 평평하다는 이론을 주장한 뒤 여론의 뭇매를 맞았지만 전혀 아랑곳하지 않은 채 2018년 이렇게 대응했다. "글쎄요. 잘 모르겠습니다. 우리나라 교육 시스템에 문제가 있으니까 자신이 믿고 싶은 걸 사실로 입증하려면 스스로 공부할 수밖에 없죠."[13] 사람들에게 직접 공부하라고 제안하는 것과 자신이 전혀 알지 못하는 사항을 사실이라고 주장하는 것은 엄연히 다르다. 하지만 여전히 어빙은 입증된 증거를 살펴보려는 마음이 전혀 없는 것 같다.

물론 내게는 어빙을 모욕할 의도가 없다. 개소리의 음흉한 결과를 연구하는 사회과학자의 입장에서 진정한 증거의 가치와 추론이 갖는 맹점에 관심이 있을 뿐이다. 독립적인 여러 연구자료에서 설득력 있는 증거들이 나왔으므로, 우리는 지구가 둥글다고 믿어야 한다. 어빙처럼 지구가 평평하다고 믿는 사람들은 지구가 평평하다고 가정하고 이를 뒷받침할 증거를 찾는다. 아무도 지구가 둥근지 평평한지에 대해 확고부동하게 관심을 기울이지 않고 짜맞춘 증거에 근거해 추론할 뿐이다. 만약 지구가 평평하다는 주장을 설득력 있는 진정한 증거가 뒷받침한다면 나는 사회과학자 입장에서 두말하지 않고 수용할 수 있다.

많은 사람이 그렇듯, 어빙 또한 과학적 방법을 이용하지 않으면서 과학적 용어를 사용한다. 어빙이 용어보다 방법에 더욱 민감하게 신경을 썼다면 분명 다른 결론을 내렸을 것이다. 과학적 방법은 사람들이 믿고 싶어 하는 개념을 뒷받침하는 수단이 아니다. 우리가 사는 세상에 대해 객관적인 결론을 내리기를 희망하면서 객관적인 관찰 내용을 수집하고 기록하는 체계적인 방법이다. 과학자는 진실을 알고 싶어 하기 때문에 과학적인 방법을 쓴다.

그렇다면 과학적인 방법은 어떻게 작용할까? 첫째, 과학자는 사물을 관찰하고, 자신이 관찰한 대상에 대해 이론을 세우고, 시험 가능한 설명을 발전시킨다. 이것이 가설이다. 과학자는 자신이 세운 가설에 적합한 진정한 증거를 찾는 데 관심을 쏟는다. 진정한 증거란 주장, 신념, 제안이 유효한지를 합리적으로 밝히는 정보이다. 흔히 사용되는 대안은 주장을 정당화하는 수단일 뿐이므로 증거와 혼동해서는 안 된다. 둘의 차이는 중요하다. 때로 증거는 이론이 진실이거나 거짓이거나 최소한 진실에 가깝다고 믿을 만한 불가항력적 근거를 제공할 수 있기 때문이다. 예를 들어, 스파게티를 몇 접시 먹어보고 나서 소스에 소금을 살짝 더 넣은 스파게티를 선호하게 되었다고 가정해보자. 만약 이 문제에 과학적으로 접근한다면 소금을 가리켜 스파게티 소스의 맛을 개선하기 위해 제안된 메커니즘이라고 말할 것이다. 이것은 추가로 조사하고 시험해야 할 가설로서 이 시점에서는 진실도 거짓도 아니다.

자신의 이론이 옳다고 잘못 추측하는 상황을 막기 위해서, 과학자는 진실이라고 생각하고 희망하는 단계에서 멈추지 않는다.[14] 오히려 가설을 토대로 '예측'하고, 가설을 최대한 엄격하게 시험하도록 고안한 '공정한 시험 절차'를 거친다. 과학자는 가설을 확인하는 목적으로만 증거를 찾지 않는다. 오히려 자신의 가설을 반박할 가능성이 있는 증거를 찾기 위해 진지하게 노력한다. 가설 제안자와 다른 독립적인 과학자들이 실시하는 이러한 유형의 매우 엄격한 시험을 통과한 후라야 가설이 진실에 가까우리라는 결론을 임시로 내릴 수 있다. 이처럼, 소금을 소스에 약간 더 넣자 스파게티가 더 맛있어졌다고 주장하려면 단순히 예측하는 수준에서 멈추면 안 된다. 이렇게 중요한 함의를 담아 예측을 하려면 지지하거나 반박하는 증거가 있는지 판단해야 한다.

스파게티 소스 사례를 시험하기 위해 통제 연구를 실시해 보자. 우선 대용량 소스 두 팩을 준비한다. 한 팩에는 소금을 약간 넣고, 다른 팩에는 넣지 않는다. 그런 다음 피험자 수천 명에게 두 종류의 스파게티 소스 중 무작위로 하나를 선택해 맛보게 하고 동일한 척도를 사용해 맛을 평가하게 한다. 피험자뿐 아니라 실험자도 맛을 보기 전에는 어떤 차이도 알아차리지 못하도록 스파게티 소스를 같은 종류의 용기에 담는다. 이때 중요한 점은 점수를 산출할 때까지 피험자도 실험자도 어떤 소스에 소금을 추가했는지 전혀 알지 못해야 한다는 것이다.

소금을 추가하지 않은 소스보다 소금을 추가한 소스가 현저하게 좋은 점수를 받을 때라야, 소금을 추가하면 풍미가 좋아진다는 결론을 내릴 수 있다.

또 소금을 추가하면 소스의 맛이 좋아진다는 주장을 더 큰 과학 커뮤니티가 수용할 수 있으려면, 추가 실험을 수백 수천 번씩 실시해서 같은 결과를 도출해야 한다. 이러한 방식을 취할 때 과학적 결론은 역동적 성격을 띠면서 새로운 아이디어와 방법이 생겨나고 오래된 아이디어는 폐기된다.[15] 과학자가 새로운 정보를 학습하고 나서 자신의 결론과 의견을 바꾸는 것은 지극히 자연스러운 현상이다. 이것은 취약성의 신호가 아니라 사실 과학적인 방법의 본질적 특징이다.

따라서 과학자들이 나중에 실험에 근거한 결론을 발표한다면 그 결론이 정밀한 조사를 거쳤으리라고 확신할 수 있다. 자격을 갖춘 전문가들은 이렇게 물을 것이다. '전제는 사실인가? 결론은 모든 데이터로 입증되는가? 주장과 결론은 논리적으로 설득력을 갖췄는가? 모든 관련 요소를 고려했는가?' 이처럼 자칫 소홀하기 쉬운 조사 단계가 바로 과학적 과정의 장점을 강화하는 요소이다. 만약 소금을 조금 더 넣으면 스파게티 소스의 맛이 나아진다고 주장하는 논문을 발표한다고 치자. 과학계는 이 주장이 옳다면 틀림없이 수용할 것이고, 틀리다면 앞장서서 진실을 알릴 것이다. 과학적 방법을 준수하며 주장을 펼치는 것은 자기주장을 재판에 회부하고, 모든 소송 당사자에게 질문을 받는 태도와 같다. 재판에서 최종 결정을 내리는 것은 배심원단이다. 하지만 과학계에서 배심원은 일반 시민이 아니라 기술적 주장을 평가할 수 있는 전문 교육을 받은 유자격 전문가들이다. 그래서 과학자들은 사실을 무턱대고 받아들이지 않는다. 사실 어느 누구도 소금 한 꼬집이 음식의 맛을 개선하는 데 한몫한다는 사실을 무턱대고 받아들이지는 않는다. 소금이 음식 맛을 향상시킨다는 개념은 실험을 거쳐 누구에게나 이견 없이 동의되어왔다. 그래서 소금이 전 세계 요리에 빠지지 않고 들어가는 것이다. 그렇다면 지구 모양에도 같은 논리가 통하지 않을까?

물론 과학자도 인간이고, 과학이 밟는 과정은 오류 발생 가능성을 완전히 배제할 수 없는 사회적 활동이므로 틀릴 때가 있다. 지구가 둥글다는 사실을 인류가 마침내 수용하기 시작하는 데만도 수천 년이 걸렸다. 에라토스테네스 시대 이후에 독창적인 주장이 많이 등장했지만, 마젤란과 엘카노가 1519~1522년 지구를 한 바퀴 돌고 나서야 비로소 지구의 실제 모양이 보편적으로 받아들여졌다. 지구가 둥글다는 개념을 물리적으로 시험한 탐험가들이 설득력 있는 증거를 제시하고 나서야 비로소 사회 구성원의 합의가 바뀌었다.

하지만 우리가 사는 세상에서는 가짜 뉴스, 소셜미디어상의 단편적인 의견들, 흥미롭지만 사실인지 입증되지 않은 이론에 대한 관심은 증가하는 반면에, 과학, 회의론, 고풍스러운 비판적 사고에 대한 관심은 감소하고 있다.

피자게이트 음모론을 예로 들어보자. 2016년 3월, 힐러리 클린턴의 대통령 선거운동 책임자인 존 포데스타John Podesta가 개인 이메일 계정을 해킹당했다. 대통령 선거 직전인 11월, 위키리크스는 포데스타의 이메일 일부를 공개했다. 음모론자들은 클린턴을 비롯한 민주당 고위 당직자들의 메일함에서 워싱턴 D.C.에 있는 피자가게를 거점으로 인신매매 및 아동 성매매를 벌인 정황이 담긴 암호 메시지가 발견됐다는 뉴스를 발 빠르게 온라인에 퍼뜨렸다.

피자게이트 같은 음모는 개소리일 가능성이 농후했지만 어떻게 확실히 알 수 있겠는가? 정보를 평가하는 데는 좀 더 나은 방법이 틀림없이 있기 마련이다. 따라서 에드거 웰치Edgar Welch가 좀 더 나은 개소리 탐지 기술을 갖추고 있었더라면 피자게이트에 격분해서 워싱턴 D.C. 소재 '코밋 핑퐁Comet Ping Pong' 피자가게에 들어가 반자동 경량 소총을 발사하지 않았을 것이다. 그랬다면 징역 4년형을 선고받지도 않았을 것이다. 웰치는 아이들을 구하겠다는 열정에 사로잡혔다. 하지만 진짜 증거를 마주하고 나서, 실제로 그 피자가게에는 학대를 당하는 아이도 그런 정황도 없다는 사실을 맞닥뜨려야 했다. 기본적으로, 개소리를 탐지하고 폐기하는 기술을 갖추지 못한 사람들은 개소리가 미치는 달갑지 않은 많은 영향으로부터 자신을 보호할 수 없다. 더 좋은 정보를 입수했다고 해서 의사결정이 항상 더 좋아지는 것은 아니지만, 의사결정이 더 좋아지려면 예외 없이 정보가 더 좋아야 한다.

과학적 추리와 비판적 사고는 진실을 발견하고, 지혜를 얻고, 세상을 근본적으로 이해하는 데 필요한 아주 훌륭한 도구이다. 결국 과학은 전기에너지를 이용하고, 천연두를 퇴치하고, 유전자를 편집하고, 엑스레이를 개발했다. 수조 마일 떨어진 은

하를 볼 수 있는 망원경을 만들었고, 전자유도장치를 발명했으며, 초당 20경 자릿수를 계산할 수 있는 슈퍼컴퓨터를 만들었다. 과학은 우리를 독단, 미신, 개소리에서 벗어나게 해줄 수 있다. 그리고 이것은 우리 모두가 열렬하게 달성하고 싶어 해야 하는 목표이다.

우리를 둘러싼 개소리꾼들

나는 실험사회심리학 교수로서 개소리를 연구한다. 누구나 그렇듯 나도 개소리꾼들에게 평생 둘러싸여 살았다. 물론 분석철학자 해리 프랑크푸르트Harry Frankfurt가 논문으로 썼다가 2005년 책으로 발표한 20쪽짜리 《개소리에 대하여On Bullshit》를 읽기 전까지 나는 누구도 개소리꾼이라고 부른 적이 없다. 10만 부 이상 판매된 이 책은 역대 가장 잘 팔린 철학책 중 한 권이면서 내가 좋아하는 책이기도 하다.[16] 프랑크푸르트는 이렇게 주장했다.

> 우리 문화에서 가장 두드러진 특징 중 하나는 개소리가 만연해 있다는 것이다. 이것은 누구나 알고 있는 사실이다. 우리는 각자 자기 몫만큼 개소리를 하면서 이 현상을 당연하게 받아들이는 경향이 있다. 대부분의 사람들은 자신이 개소리를 인식하고, 여기에 속아 넘어가지 않을 능력을 갖췄다고 자신만만해한다. 따라서 이 현상은 의도적인 관심을 일으키거나 지속적인 조사를 풍부하게 끌어들이지 못한다. 결과적으로 우리는 개소리가 무엇

인지, 어째서 개소리가 그토록 만연한지, 어떻게 작용하는지 명확히 이해하지 못한다. 그리고 개소리가 우리에게 어떤 의미가 있는지 진지하게 제대로 인식하지 못한다.

나는 프랑크푸르트의 주장에 대한 과학적 해답을 찾기 위해 연구를 수행해왔다. 개소리가 발생하는 원인, 개소리가 개인에게 안기는 잠재적 이익, 개소리가 사회에 파생하는 결과, 개소리의 달갑지 않은 영향을 더욱 잘 탐지하고 폐기할 수 있는 방법 등 이 책에서 전반적으로 다루는 내용을 연구한다.

프랑크푸르트에 따르면 개소리는 의도나 인식과 상관없이 진실, 진정한 증거, 확립된 지식과 거의 또는 전혀 관계가 없거나 이것을 신경 쓰지 않고 의사소통하는 것이다. 개소리의 특징은 여기에 국한되지 않고, 특정 영역에서 자신이 보유한 지식·역량·기술을 과장하거나, 타인에게 인상적으로 보이게끔 꾸며내 영향을 미치거나, 타인을 설득하기 위해 잘 모르는 사항에 대해 말하는 등 진실, 증거, 확립된 지식을 무시하도록 설계된 수사적 전략을 사용한다.[17] 개소리의 정도는 해당 주장이 진실, 진정한 증거, 확립된 지식에 근거하는 정도에 반비례한다.

철학자와 과학자는 확립된 지식에 네 가지 유형이 있다는 주장에 대체로 동의한다. 확립된 지식은 사전 속 단어처럼 의미론적일 수 있다. 예를 들어, 사전에서는 잎이 우거진 다년생 식물을 일반적으로 하나의 몸통에서 시작해 상당한 높이까지

자라고 바닥에서 일정 거리까지 측면으로 가지를 뻗는 식물로 정의한다. 주장은 사전에 있는 정의를 사용해 의사소통할 때 근거를 갖췄다고 인정받는다. 지식은 A〉B이고 B〉C라면 A〉C라는 논리 규칙으로 정당성을 인정받을 때 확립된 지식으로 간주된다. 지식이 30＋11＝41처럼 정보 시스템으로 정당성을 인정받을 때도 마찬가지다. 우리가 정의와 과정을 준수하며 수학 규칙을 따를 때, 우리의 주장은 타당성을 인정받는다. 마지막으로 "지금 당신 앞에 책 한 권이 놓여 있습니다"처럼 감각을 통해 수집한 경험적 정보가 뒷받침하는 것도 확립된 지식으로 간주된다. 이 경험적 정보를 좀 더 일반적으로 나타낸 용어가 데이터이다. 주변 세상을 해석하기 위해 적절한 데이터를 총동원할 때 주장은 정당성을 인정받는다.

개소리라는 단어 자체가 워낙 널리 퍼져 있으므로, 개소리를 과학적으로 어떻게 정의할지 혼란스러울 수 있다. 예를 들어, 누군가에게 바가지를 썼다면 "이런 개 같은 상황이!"라고 내뱉을 수 있다. 격식을 차리지 않는 대화 중에도 개소리라는 단어를 종종 사용한다. "날씨에 대해 개소리를 했을 뿐이야." 또 좌절이나 경멸을 표현할 때도 마찬가지다. "그 사람은 입만 열면 개소리야." 하지만 내 기준으로 이러한 경우는 개소리가 아니다. 나는 의사소통의 내용 자체에는 전혀 관심이 없다. 오히려 사람들의 의사소통 방식 즉, 증거나 확립된 지식에 대한 사람들의 근본적 관심, 사람들이 주장을 홍보하고 방어하는 방식에 관심이 있다. 내가, "명왕성이 행성이 아니라는 주장이 있지만, 나는 명왕성의 지위를 놓고 천체물리학자들이 뭐라고 말하든 관심이 없습니다. 맙소사, 명왕성은 태양계에 있는 행성이잖습니까"라고 말한다고 치자. 내가 행성의 정의에 거의 관심을 기울이지 않고, 쉽게 입수할 수 있는 증거가 내 주장을 지지하든 반박하든 거의 신경을 쓰지 않는다면, 나는 개소리를 하고 있는 것이다. 본질적으로 개소리꾼은 아이디어와 정보를 아무렇게나 취급하면서 경솔하게 여긴다.[18]

모든 대상에 대해 정보와 증거에 근거한 의견을 갖는 것은 분명히 불가능하다. 친구와 동료들이 자동차나 최신 스마트폰 앱 등에 대해 자세히 이야기할 때면 나는 물 떠난 물고기처럼 어색하다. 내가 잘 모르는 대상에 대해 말해야 하고, 그러다보니 입 밖으로 나오는 말은 대개 개소리다. 다시 말해, 누구나 어느 정도는 개소리를 하는데 이것은 살다 보면 피할 수 없는 결과이다. 그렇기는 하지만, 나는 이 책에서 개소리가 어떻게 발생하는지, 증거에 근거한 추론과 합리적 판단이 대중적이고 급속한 의사소통 시대에 생성된 개소리를 따라잡지 못할 때 어떤 방법이 유용할지 설명하려 한다.

거짓말과 개소리, 어떻게 다른가

중고차를 산다고 치자. 우선 중고차 대리점을 찾는다. 딜러가 자동차를 보여주면서 온갖 사양을 설명한다. 자동차는 상태가 좋아 보이고, 주행거리도 2만 4000킬로미터에 불과하다. 가격까지 저렴해서 횡재를 만난 것 같다. 그렇다면 대리점이 사실상 거저 주다시피 하는 자동차를 요행히 발견했을까? 아니면 자동차에 숨은 문제라도 있는 걸까? 그 자동차를 보자마자 마음에 들었지만 과거 이력이 궁금할 테고, 가격이 유난히 저렴한 이유가 알고 싶다. 딜러는 이렇게 설명한다. "이전 주인이 이 차를 좋아하고 잘 관리했지만 경제적으로 어려워져서 어쩔 수 없이 손해를 보고 팔았어요. 덕분에 손님께서 정말 싼 가격에 사실 수 있는 거죠." 하지만 당신은 딜러의 말이 사실인지 의심스럽다. 딜러는 자동차 판매가 생계일 뿐 아니라 당신의 자동차 구입에 대해 당신 못지않게 흥분한 듯 보인다. 딜러는 거짓말을 하고 있을까, 아니면 개소리를 하고 있을까?

카팩스Carfax(자동차의 수리 이력, 충돌사고, 홍수로 인한 물 피해 등을 조회할 수 있다) 같은 중고차전문웹사이트에서 공식 데이터 보고서를 조회하거나 남들이 많이 추천하는 사전구매 검사를 해보면 좋은 거래가 아니라는 사실을 발견할 수도 있다. 중고차 딜러가 개소리를 하는지 거짓말을 하는지 판단하는 유일한 방법은 딜러가 진실에 얼마나 관심을 기울이는지 파악하는 것이다. 개소리인지 거짓말인지 결정하는 요소는 주장의 내용이 아니라, 진실에 대해 실제로 알고 있는 것과 진실에 대한 관심의 정도이기 때문이다. 딜러가 진실을 알고 있으면서도 사실과 다르게 말한다면 거짓말하는 것이지만, 진실에 전혀 관심을 기울이지 않는다면 개소리를 하는 것이다. 고객이 카팩스 보고서를 검토한 뒤 발견한 사항에 대해 물었을 때, 딜러가 "자동차의 자세한 이력은 보지 못했습니다"라고 대답하거나, 매우 경미한 흠집이 나서 수리했지만 "프레임이 손상된 적은 없었다"는 말을 전 주인에게 들었다고 대답하면, "거래"는 당장 내려놓아야 할 뜨거운 돌이다. 사실 중고차 딜러가 카팩스 보고서에 기록된 충돌사고에 대해 자세히 알 길은 없다. 더욱이 차량의 상세 이력을 살펴보지 않았다고 인정했다면 350달러를 지불하고 차량의 프레임 등 잠재적 손상을 밝힐 수 있는 사전구매 검사를 거치지 않았을 가능성이 크다. 프레임이 손상됐다면 차량의 변속기나 값비싼 엔진 부품 같은 주요 부품을 주의 깊게 점검해야 한다. 이러한 점들을 조사할 만큼 판매용 차량에 신경을 쓰지 않았다면, 이 딜러는 거짓말은 아니더라도 확실히 개소리를 하고 있는 것이다.

개소리꾼과 거짓말쟁이를 구분하는 중요한 기준은 동기와 관계가 있다. 실제로 개소리꾼과 거짓말쟁이는 같은 말을 할 수도 있다. 중고차 딜러가 자동차에 대해 입으로는 거짓을 말하고 그 사실에 신경을 쓴다면 그는 거짓말을 하는 것이다. 거짓말쟁이와 달리 개소리꾼은 진실을 말할 수도 있지만, 그 사실을 알아차리지 못한다. 개소리꾼도 거짓말쟁이도 겉보기에는 진실에 관심을 쏟는 것처럼 보이므로 둘 다 기만적이다. 정의대로라면, 거짓말쟁이는 진실을 숨기려고 모든 방법을 동원한다. 현실을 왜곡해 묘사하고 거짓말을 기억하려 한다. 반면 개소리꾼은 실제로 자신의 개소리를 믿는 경우가 많으므로 이러한 부담을 느끼지 않는다. 진실을 알 필요도, 자신의 말이 거짓이라는 사실을 기억할 부담도 없을 때 얼마나 쉽게 거짓말을 하게 될지 생각해보라.

우리가 개소리와 거짓말에 보이는 전형적인 감정 반응을 관찰하면 사람들이 개소리와 거짓말을 구별한다는 사실을 알 수 있다. 거짓말은 듣는 사람에게 대개 분노를 일으키고 심각한 결과를 초래한다. 반면 개소리는 듣는 사람이 별다른 영향을 받지 않고 대개 외면하는 듯 보인다. 거짓말을 하면 해고를 당할 수 있지만, 개소리를 하면 CEO까지 승진할 수도 있다. 그뿐인가 심지어 대통령도 될 수 있다!

개소리에 꾀는 파리 지수

정치 지도자와 언론인은 개소리를 할 가능성이 농후하고, 우리 중에도 그런 큰 개소리꾼들이 예외 없이 섞여 있을 것이다. 저녁 뉴스 프로그램에 출연하는 정치 분석가들은 개소리라 하더라도 흥미롭거나 자극적인 발언을 하는 대가로 돈을 받는다. 하지만 화면 속 그들보다 우리가 일상 속에서 개인적으로 교류하며 상호작용하고 신뢰하는 사람들의 개소리가 우리에게 미치는 영향이 더 크다.[19]

그래서 나는 일상에서 마주치는 여러 유형의 개소리를 구별하는 데 유용한 단서를 고안했다. 그리고 '개소리에 꾀는 파리 지수Bullshit Flies Index'라는 명칭을 붙였다. 개소리의 심각성에 따라 1~3마리의 파리 등급을 부여하는 것이다. 개소리가 강력할수록 파리가 더 많이 꼬인다. 농장, 사파리, 애견 공원에 가본 적이 있다면, 지독한 배설물일수록 파리떼가 더 꼬이는 걸 본

개소리에 꾀는 파리 지수

파리	유형	정의	예
🪰	무해하다	살짝 불쾌하다, 해를 끼칠 가능성이 작다	날씨를 조작한다
🪰🪰	나쁘다	도덕관념이나 규범을 따르지 않아서 해를 끼칠 수 있다, 불쾌하다, 달갑지 않다	수치를 조작한다
🪰🪰🪰	위험하다	피해, 손상, 불운한 결과를 유발할 수 있다	치명적인 조언을 한다

적이 있을 것이다.

'개소리에 꾀는 파리 지수'는 사용도 간편하다. 개소리에 노출됐다는 의심이 들 때 '만약 내가 들은 말이 거짓일 경우 일어날 최악의 상황은 무엇일까?'라고 자문하면 된다. 무해하지만 신념이나 불신을 드러내 듣는 이의 눈을 휘둥그레 만드는 정도에 그치는 개소리는 개소리에 꾀는 파리 지수에서 파리 한 마리에 해당한다. 바람직하지 않은 행동으로 이어질 수 있는 개소리는 파리 두 마리에 해당한다. 타인의 삶에 부정적인 영향을 미쳐서 잘못된 믿음과 파괴적인 결정을 불러올 수 있는 개소리는 파리 세 마리에 해당한다.

예를 들어, '이야기를 통제하기 위해' 개소리를 사용하는 것은 어떻게 봐야 할까? 이야기를 통제하는 행동은 언제 나타날까? 타인의 생각에 영향을 미치려 할 때다. 좋든 싫든 도널드 트럼프 대통령은 개소리를 통해 이야기를 통제하는 데 대가이고, 개소리에 꾀는 파리 지수에서 세 가지 등급에 해당하는 예를 모두 제공한다. 트럼프를 탁월한 개소리꾼으로 만드는 것은 정치적 입장이나 의견이 아니라 상황에 대해 말하고 결론을 내리는 방식이다.

2017년 1월, 트럼프는 취임식 연설을 할 당시 날씨를 이렇게 언급했다. "비가 내릴 것만 같았습니다. 신께서 위에서 내려다보고는 '네가 연설할 때 비가 오게 할 수는 없지'라고 말하더군요. 그런데 연설을 시작하자마자 빗방울이 떨어졌어요. 안타까웠지만 연설을 강행했죠. 그런데 금세 비가 그쳤어요. 그러더니 해가 쨍쨍 나더군요. 놀라운 일이었죠. 연설을 마치고 행사장에서 걸어 나오자마자 비가 다시 내렸어요. 그야말로 퍼붓더라고요."[20] 물론 신의 도움으로 비가 멈추었다는 트럼프의 주장은 사실 여부를 확인하느라 시간을 들일 가치도 없는 헛소리다. 다른 주장들도 사실에 근거하지 않기는 매한가지다. 트럼프는 날씨를 정확하게 인지하고 보도하기보다는 취임식을 신성하게 묘사하는 데 더욱 관심을 쏟았으므로 개소리를 했다. 사실 트럼프가 연설하는 동안 비는 멈추지 않았고 하늘은 내내 흐렸다.[21] 청중 입장에서는 어리둥절하지만 이러한 개소리는 비교적 해롭지 않으므로 '개소리에 꾀는 파리 지수'에서 파리

한 마리에 해당한다.

자신의 지위를 포장하고 싶었는지 트럼프는 연설 후 며칠 지나지 않아 취임식에 참석한 인원을 놓고 자랑했다. "솔직히 150만 명은 족히 참석한 것 같았습니다. 정말 그랬어요. 군중 행렬이 워싱턴 기념비까지 이어졌으니까요."[22] "텔레비전과 다른 모든 매체를 포함해 전체 청중을 따지면 역사상 가장 많은 인파가 모였으리라 추측합니다. (중략) 그들은 취임식 연설 역사상 내 취임식에 최대 인파가 몰렸다고 말했습니다."[23] 이러한 발언은 지극히 주관적인 견해일 수도 있다.[24] 하지만 트럼프의 주장은 객관적으로 쉽게 확인 가능하다. 물론 "그들"은 누구든 될 수 있지만, 트럼프의 취임식에 역사상 최대 인파가 몰렸다고 주장한 전문가는 수소문한 결과 없었다. 더욱이 2009년 버락 오바마 대통령의 첫 취임식에는 훨씬 많은 청중이 현장에 오거나 텔레비전 앞에 앉았다.[25] 트럼프가 말한 유형의 개소리는 나쁘다. 압도적인 수의 증거가 반대 사실을 가리키는데도 잘못된 주장을 부추기면서 사실적 정확성을 방해하기 때문이다. 또 현실을 잘못 묘사하고, 동시에 의견과 "대안적 사실"을 사실로 격상시키므로 개소리에 꾀는 파리 지수에서 파리 두 마리에 해당한다.

마지막으로 위험한 개소리가 있다. 트럼프가 코로나바이러스감염증의 치료법을 찾겠다며 실제로는 사람을 다치게 만들 수도 있는 방법을 제시한 사례다. 2020년 4월 23일, 트럼프는 이렇게 말했다. "소독약은 1분 만에 균을 박멸합니다. 1분이요. 그러니까 소독약을 체내에 주사하거나 표백제를 섭취하게 하면 어떨까요? 소독약이 폐에 들어가 엄청난 효과를 발휘할 수 있을 겁니다. 새로운 치료법으로 고려해보면 좋겠습니다. 물론 의사들과 의논하며 사용해야겠죠. 어쨌거나 나는 흥미로운 제안이라 생각합니다."[26] 세탁 표백제와 가정용 세척 용품 형태로 판매되는 차아염소산나트륨은 pH 수준이 12로서 부식성을 유발하는 높은 알칼리도를 띤다. 이러한 소독제가 체내에 들어가면 위와 식도는 심한 화상을 입을 것이다. 주입량에 따라서 즉시 치료를 받지 못할 경우에는 사망할 수도 있다. 만약 미국 대통령이 리졸Lysol, 클로락스, 세탁 세제를 섭취하는 방법을 고려해보라고 제안한다면, 국민은 대통령의 조언을 진지하게 받아들여 행동으로 옮길지 모른다. 트럼프가 제안한 직후에 독극물통제센터, 생명보험사, 시보건위원, 소독제 제조사 등이 확실한 경우가 아니라면 소독제를 사용하지 말라고 대중에게 촉구하는 성명서를 발표한 것도 이 때문이다. 하지만 독극물통제센터에 표백제를 섭취했다는 전화가 급격히 늘었으며, 일부 의료전문가는 많은 사람들이 잘못된 정보를 따른 탓에 사망에 이르렀다고 말했다.[27]

    자신의 제안이 전 세계적으로 비난을 받자 트럼프는 풍자해서 한 말일뿐이라고 설득력 없는 주장을 펼쳤다.[28] 트럼프의 변명이 사실이라 하더라도 미국 대통령처럼 막강한 영향력을 지닌 지도자들은 책임감 있는 정보를 전달해야 한다. 그들의 개소리는 사람들을 위험에 빠뜨릴 수 있기 때문이다. 정치적 입장이 무엇이든, 사실에 기반한 증거가 모든 원칙을 이끌어야 한다. 따라서 나는 트럼프가 말한 이러한 종류의 개소리가 파리 세 마리에 해당한다고 생각한다. 이러한 개소리가 위험한 것은 사람들에게 직접적인 해를 끼치고, 과학과 의학을 향한 경박한 태도를 부추기며, 사회에 끔찍한 결과를 초래하는 사이비과학과 대체의학을 옹호할 가능성을 증가시키기 때문이다.

메시지는 태도와 신념을 흔든다

사람들은 많은 것을 믿지만 그중에서 양치질의 이점에는 매우 보편적으로 동의한다. 우리가 양치질에 대해 믿는 것은 문화적 공리truism이다. 문화적 공리는 사회 구성원 대부분이 비판 없이 받아들이고 저항하지 않는 신념이다. 이 신념은 사회에서 매우 널리 공유되므로 공격을 받지 않거나, 공격을 받을 가능성이 거의 없다.

그럼에도 워털루대학교의 마이클 로스가 이끄는 사회심리학자 팀은 연구를 수행해서 양치질에 대한 미검증 신념이 얼마나 취약한지 밝혔다.[29] 한 실험에서 로스와 동료들은 참가자들에게 양치질에 대해 긍정적이거나 부정적인 녹음을 들려주었다(일부 피험자에게는 둘 다 들려주지 않았다). 긍정적인 녹음에서는 잦은 양치질이 어떻게 치아 에나멜을 강화하고, 치아와 잇몸을 질병에 걸리지 않게 보호하는지 서술했다. 부정적인 녹음에서는 연마제를 함유한 치약이 어떻게 에나멜을 침식시키고, 잇몸 손상이 결국 감염과 치아 상실로 이어지는지를 포함해 잦은 양치질의 위험성을 설명하고, 치실을 쓰는 게 양치질보다 훨씬 낫다고 강조했다. 녹음을 들은 참가자들은 다음 차례로 "무관련" 연구에 참여하기 위해 대기실로 돌아갔다. 그곳에서 성격 유형과 생활방식의 관계를 평가할 목적으로 고안되었다는 설명을 듣고 설문지를 작성했다. 설문지에는 다양한 활동을 지난 2주 동안 몇 번이나 했는지 추정하라는 질문이 들어 있었다. 많은 건강 관련 항목 중 하나는 "지난 2주 동안 양치질을 몇 번이나 했나요?"였다. 또 참가자들은 매 식사 후에 양치질을 하는 것이 중요한지, 건강에 좋은지, 해로운지를 평가해 9점 만점으로 점수를 매겼다.

로스와 동료들이 발견한 사실은 놀라웠다. 예상대로 양치질에 대해 긍정적인 메시지를 들은 참가자들과 아무 메시지도 듣지 않은 참가자들은 양치질에 가장 높은 점수인 9점과 8.5점을 각각 주어 긍정적인 태도를 보였다. 또 지난 2주 동안 양치질을 각각 평균 35.85회와 32.80회를 했다고 "기억"했다. 이와 반대로 양치질에 대해 부정적인 메시지를 들은 참가자들은 양치질에 대해 비교적 중립적인 태도를 보고했고(척도의 중간 지점인 4.75점), 지난 2주 동안 양치질을 평균 28.62회 했다고 "기억"했다(긍정적인 메시지를 들었거나 아무 메시지도 듣지 않은 참가자들보다 18퍼센트 적다). 개소리에 기반한 추론은 자신의 행동을 부정확하게 기억하는 결과를 낳을 수 있다.

지금까지 60년 이상 동안 사회심리학자들이 파악한 개념에 따르면, 양치질 같은 문화적 공리가 설득력 있는 공격을 받았을 때 사람들은 기껏해야 자신의 신념을 방어할 동기를 부여받고 실제로 얼마간 방어하는 정도로만 저항할 뿐이다.[30] 사람들은 자신의 신념을 방어하라는 요구를 평소에 거의 받지 않으므로 방어를 실행할 기회가 없고, 자신의 신념은 반박할 여지가 없다고 여기기 때문에 방어를 시작할 동기 또한 느끼지 못한다.

이것이 바로 이 책에서 다루는 내용이다. 즉 다른 사람들이 계속 개소리를 하도록 놔둬서 불안정한 신념 체계를 받아들일 것이 아니라 증거와 진실을 찾는 것이 유리하다는 사실을 깨닫게 하려는 것이다. 이 책을 끝까지 읽고 나서, 책을 읽지 않았다면 자신과 다른 사람들에게 묻지 않았을 중요하고 비판적인 질문을 하게 되었다고 말한다면, 나는 책을 쓴 목표를 이룬 것이다.

이 책의 각 장에서 나는 일상에서 발생하는 개소리의 예를 소개할 것이다. 그리고 이러한 개소리가 어떻게 개소리꾼에게는 득이 되고 다른 사람들에게는 매우 부정적인 영향을 미치는지 보여줄 것이다. 또 현재 사회심리 연구가 개소리 사례들에 대해 어떻게 말하는지 설명할 것이다. 개소리를 더욱 잘 이해하기 위해 과학자가 될 필요는 없지만, 개소리가 작동하는 방식을 과학적으로 들여다보면 개소리를 더욱 잘 파악할 수 있다.

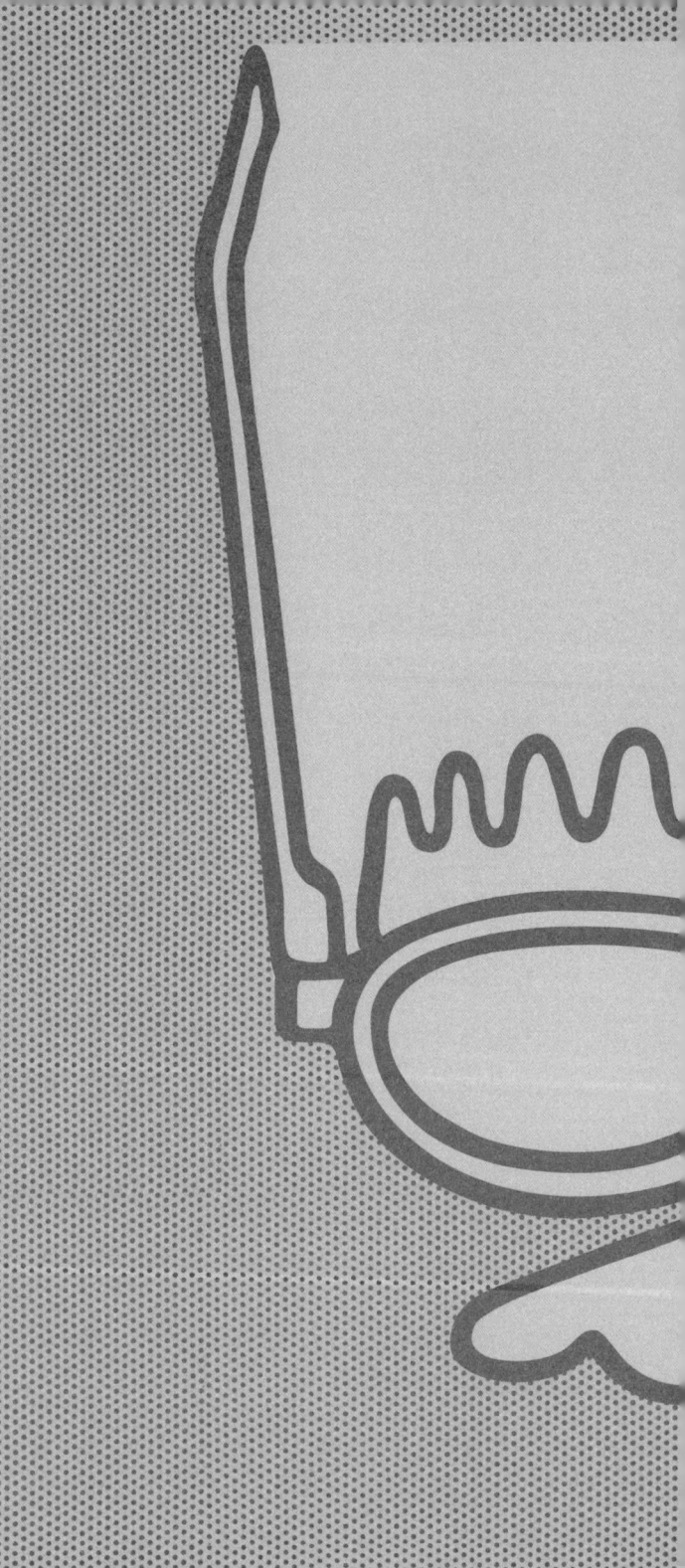

1장
미끼에 현혹되는 사람들

: 와인, 얼토당토않은 가격,
MBTI 검사

> 사실은 완강하다. 따라서 우리의 바람,
> 성향, 열정이 무엇을 가리키든
> 사실과 증거를 바꿀 수 없다.
> - 존 애덤스(John Adams, 미국의 정치철학자)

다음 각본을 생각해보자. 특별한 행사가 있어서 메를로Merlot 와인을 사고 싶다. 선택할 와인을 2개로 좁히고 와인 비평지인 〈와인엔수지애스트〉에서 각 와인에 대한 리뷰를 읽는다.

각본 1. 생산자가 메를로 품종으로 만들어 숙성시킨 세 번째 리저브 와인이자 100퍼센트 자가 양조 와인이다. 삼나무 향과 허브 향을 가미한 벽난로 연기, 레드베리와 블랙베리, 가죽과 담배 풍미가 느껴진다. 부드러운 질감에 풍미를 농축한 풀바디 와인이다. 점수: 93점[1]

각본 2. 풍부한 체리 향이 코에 닿으면서, 다크 초콜릿 향과 흑연 향이 살짝 감돈다. 식감이 신선하고, 미디엄 바디에 부드러운 타닌 풍미가 엷게 깔린다. 우아하고 절제된 풍미를 담은 레드 와인으로, 아름답게 진화하고 있으며 앞으로도 더욱 진화할 것이다.

풍미는 지금도 훌륭하다. 2030년까지 마시라고 권하고 싶다. 점수: 93점[2]

당신이라면 어떤 와인을 사겠는가? 첫 번째 리뷰의 와인은 자비스 2012년산 자가 양조 동굴 발효 리저브 메를로Jarvis 2012 Estate Grown Cave Fermented Reserve Merlot이고 한 병에 200달러이다. 두 번째 리뷰의 와인은 플레일 2015년산 리드 게리히츠베르크 메를로Pleil 2015 Ried Gerichtsberg Merlot이고 한 병에 19달러이다. 리뷰 내용이 현격한 가격 차이를 드러내는가?

수십억 달러 규모의 와인 사업에서 흔히 사용하는 용어를 살펴보자. 대부분의 와인 라벨은 향의 특징을 묘사하기 위해 아로마aroma나 부케bouquet라는 용어를 사용한다. 와인의 알코올 속성을 묘사하기 위해 바디body나 무게weight를 사용한다. 풍미가 얼마나 상큼한지, 산도가 얼마나 있는지 묘사하기 위해 바삭함crispness이나 부드러움softness을 사용한다. 와인을 묘사할 때는 즙이 많다거나, 쫄깃하다거나, 억세다거나, 섬세하다거나, 오크향이 난다 등의 표현을 쓰는데 개인적으로 나는 지적 만족감을 준다는 표현을 좋아한다. 몹시 추운 한겨울에 흡족함을 안겨준다거나, 흥미롭다거나, 긴장을 풀어준다거나, 아늑한 시골 벽난로를 연상시킨다는 와인을 누가 마다하겠는가?

하지만 이러한 묘사들은 정확하고 유용한가? 나는 와인의 포장 방법과 판매 방법을 더욱 잘 이해하기 위해 많은 시간을 들여 업계를 연구하고, 생산과 판매의 최전선에서 일하는 사람들과 이야기를 나눴다.

기준이라곤 찾아볼 수 없는 와인 시장

로버트 호지슨Robert Hodgson이 실시한 연구를 살펴보면 와인 세계에서 어떤 현상이 벌어지고 있는지 알 수 있다. 호지슨은 험볼트주립대학교 통계학과 교수로 재직하다가 은퇴하고, 캘리포니아주 북서부에 있는 필드브룩 와이너리Fieldbrook Winery를 운영하고 있다. 1976년 세워진 필드브룩 와이너리는 소규모로 꾸준히 운영되면서 매년 와인 1500상자를 판매하고 와인 품평회에 출전해 많은 상을 받았다. 와인 세계에서 상의 실질적 가치는 명성 그 이상으로 크다. 수상 실적은 명성은 물론 판매를 끌어올려서, 금색·은색·동색 포일 스티커를 부착한 와인의 판매량은 스티커가 없는 동종 와인보다 최대 7배 많다.[3]

호지슨은 자신이 만든 와인이 한 대회에서는 금메달을 땄지만, 다른 대회에서는 형편없는 성적을 거둔 이유를 알고 싶어서 대회 데이터를 입수하기로 했다. 데이터를 분석한 호지슨은 흥미로운 사실을 발견했다. 메달은 무작위로 수여되는 것처럼 보여서, 각 와인이 특정 대회에서 금메달을 수상할 확률은 약 9퍼센트였던 것이다.

직접 실험에 나선 호지슨은 전문가 3명을 초빙해 눈을 가리고 각자에게 와인 세 잔을 시음하게 했다.[4] 이때 눈을 가린 것은 전문가들이 와인 라벨을 참고하거나, 와인이 보이는 36가지 독특한 색깔 상태에 근거해 와인을 평가하지 못하도록 하기 위해서였다. 전문가들은 업계의 표준 척도에 따라 각 와인 샘플에 점수를 매겼다. 그래서 탄탄하고 잘 빚은 "좋은" 와인(80~84점), 품질이 특별한 "매우 좋은" 와인(85~89점), 우수한 특징과 스타일을 갖춘 "탁월한" 와인(90~94점), "클래식한" 훌륭한 와인(95~100점)으로 분류했다.

평균적으로 심사위원진이 매긴 와인 평점의 차이는 ±4점이었다. 샘플은 모두 같은 와인 병에서 따랐다. 그런데도 한 전문가는 92점을 매겼고 다른 전문가는 88점이나 96점을 매겼다. 일부 심사위원들의 점수 폭은 훨씬 컸다. 10명 중 1명만 같은 와인을 큰 오차 없이 ±2점 범위 안에서 채점했다.

호지슨이 나중에 발견한 사실에 따르면, 북아메리카에서 가장 오래되고 권위 있는 캘리포니아주 와인 품평회의 대회 심사위원들은 당해에는 매우 일관성 있게 채점했지만, 다른 해에는 일관성이 떨어졌다. 이것은 특정 해에 보였던 "일관성 있는" 채점이 우연에 지나지 않았다는 뜻이다. 더욱이 심사위원의 10퍼센트 미만만 단일 메달 집단에서 같은 점수를 매겼고, 다른 10퍼센트는 이전에 동메달 점수를 매겼던 동일한 와인에 금메달 점수를 주었다.

이러한 결과를 도출한 것은 호지슨만이 아니었다. 연구자 프레데리크 브로셰Frédéric Brochet는 와인 비평가들이 레드 와인과 화이트 와인을 확실하게 구별할 수 있는지 알아보고 싶었다.

그래서 와인 전문가 54명에게 "레드" 와인 한 잔과 화이트 와인 한 잔을 시음하게 하고 어떤 맛인지 말해달라고 요청했다. 실제로 와인 두 잔은 같은 화이트 와인이었고, "레드" 와인은 식용 색소로 물들였다. 아니나 다를까, 소위 전문가들은 브로셰의 "레드" 와인을 마시고 나서 레드 와인의 특징을 표현하는 언어를 사용해 잼 같다거나 "으깬 붉은 색 과일에서 퍼지는 풍미"를 담았다고 묘사했다. 전문가 54명 중 단 1명도 레드 와인이 실제로는 화이트 와인이라는 사실을 알아차리지 못했다.[5]

그러면, 여기서 어떤 사실을 알 수 있는가? 와인 비평가들과 대회 심사위원들은 와인 분야 전문가들이다. 그들이 일관성 없이 채점한다면, 식용 색소에도 쉽게 속아 넘어간다면 나머지 사람들은 어떻겠는가?

물론 와인 시음 같은 주관적인 활동이 정확한 과학에 따라 이루어지리라고는 거의 기대할 수 없다. 하지만 정량화할 수 있는 체계적 표준이 없다면 와인 대회의 수상과 전문가의 리뷰를 신뢰하기 힘들다. 과학적인 접근 방법을 도입하려면 시험 사례가 있어야 하고, 모든 사람이 고수하는 검증 가능한 표준 세트가 필요하다. 와인 전문가들이 이러한 표준들을 사용하지 않고 클로 페가스 메를로 Clos Pegase Merlot와 캐넌볼 메를로 Cannonball Merlot를 확실히 구별할 수 없다면, 와인에 대한 전문적인 설명은 지속적으로 개소리를 만들어낼 것이다.

사람들은 와인의 질이 가격과 상관관계가 있다고 흔히 가정한다.[6] 마케터들이 비싼 와인처럼 들리게 만들려고 고급화 전략을 짜는 것도 바로 이 때문이다. 많은 상품이 그렇듯 와인도 베블런재Veblen goods이다. 베블런재는 가격이 수요와 공급의 법칙을 따르지 않는 사치품을 가리킨다. 베블런재는 비싸기 때문에 수요가 발생한다. 마케터들은 소비자들이 가격을 경험 법칙으로 사용한다는 사실을 잘 인식하고 있다. 특별한 행사에 쓰려고 와인 한 병을 구입할 때는 더 비싼 와인의 맛이 더 좋으리라고 추측하기 때문에 한 병에 25달러짜리보다는 80달러짜리 와인을 고를 가능성이 크다.

매사추세츠공과대학교 소속 행동경제학자인 코코 크럼 Coco Krumme은 와인 전문 리뷰와 와인 가격의 관계를 더욱 면밀히 조사했다. 우선 전문 리뷰를 모은 온라인 사이트에서 한 병에 5~200달러짜리 서로 다른 와인 3000종을 설명하기 위해 사용한 단어들을 연구했다.[7] 먼저 원문을 분석해 단일 단어와 특유한 단어 조합이 리뷰에 등장하는 빈도를 조사했다. 그러자 값싼 와인을 나타내는 단어와 값비싼 와인을 나타내는 단어가 다르다는 사실이 드러났다.

리뷰에서는 값싼 와인을 나타내는 단어(예: 즙이 많은, 과일 향이 강한, 수확량, 깨끗한, 맛있는, 좋은)를 더 자주 사용하고, 최고급 와인을 나타내는 단어는 상대적으로 더 적게 사용하면서 이따금씩 새로운 어휘를 만들어 썼다. 값싼 와인은 즐겁고, 상쾌하고, 유쾌하다고 묘사하면서 치킨이나 피자 같은 상대적으로 저렴한 음식에 곁들여 마시라고 추천했다. 값비싼 와인은 좀 더 진한 단어(예: 강렬한, 유순한, 감칠맛 나는, 연기 향이 나는), 단일 풍미를 나타내는 단어(예: 담배, 초콜릿), 특권층을 암시하는 단어(예: 오래된, 우아한, 큐베)로 묘사하면서 갑각류와 샤토브리앙 스테이크 같은 좀 더 비싼 요리에 곁들여 마시라고 추천했다.

자신의 분석 결과를 바탕으로 크럼은 비싼 와인을 이렇게 묘사했다. "벨벳처럼 부드러운 초콜릿 질감과 매혹적으로 층을 이루지만 크림 같으면서 코를 자극하는 이 와인은 농축된 카시스 열매의 풍미를 가득 담은 상태로 부드러운 루비 색을 내비치며 풍미를 마무리한다. 풍성하고 우아하고 은근하다. 돼지고기와 갑각류 요리에 어울린다."

대부분의 소비자는 와인에 대해 거의 알지 못하므로 와인 마케터들이 하는 개소리를 타당하다고 받아들이기 쉽다. 사람들은 보통 와인의 맛이 나이가 들수록 좋아진다고 믿는다. 하지만 와인은 놔뒀다가 마시지 않는 게 좋다는 사실을 알면 놀랄지도 모르겠다. 와인 맛은 대개 시간이 지나면서 더 나아지는 것이 아니라 오히려 나빠질 가능성이 크기 때문이다. 숙성시키기 위해 병에 담긴 와인은 소수에 불과하고, 이때 가격은 정말 열성적인 와인 팬이라면 모를까, 누구에게나 터무니없이 비싸다. 따라서 가격이 그리 비싸지 않은 와인을 보관하고 있다면 미개봉 상태로 보관한다고 해서 맛이 좋아지지는 않는다.

데이터를 검토하고 나서 도출할 수 있는 합리적 결론은 두 가지다. 첫째, 와인업계에서는 판매가 그 무엇보다 중요하다. 둘째, 미국 시장 규모는 700억 달러 이상이고, 세계 시장 규모는 3500억 달러 이상인 와인 세계에서 와인 관련 개소리는 와인 판매자들에게는 유용하지만 소비자의 지갑에는 무용하다. 그래도 좋은 소식은 더 이상 값싼 와인을 사면서 죄책감을 느낄 필요가 없다는 것이다!

와인 전문가의 개소리를 따르기보다 관련 데이터를 수집해보면 자신이 어떤 와인을 선호하는지 훨씬 더 잘 이해할 수 있다. 자신의 취향에 맞는 와인이 무엇인지 파악하려면 많은 와인을 맛봐야 한다. 수석 웨이터가 음식에 곁들여 마시라고 권하는 '스크리밍 이글 카베르네 소비뇽Screaming Eagle Cabernet Sauvignon'이 마음에 들 수는 있겠지만, 그렇다 하더라도 당신이 훨씬 더 좋아할 와인이 달리 없다는 뜻은 아니다. 이 점을 깨닫는 유일한 방법은 과학자처럼 와인에 접근해 직접 시음해보는 것이다. 와인 소매업자들은 다음 두 가지 규칙을 적용해 와인을 고른다. 첫째, 맛이 좋은 와인을 고를 것. 둘째, 자신이 지불할 수 있는 가격의 와인을 고를 것. 두 규칙 모두 합리적이다. 당신도 이 규칙을 적용하면 현명하게 와인을 고를 수 있을 것이다.

사람들은 왜 개소리에 지갑을 여는가

와인의 가치와 가격의 주관적 성격을 고려할 때, 나는 제품의 가격, 좀 더 정확하게는 제품의 마크업 가격에 대해 더욱 폭넓게 생각하기 시작했다. 마크업markup은 제품이나 서비스의 비용과 판매 가격의 비율이다. 예를 들어, 소매 마크업은 도매가격

(생산자가 소매업자에게 부과하는 가격)과 소매가격(소매업자가 소비자에게 부과하는 가격)의 차이로 계산한다.[8] 대부분의 제품과 서비스는 어느 정도까지 가격이 상승하는데, 어떤 사업이든 궁극적으로는 이익 창출이 목표이므로 필요한 과정이다.

하지만 개소리 분석가인 나는 마크업이 합리적으로 적용되는지에 더 관심이 갔다. 이 점을 판단하려면 비교 표준으로 작용할 기준점이 필요하다. 내 기준점은 대부분의 품목에서 승인받은 소매 마크업이 50~100퍼센트라는 것이다. 일반적으로 소매업체가 제품을 제공하거나 배송하느라 쓰는 비용의 약 2배를 제품이나 서비스의 가격으로 소비자에게 부과한다는 뜻이다. 50~100퍼센트 마크업은 소매업자가 기꺼이 감수하는 위험과 투자를 감안할 때 합리적 수준이므로, 나는 이 가격을 지불하는 데 딱히 불만이 없다.

하지만 모든 소매 마크업이 50~100퍼센트라고 믿는다면 순진한 것이다.[9] 레스토랑에서 와인을 구매할 경우에 적용되는 마크업은 약 400퍼센트이다. 어떤 사람들은 돈을 절약하겠다고 와인 대신 탄산음료를 주문한다. 그러나 레스토랑에서 판매하는 탄산음료의 마크업은 1000퍼센트 이상으로 터무니없이 높다.

제품이나 서비스의 가격에는 대부분 마크업이 포함되어 있다. 이때 사업비를 충당하고 합리적 이익을 내는 수준을 넘어서면 '개소리 마크업'이다. 예를 들어, 자동차를 구매할 때 소비자는 대개 새 차에 붙어 있는 가격에서 가격을 더 깎으려고 협상할 때가 많다. 소비자가 가격을 깎을 걸 예상하고 자동차 딜러들이 마크업을 더 높여놓았다는 사실을 알고 있기 때문이다. 소비자가 마크업 5000달러를 절반으로 깎더라도 딜러는 여전히 2500달러를 벌 수 있으므로 양측 모두에게 이익이다. 게다가 연장 보증, 도난 방지 윈도우 에칭, 레이싱 스타일 좌석, 브레이크 캘리퍼 커버, 습기 감지 와이퍼 등 비용이 많이 드는 사양을 추가하고 싶어 하면 마크업은 순식간에 5000달러 이상 치솟는다. 딜러의 관점에서 생각하면 개소리 마크업은 금상첨화이거나 주요 소득원이다. 하지만 소비자의 관점에서 생각하면 개소리 마크업을 지불하는 것은 매우 불합리하다.

미국에서 신용 사기 형태로 소비자가 지출하는 개소리 마크업은 연간 8억 달러가 넘고, 고발장을 제출한 사람들의 1인당 평균 손실액은 6000달러를 넘어섰다. 신용 사기는 처음에 고객의 신뢰를 사고 이렇게 얻은 신뢰를 바탕으로 사기를 치는 수법이다. 가장 흔한 유형은 데이트, 연애, 도박, 투자 계획 등을 이용하는 것이고 80퍼센트 이상이 전화나 이메일을 통해 이루어진다.[10]

많은 신용 사기는 피해자들을 유인할 목적으로 순수한 거짓말을 한다. 하지만 이것이 개소리 마크업인 이유는 소비자의 신뢰를 바탕으로, 조금만 더 깊이 생각하면 도저히 지킬 수 없는 약속을 소비자에게 제시하는 방식으로 존속하기 때문이다. 소비자들은 운명 상담 서비스를 이용하느라 분당 평균 3.95달러를 쓰지만 그 대가로 실제 제품이나 서비스를 받지는 않는다.[11] 타로 카드나 수정 구슬을 이용하는 점술가들은 미래를 예측할 수 있다고 실제로 믿기 때문에 자신들이 사기를 치고 있다고 생각하지 않는다. 자신들의 개소리를 스스로 믿는 것처럼 보인다. 하지만 그들이 제공하는 서비스에는 막대한 마크업이 포함되어 있다. 소비자가 점술가에게 상담 서비스를 구입해 실질적 가치를 얻을 확률은, 어느 날 당신의 은행계좌에 해외에서 입금된 거액의 자금세탁용 돈이 찍혀 있을 확률보다 낮다.

심리학에서는, 사람들이 비판적 사고라는 더 바람직한 방법 대신 개소리 마크업에 더 많은 돈을 지불하는 이유로 다음 세 가지 문제를 지적한다. 첫째, 진실보다 개소리를 선호하고 둘째, 남의 말을 곧이곧대로 믿고 셋째, 추론하기 앞서 직관과 느낌으로 판단한다는 것이다.

이유 1: 좋은 게 좋은 거니까

개소리에 저항해 싸우기보다는 그대로 받아들이는 편이 더 쉬울 때가 있다. 특히 자신의 세계관이나 자신이 바라는 상황과 개소리가 일치할 때 진실보다 개소리를 더 선호할 가능성이 크다. 사람들은 자신이 좋아하는 것을 추구하는데, 이때 자신이 좋아하는 것은 진실이나 확인 가능한 증거와 일치하지 않는 경우도 있다. 흔히 사람들은 지구 기온 상승으로 빙산이 녹고, 홍수와 가뭄이 빈번해지고, 아마존의 열대우림이 사라지고, 위험한 메탄가스가 해저에서 끓어오른다는 사실을 받아들이기보다 지구 온난화가 거짓이라고 믿는 쪽을 선호한다.

내 딸인 시드니가 여덟 살 때였다. 나는 아이들을 대상으로 일주일 동안 열리는 골프 캠프에 시드니를 등록시켰다. 85달러만 내면 프로 골프 선수 2명에게 15시간 동안 레슨을 받을 수 있었으므로 대단히 좋은 조건이었다. 캠프가 끝날 무렵, 프로 골퍼들은 딸을 주니어골프클럽에 등록시키면 어떻겠냐고 내게 제안했다. 프로들은 캠프에 참가한 모든 아이에게 등록 기회를 주는 것은 아니고, 내 딸의 운동 신경과 재능이 뛰어나기 때문에 연락했다고 말했다. 주니어골프클럽 안내 팸플릿을 받아서 읽어보니 한 달에 12시간 레슨을 받고 200달러를 지불해야 했다. 프로 골퍼는 다음 날 내게 다시 전화해 매년 여성 골퍼에게 수여하는 대학 장학금 수천 개가 수혜자를 찾지 못하고 있으며, 내 딸에게서 커다란 잠재력을 봤다고 거듭 말했다. 그러면서 양쪽 모두 이익이라고 강조했다.

하지만 시드니가 골프에 재능이 있다는 프로들의 주장은 전혀 근거가 없었다. 나는 딸의 골프 실력이 형편없다는 사실을 알고 있었고, 게다가 딸은 골프보다 테니스를 몇 배나 더 잘 쳤다. 나는 네 살짜리 딸과 테니스를 치기 시작하면서 언젠가 딸이 제2의 비너스 윌리엄스로 성장하는 꿈을 꾸었다. 하지만 시드니가 테니스를 싫어하고 골프를 좋아하는 것이 문제였다. 내 입장에서는 딸이 골프에 엄청난 소질이 있다고 믿는 척하기가 더 쉬웠을 것이다. 프로 골퍼들의 개소리를 믿는 편이 훨씬 기분 좋았을 테고, 그랬다면 딸을 위해 골프 활동비를 지불하는 행위를 정당화할 수 있었겠지만, 나는 개소리가 아닌 진실을 선택했다. 딸이 골프를 치고 싶어 했으므로 나는 골프 레슨비는 계속 지불했다. 나는 딸이 행복하기를 원할 뿐이고, 딸이 프로선수로 성장하는 기회를 돈으로 사지는 않을 것이다. 모두에게 이익이 되려면 딸은 가장 즐겁고 보람 있는 활동을 하기로 결정하고, 나는 앞으로도 진실을 놓지 않아야 한다.

이유 2 : 사실로 가정하는 경향

사람들은 들은 내용을 사실이라고 가정하는 경향이 있다. 우리는 처음에 철학자들에게 제안을 받고, 최근 들어서는 실험심리학자들에게 지원을 받아서 이러한 경향을 입증하는 증거를 상당량 확보했다.[12] 사람들은 새로운 생각이나 정보를 접했을 때 그것을 이해하기 위해 일시적으로 사실로 받아들인다. 이러한 경향을 '진실 기본값 이론truth-default theory'이라고 부른다. 의사소통을 할 때 역시 진위 여부보다는 일단 상대방 말을 정직하고 진실하다고 소극적으로 가정하는 경향이 있다. 이런 가정 때문에 효율적으로 의사소통할 수 있고 정확한 신념을 갖게 되기도 하지만 속임수에 취약해지기도 한다.

사회심리학자 대니얼 길버트Daniel Gilbert와 동료들이 실시한 여러 실험 결과를 살펴보면, 새로운 정보를 사실로 받아들이는 태도가 정보를 더 수월하고 간단하게 판단하는 방법임을 알 수 있다.[13] 정보가 거짓인 경우, 더 깊이 생각하고 고민해야 거짓에 현혹되지 않는다. 정보의 진위 여부를 더 깊이 검토하려면 정신적 노력과 주의를 쏟아야 하는데, 이때 주의를 분산시키는 단순한 조치로도 판단력이 흐트러질 수 있다. 길버트가 한 실험을 진행했는데, 참가자들에게 비슷하게 심각한 두 건의 강도 사건 진술서를 읽게 한 뒤 두 강도에게 적합한 징역형을 권고하라고 요청했다. 다만 진술서가 모두 사실은 아니며 참인 진술은 녹색으로, 거짓 진술은 빨간색으로 기록했음을 알렸다. 참가자들에게는 진술서를 한 번에 한 장씩 읽게 했는데, 이때 거짓 진술을 서술한 방식은 두 건 중 한 범죄는 더 심각하게(예를 들면 "강도는 총을 소지했다."), 한 범죄는 덜 심각하게("강도는 굶주린 자식에게 먹을 것을 마련해줘야 했다.") 묘사했다. 또 참가자 절반에게는 부적절한 정보를 주어서 주의를 분산시켰고, 나머지 절반에게는 그렇게 하지 않았다. 연구자들은 주의가 분산된 참가자들의 경우, 판단을 흐리게 하는 잘못된 정보를 바로잡을 만한 정신적 자원이 더 부족해졌다고 가정했다. 강도 사건에 관한 정보를 듣는 동안 주의가 분산되지 않았던 참가자들은 "겉보기에" 더 무거운 범죄와 더 가벼운 범죄를 저지른 가해자에게 같은 징역형(약 6.50년)을 권고했다. 이 참가자들은 주의가 분산되지 않았으므로 자신이 처음에 진실로 받아들였던 거짓 진술을 수정할 정신적 자원(여유)을 보유했을 것이다. 하지만 거짓 진술을 읽었을 때 주의가 분산되었던 참가자들은 "더 가벼워 보이는" 범죄(5.83년)보다 "더 무거워 보이는" 범죄(11.15년)에 거의 2배 무거운 징역형을 권고했다.

    안타깝게도 일단 정보를 진실로 받아들이고 나면 그 정보가 거짓으로 판명되더라도 납득하기 힘들다. 누군가 총을 소지하고 있었다는 개념을 거부하는 것은 애당초 그 개념을 수용할 때보다 정신적으로 더욱 힘들다. 특정 개념을 거부하는 단계는 그 개념을 수용하고 이해한 후라야 찾아온다. 신중하게 검토한 이후에만 거짓을 알아차리고 의심할 수 있다. 하지만 새 정보를 좀 더 신중하게 생각하고 조사할 때조차도 사람들은 매우 편향적인 방식을 취하는 경향이 있다. '불확증적 질문 disconfirming question'에 대답함으로써 정보가 거짓일 수 있는 이유를 생각하기보다는, '확증적 질문 confirming question'에 대답함으로써 정보가 정확한 이유를 생각하려는 경향이 훨씬 강하다.

예를 들어, 아래에 나열한 카드 네 장을 보자. 카드마다 한 면에는 숫자가, 반대 면에는 문자가 적혀 있다. 내가 당신에게 "카드 한 면에 모음이 있다면 반대 면에는 짝수가 있습니다"라고 말했다고 하자. 내 주장이 사실인지 확인하려면 네 장 중에 어떤 카드를 뒤집어야 할까?

사람들은 대부분 "A" 카드와 "4" 카드를 고를 것이다. A카드의 반대 면에 짝수가 나오면 내 주장은 적어도 부분적으로 참으로 입증된다. 하지만 A카드의 반대 면에 홀수가 나오면 내 주장은 거짓이 된다. 부정확하게 4카드를 선택하는 사람도 많다. 4카드는 다른 확증적 시험용으로 자주 다뤄지지만 내 주장을 거짓이라고 입증할 수 없다. 카드의 한 면에 자음, 반대 면에 짝수가 나오더라도 내 주장이 거짓이라고 입증하지 못한다. 내가 모음이 적힌 카드만 반대 면에 짝수가 적혀 있다고 주장하지 않았기 때문이다. 이와 마찬가지로 D카드를 뒤집어서 반대 면에 짝수가 나오더라도 내 주장의 진위에는 조금도 영향을 미치지 않는다.

뒤집어 확인할 필요가 있는 카드에는 7카드가 있다. 7카드는 불확증적 시험용이다. 내 주장이 참이 되려면 카드 반대 면에서 자음이 나와야 하고, 모음이 나오면 내 주장은 거짓으로 밝혀진다.

이 카드 문제는 간단한데도 풀기 어려워하는 사람이 많다. 심리학자 로빈 도스Robyn Dawes가 실시한 연구를 보면 "평판이 높은" 수학심리학자(지각·사고·인지·운동 과정에 대한 수학적 모델링에 기초해 심리학을 연구하는 심리학자) 5명 중 4명이 이 문제를 정확하게 풀지 못했다.[14]

우리는 대부분 7카드를 무시한다. 불확증적 증거를 제시하는 것은 무엇이든 무시하거나 설명해서 제거하는 반면, 자신의 선입견을 참이라고 확인해주는 정보는 해석하거나 찾거나 주목함으로써 꾸준히 기존 신념을 확증하는 방향으로 기울기 때문이다. 사람들은 자신의 가설을 확증하는 방향으로 편향되어 있을 뿐 아니라, 4카드를 뒤집어야 한다고 틀리게 생각하는 경우가 많으므로, 주장에 반대되는 상황(즉, 한 면에서 짝수가 나오고 반대 면에서 모음이 나오는 상황)도 참이어야 한다고 틀리게 가정한다. 즉 카드의 한 면에 모음이 적혀 있고 반대 면에 짝수가 적혀 있다는 정보를 알았을 때, 한 면에 짝수가 적힌 카드의 반대 면에는 모음이 적혀 있다고 가정한다.[15] 심리학에서 이러한 경향은 '확증 편향confirmation bias'의 한 측면이다.

진실 기본값과 확증 편향에 담긴 분명한 문제는 개소리를 믿을 때와 마찬가지로 진실이 아닌 정보를 수용하거나 보유하도록 유도할 수 있다는 점이다. 스스로 진실이라고 믿는 정보를 받아들이지 않으려면 정신적 노력을 더욱 많이 기울여야 한다. 새로운 정보를 비판적으로 평가할 수 있는 '인지적 자원cognitive resources'이나 '동기부여motivation'가 부족할 때는 거짓을 받아들이고 유지할 가능성이 있다.[16] 다시 말해, 우리는 저마다 고유한 방법을 사용해서 새로운 정보를 정신적으로 처리하므로 상황을 실제 모습대로 보지 못해 결국 개소리 마크업에 따른 대가를 치르게 된다.

이유 3 : 빠른 직관과 느린 이성

사회심리적 증거를 추적해보면 사람들은 '설명'을 자주 지어내면서도 어째서 그렇게 느끼는지, 어떻게 그런 판단을 했는지 설명하기가 어렵다고 느낀다.[17] 내가 연구실에서 조사한 사례를 생각해보자.

노먼은 말투가 부드럽고 수줍음이 많은 청년이다. 큰 집에서 어머니와 함께 살면서 가족 모텔을 운영한다. 이따금씩 노먼은 여성용 가발을 쓰고 어머니가 입던 옷을 입는다. 10년 전 어머니가 돌아가셨을 때, 어떤 사연인지는 모르겠지만 노먼은 어머니의 장례를 제대로 치르지 못했다. 그래서 어머니의 시신을 집 안의 지하실 의자에 앉혀놓았다. 그는 때로 어머니에게 "말을 걸고" 어머니의 목소리를 흉내 내며 대답한다. 기괴하지 않은가. 하지만 이 행동으로 노먼 자신은 물론 다른 사람들이 직접적으로 피해를 입은 적은 없다. 노먼이 어머니의 시신을 지하실에 안치했다는 사실을 아무도 모르게 비밀로 묻어두었기 때문이다. 당신은 이 사례에 대해 어떻게 생각하는가? 노먼이 어머니의 시신을 지하실에 계속 보관해도 괜찮은가?

사회심리학자인 조너선 하이트Jonathan Haidt가 도덕성 연구를 통해 이미 입증했듯, 대부분의 사람들은 어머니의 시신을 지하실에 보관하는 행위는 잘못이라고 생각한다.[18] 하지만 그 이유를 찾는 과정은 대개 증거에 기반하기보다는 감정에 근거하며 직관적일 때가 많다. 사람들은 노먼이 어머니 시신을 지하실에 보관하는 것은 소름끼치는 행동이라고 꼬집고 그것이 잘못인 이유를 찾기 시작한다. 그러나 결국, "모르겠네요. 딱 부러지게 설명할 수가 없어요. 그래도 잘못된 행동인 것만은 분명해요"라고 말한다.

연구 참가자들이 보인 반응은, 사람들이 이유를 잘 모르거나 명확하게 설명할 수는 없지만 뭔가 잘못되었다는 것을 알 수 있다는 걸 보여주는 사례이다.

사람들은 보통 자신의 판단과 결정이 이성적으로 생각한 결과라고 믿지만 그 반대인 경우가 많다. 직관과 느낌이 판단과 결정을 형성하고, 추론은 이러한 판단과 결정을 뒷받침하기 위해 나중에 따라온다.

인지과학자 스티븐 슬로먼Steven Sloman과 필립 페른백Philip Fernbach은 사람들이 증거에 근거한 추론보다 직관에 더 의존한다는 것을 실험을 통해 밝혀냈다.[19] 두 사람은 실험 참가자들에게 지퍼, 피아노 키, 수세식 변기, 원통 자물쇠, 쿼츠 시계, 재봉틀 같은 일상에서 흔히 접하는 사물들의 작동 방식을 얼마나 알고 있는지 설명하라고 요청했다. 참가자들은 처음에는 직관에 의존하므로 이 사물들의 작동 방식을 잘 알고 있다고 생각했지만, 작동 방식을 단계별로 자세히 설명하라는 요청을 받자 실제로는 아는 것이 거의 없다는 사실에 직면했다. 이처럼 직관은 나중에 따라올 수 있는 증거 기반 추론과 일치하지 않을 때가 많다.

사람들이 직관과 느낌을 토대로 먼저 행동하고 그다음에 생각한다는 원리를 밝혀낸 것은 리처드 니스벳Richard Nisbett과

티머시 윌슨Timothy Wilson이 실시한 일련의 유명한 연구였다.[20] 한 연구에서 연구자들은 참가자들에게 짧은 다큐멘터리 영상을 틀어줬다. 일부 참가자들은 관람석 바로 밖에서 전기톱이 요란하게 작동하는 소음을 들으며 영상을 보았다. 다른 참가자들은 아무 방해도 없는 상태에서 영상을 보았다. 그런 다음 참가자 전체는 영상이 얼마나 흥미진진했는지, 사람들이 영상에 얼마나 영향을 받으리라 생각하는지, 주인공을 얼마나 동정하는지를 기준으로 영상에 점수를 매겼다. 실험자들은 요란한 전기톱 소음을 들으며 영상을 관람해야 했던 집단에게 소음이 점수에 영향을 미쳤는지 물었다. 해당 집단의 55퍼센트는 소음이 점수에 부정적으로 영향을 미쳤다고 생각했다. 하지만 그들의 직관은 틀렸다. 그들이 매긴 점수는 소음을 듣지 않은 집단과 비교했을 때 유의미할 만한 차이가 없었다. 주의 산만이 영상에 대한 반응에 영향을 미치는지를 두고 사람들이 잘못된 결론을 내린다면, 좀 더 복잡한 사건을 두고서도 같은 종류의 오류를 범하리라 예상하는 것이 타당하다.

사람들은 세상에 대해 이런저런 신념을 지니며, 그 신념은 곧 그들이 어떤 느낌을 받을 때 그렇게 느끼는 이유가 된다고 잘 알려져 있다.[21] 이처럼 사람들은 직관적인 사고방식을 자주 선호하는데, 좀 더 공식적인 추론 체계와 비교할 때 더 신속하고 수월하게 맥락에 맞춰 이끌어낼 수 있기 때문이다. 정의상, 직관과 느낌은 정확하지 않고 따라서 이성적이지 않다. 실제로 자신이 왜 그렇게 느끼는지 이유를 제시할 때, 사람들은 말로 표현하기 가장 쉬운 이유에 의존할 때가 많다.[22] 문제는 말로 표현하기 가장 쉬운 이유가 자신의 판단과 느낌을 설명하는 진짜 이유와 항상 일치하는 것은 아니며, 이때 입 밖으로 나오는 것이 개소리라는 점이다.

MBTI, 끝내주게 성공한 속임수

마이어스-브리그스 유형 지표Myers-Briggs Type Indicator, MBTI 성격 검사에 따르면 내 성격 유형은 내향형·감각형·사고형·판단형인 ISTJ이다. 나는 "감각적이고, 신뢰할 수 있고, 세부 사항에 주의를 기울인다." "믿음직하고 체계적"인 것도 강점이다. 또 "명쾌한 시스템 안에서 일하는 것을 즐기고 전통적이고, 업무 지향적이며, 과단성을 갖췄다." 사람들은 나를 보며 일반적으로는 "철저하고, 양심적이고, 현실적이면서 체계적이고 조심스럽다"고 생각할 가능성이 크다. 검사 결과대로라면, 나는 스스로 개선할 수 있는 분야에서는 엄격하고 사무적이며 내 방식대로만 행동하는 것을 중단해야 한다. 직장인으로서는 "명쾌한 목표와 현실적인 마감 시간"을 선호하고, "문제를 해결하고 진행 상황을 모니터할 수 있는 사실적 데이터"를 기반으로 일하는 것을 선호해야 한다.[23]

나는 MBTI에서 내 성격 유형에 대한 피드백에 대부분 만족하고 동의한다. 그렇다면 피드백은 정확한 걸까? MBTI는 정말 다양한 상황에서 일어나는 내 행동을 예측할 수 있을까? 더 자세히 살펴보자.

　MBTI의 취지는 응답자가 어떻게 세상을 인식하고 결정을 내리는지를 심리적으로 분류하는 것이다. 응답자는 MBTI가 제시하는 질문 93개를 읽고 두 가지 가능한 대답 중 하나를 선택한다. 응답자의 성격은 이 대답을 바탕으로 네 가지 영역을 대표하는 네 글자 코드로 요약된다. 외향형Extraverted은 관심의 초점을 외부 세계에 맞추고, 내향형Intraverted은 내면에 맞춘다. 감각형Sensing이나 직관형Intuition은 감각이나 직관을 통해 정보를 받아들이고 싶어 한다. 사고형Thinking이나 감정형Feeling은 사고나 감정에 근거해 결정을 내리고 싶어 한다. 판단형Judging은 정돈되고 질서 정연한 구조를 선호하고, 인식형Perceiving은 탄력적이고, 자발적이고, 융통성 있는 생활방식을 선호한다. ISTP 유형은 행동 지향적이고, 논리적이고, 분석적이고, 자발적이고, 내성적이고, 독립적이며, 모험을 즐기면서 기계의 작동 방식을 노련하게 파악한다.

　MBTI는 아마도 세계에서 가장 유명한 성격 테스트일 것이다. 연간 250만 명 이상이 MBTI 설문지를 완성하고, 〈포춘〉 선정 100대 기업 중 89개 기업이 인재를 채용할 때 MBTI를 활용 중이다. 하지만 MBTI가 애초에 심리학자들이 만든 게 아닌 데다 오락실 게임용으로 고안되었다는 말을 들으면 어떤 생각이 드는가?

　MBTI는 1940년대 캐서린 쿡 브리그스Katharine Cook Briggs와

그녀의 딸 이저벨 브리그스 마이어스Isabel Briggs Myers가 스위스 정신분석학자인 카를 융Carl Jung의 개념론을 토대로 일종의 게임으로 만들었다. 여기서 주목할 점은 융이 체계적인 데이터를 토대로 이론을 세우지 않았다는 것이다. 융은 사람들이 감각, 직관, 감정, 사고라는 네 가지 주요 심리적 기능을 사용해 세상을 경험한다고 추측했다. 아마도 이 심리적 기능들을 수정한 것이 두 가지 성격 유형(외향형과 내향형)이고, 개인은 다른 기능보다 지배적 기능 하나에 의존하는 경향을 보인다. 하지만 이 이론은 개소리이다. 명확하고 관찰 가능한 표준을 제시하는 체계적인 관찰에 근거하지 않았기 때문이다.

오락실 게임용으로 사용하기에 더욱 큰 단점이라고 융이 생각한 것은 어떤 유형에도 100퍼센트 부합하는 사람이 없다는 점이었다. 오히려 네 가지 기능은 스펙트럼 같아서 개인이 어느 특정 지점에 고정되는 것이 아니라 두 극단 사이 어딘가에 존재한다고 생각했다. 따라서 브리그스와 마이어스가 융 이론에서 이 특정 부분을 잘못 받아들였다는 사실을 파악한다면, 어떻게 MBTI가 한 귀로 듣고 한 귀로 흘려야 할 재미있는 오락실 게임용 그 이상이 될 수 있었는지 이해하기는 어렵다.

MBTI를 비판해온 수천 명의 심리학자 중에서 펜실베이니아대학교 와튼스쿨 교수이자 심리학자인 애덤 그랜트Adam Grant는 MBTI의 신뢰도에 의문을 제기했다. 그랜트는 MBTI 설문지를 처음 완성했을 때 자신의 성격이 INTJ 유형이라는 말을 들었다고 주장한다.[24]

비록 강단에서 학생들을 가르치고 강연하느라 많은 시간을 보내지만 내 성격은 내향형에 가깝습니다. 시끌벅적한 파티에 참석하는 것보다는 좋은 책을 읽는 편이 언제나 더 좋거든요. 그런데 몇 달 후 설문에 다시 참여하니 내 성격 유형이 ESFP로 나오더군요. 갑자기 파티꾼으로 둔갑한 거죠. 내가 머리보다는 가슴을 따르고 앞뒤 가리지 않고 마음 내키는 대로 행동하는 사람이라는 겁니다. 그렇다면 그 사이 내 성격이 바뀌기라도 한 걸까요, 아니면 이 검사가 외부에 알려진 만큼 신뢰할 만한 테스트가 아닌 걸까요?

MBTI 테스트에 참여한 적이 있다면 정확하게 자기 성향을 짚어낸 피드백을 듣고 "정말 족집게네" 하고 놀랐던 기억이 한 번쯤 있었을 것이다. 하지만 나는 MBTI 결과를 듣고 전혀 감탄하지 않았다. 물론 MBTI 척도는 사람의 성격을 잘 묘사한다. 당연히 그렇지 않겠는가? 사람들은 자신에 대해 어떻게 생각하는지 묻는 93개 문항에 대답함으로써, 자신이 어떠한 성향을 지녔는지 파악하기에 충분한 양의 정보를 평가 도구에 제공한다. 어느 누가 자기 생각에 동의하지 않겠는가?

자기보고식 성격 평가는 채점과 요약 알고리즘을 적용해서, 사람들이 스스로 제공한 정보를 좀 더 설득력 있는 언어로 전환한 것에 불과하다. 과일과 채소를 챙겨 먹는지 묻는 질문에 그렇다고 대답하고, 달리기나 역기 등 근력 운동을 할 때 즐겁다고 대답했다면, 자신이 현명하고 건강에 신경을 쓰는 사람이라는 해석을 읽더라도 뜻밖이라 생각하지 않을 것이다.

또 MBTI는 과학적으로 통제된 조건에서 실행했을 때 신뢰할 수 없다는 악평을 듣는다. 같은 사람이 여러 차례 테스트를 했을 때 성격 유형이 매번 다르게 나온다면 무언가 분명 잘못되었다는 반증이다. 세계 유수의 기업들이 MBTI를 인사관리에 활용하는 데 지극히 호의적인데도 심리학계에서 앞장서 MBTI의 사용을 자제하라고 권고하는 이유는 무엇일까? 바로 통제된 연구에서 MBTI의 예측 타당성을 입증하지 못했기 때문이다. 게다가 누군가의 업무 수행 방식을 예측하기 위해 MBTI를 사용하는 것은 성과에서 결정적으로 중요한 요소인 업무 자체를 무시할 가능성이 크다! 심리학자라면 누구나 알고 있듯, 특정 상황에서 개인의 행동을 가장 잘 예측할 수 있는 요소는 성격뿐 아니라 상황과 맥락이다.[25]

바르다 리베르만Varda Liberman과 동료들은 맥락의 중요성을 입증하는 연구를 수행했다.[26] 연구자들은 다른 사람들에게 매우 협조적이거나 매우 경쟁적이라고 평가를 받는 참가자들을 모집하고, 죄수의 딜레마 게임을 변형해 실시했다. 게임은 참가자 2명이 여러 차례 진행한다. 게임을 치를 때마다 참가자는 침묵을 지키든지 상대 참가자가 범죄에 연루됐다고 밝힘으로써, 서로 협력할지 배신할지 선택한다. 두 참가자는 모두 협력하면 그 대가로 둘 다 적당한 보상을 받고, 모두 배신하면 보상을 전혀 받지 못하거나 포인트를 잃는다. 만약 한 참가자가 협력하고 한 참가자는 배신할 경우에, 배신한 참가자는 더 높은 포인트의 "유혹 이익"을 받지만 협력한 참가자는 포인트를 받지 못하거나 상실하는 형태로 "얼간이 이익sucker's payoff"을 받는다.

협력하는 것이 자신에게 가장 이익인데도 죄수의 딜레마 게임에 참가한 사람들은 곧잘 불합리하게 행동해서 협력하지 않기를 선택한다. 리베르만이 실시한 연구에서 참가자들은 "커뮤니티 게임Community Game"이나 "월스트리트 게임Wall Street Game"이라는 제목으로 죄수의 딜레마 게임에 참가했다. 협력하거나 경쟁할 가능성이 크다는 동료들의 말과 상관없이 참가자들은 게임을 커뮤니티 게임으로 불렀을 때는 모두 협력하는 경향을 보였지만, 월스트리트 게임으로 불렀을 때는 경쟁하는 경향을 보였다. 따라서 동료들이 참가자들의 성격을 어떻게 평가했는지는 그다지 중요하지 않았고 맥락이 중요했다.

행동과 수행은 개인과 개인이 처한 상황을 모두 이해해야 파악할 수 있는 매우 복잡한 요소이다. 따라서 성격 검사만으로는 행동과 수행을 설명할 수 없다. 성격 유형이 같은 사람이라도 맥락에 따라 행동은 상당히 다를 수 있기 때문이다. 마찬가지로 같은 개인이라도 어떤 상황에서는 비참하게 실패할 수 있지만 어떤 상황에서는 거뜬하게 성공할 수도 있다.

MBTI를 옹호하는 사람들은 성격 유형이 개인의 능력을 나타내는 지표라고 믿으면서, 사람들을 비슷한 자질끼리 단호하게 분류하는 경향을 보인다. 하지만 MBTI 옹호자들이 말하는, 특정 성격 유형이 지배한다는 분야에서 성공한 사람들을 테스트해보면, 모든 범위의 성격 유형이 골고루 나타날 가능성이 크다. 물론 내가 아는 한 이 사실을 입증한 연구는 아직 없지만 말이다.

어떤 방식으로든 예측 타당성을 입증하는 증거가 없는데도 MBTI는 매년 250만 회 이상 실시되고 있고 매년 검사에 소요되는 비용만 1억 2500만 달러에 이른다. 이 수치는 MBTI와 비슷한 접근 방식을 사용하는 수백 가지의 터무니없는 파생 검사, 수천 명의 컨설턴트와 개인 코치들이 교육 워크숍을 실시한답시고 기업과 인사팀에 청구한 1만 달러 이상의 비용은 제한 것이다.

기업과 개인들은 그저 개소리를 해댈 뿐인 테스트에 수 조 달러를 낭비하고, 그 결과 채용이나 승진 같은 인사관리에서 도리어 피해를 입을 뿐이다. 또 자신에게 맞는 직업을 알아보기 위해 검사를 받은 사람들 역시 제대로 된 피드백을 얻지 못했음은 물론이다. 대체 MBTI로 인해 이 사회는 훌륭한 CEO, 감독, 의사, 간호사, 변호사, 판사, 야구 코치로 성장할 수 있는 인재들을 얼마나 많이 놓친 걸까?

MBTI가 크게 성공을 거두자 파생 테스트가 수십 가지 생겨났는데 그중 대담한 명칭의 행동 예측 지수Predictive Index의 저작권자들은 자신들에게 돌아올 수입 이외에 그 어떤 것에 관해서도 예측할 만한 실증적 증거를 제공하지 않았고, 리소-허드슨 에니어그램 성격 유형 지표Riso-Hudson Enneagram Type Indicator는 허술하게도 기독교 교리의 일곱 가지 대죄를 성격 유형의 근거로 사용한다. 성격 테스트들이 개소리에 근거하는데도 이토록 인기를 끄는 이유는 무엇일까?

성격 테스트가 어떻게 채용과 승진 결정에 사용되는지 오랫동안 연구해온 과학 전문 기자 애니 머피 폴Annie Murphy Paul은 사람들이 MBTI와 기타 테스트에 정당하지 않은 이유로 매달린다고 주장한다.[27] 한 가지 분명한 이유는 매몰비용이다. MBTI 인증을 받은 트레이너와 코치가 되려고 많은 사람이 시간과 돈을 투자한다. 또 다른 이유는 사람들이 자신에 대해 오랫동안 궁금했던 사항들을 테스트 결과로 확인할 때 "아하" 하면서 무릎을 치는 경험을 하기 때문이다. 머피 폴은 "성격 유형을 좋아하는 사람들은 이상적인 자아 이미지에 홀리고 있다"라고 썼다. 누구를 탓하겠는가!

결코 사소하지 않은 대가

아마도 개소리 때문에 실질적으로 치러야 하는 가장 큰 대가는 주로 달갑지 않은 영향을 제거할 때 드는 시간과 노력이 애당초 그 영향을 생성할 때보다 기하급수적으로 커질 수 있다는 것이다. 개소리는 몇 초면 생성할 수 있지만, 잘못이라고 입증되기까지는 몇 년이 걸릴 수도 있다.

대중 방송을 개소리로 채우면 신념과 태도를 효과적으로 형성하고 유지할 수 있다. 자신이 좋아하는 라디오 진행자의 주장이 사실인지 알아내려면, 자신이 신뢰하는 소식통의 정보를 깊이 생각하지 않고 믿을 때보다 훨씬 시간과 노력을 많이 기울여야 한다.

2008년 미국 대통령 선거 기간 동안 버락 오바마에 맞서는 인물들은 과장된 명칭을 붙이며 "버서 운동birther movement"을 시작하고, 출생증명서의 합법성에 의문을 제기하면서 오바마는 대통령직에 출마할 자격이 없다고 주장했다. 이에 따라 정계의 양 진영에서는 오바마의 정통성 문제를 다루기 위해 주요 자원을 투입했고, 오바마가 대통령으로 집권하는 내내 이에 관한 논란이 가라앉지 않으면서 후임자가 대통령직을 차지하는 데 일조했다.

따라서 나는 개소리를 무해하다면서 물리치기 전에, 개소리 때문에 우리가 어떤 심리적 대가를 치러야 하는지 이해해야 한다고 믿는다.[28] 개소리는 우리의 기억, 태도와 신념, 결정에 엄청난 영향을 미친다.

대가 1: 반복해서 노출되면 거짓도 진실로 기억한다

시드니는 오스트레일리아의 수도이다. 스티로폼은 노르웨이에서 발명되었다. 미국은 프리도니아에 대량 살상 무기를 비축하고 있다. 모두 거짓 주장들이다. 하지만 누군가에게 이러한 말을 듣는다면 사람들은 각 주장을 사실로 잘못 기억할 가능성이 크다. 밴더빌트대학교 교수인 리사 파지오Lisa Fazio가 이끄는 인지심리학자 팀은 이러한 개념을 입증했다.[29]

인지심리학자들은 사람들이 "대서양은 지구에서 가장 넓

은 바다다" 같은 진술이 옳은지 그른지 여부를 자신의 기억에 의존해 판단한다고 오랫동안 믿었다. 하지만 심리학자들은 사람이 어떤 사실을 얼마나 "진실처럼" 느끼느냐는 그 사실을 얼마나 쉽게 기억해내느냐에 좌우된다는 것을 발견했다.

우리는 소비자 광고, 정치 선전, 소문 등에서 거짓 주장을 자주 만난다. 허위 주장에 반복적으로 노출되면 남을 속이는 잘못된 생각을 "진실"로 받아들이게 된다. 하지만 파지오의 연구가 제시하는 예상 밖의 결론에 따르면, 우리가 설령 지식을 쌓는다고 해도 진실에 대한 착각을 키우지 않는 것은 아니다. 좀 더 정확한 지식을 보유하고 있는 사람들이라면 "벳 데이비스Bette Davis가 영화 〈메리 포핀스〉로 여우주연상을 받았다"라는 진술에 반복적으로 노출되더라도 원래 알던 지식을 수정하지 않으리라 추측하겠지만, 파지오가 연구를 통해 도출한 결론은 달랐다. 실제로 사람들은 진술의 진위 여부를 판단할 때 자신의 지식에 의존하기보다 기억 같은 주관적인 경험에 의존한다는 것이다.

한 연구에서 실험 참가자들은, 처음에 "베네치아는 운하로 유명한 이탈리아의 도시입니다" 같은 몇 가지 진술을 듣고 각 진술에서 다룬 내용이 얼마나 흥미로운지 이야기했다. 물론 진술 중에는 진실도 있었지만 완전히 거짓도 있었다. 참가자들은 나중에 여러 가지 진술 중 사실인 것과 사실이 아닌 것을 구분해달라는 요청을 받았다. 중요한 점은 파지오와 동료들은 참가자들이 해당 진술 내용에 대해 이미 지식을 갖고 있었음을 미리 파악했다는 것이다. 놀랍게도 참가자들은 특정 분야에 대해 지식을 보유하고 있으면서도 단 한 번 노출된 거짓 진술을 진실이라고 착각하는 경향을 보였다.

이처럼 '오류적 진실 효과illusionary truth effect'는 거짓 정보에 반복적으로 노출되면 거짓을 진실이라고 믿는 경향이다. 예를 들어, 정치인이 진실일 리 없는 허황된 말을 반복하고, 이를 주류 언론과 소셜미디어가 퍼뜨리면 유권자들은 거짓을 사실로 믿기 시작한다.

대가 2 : 잘못된 믿음을 만든다

우리가 진실이라고 믿는 것과 이러한 "진실"에 대한 감정은 우리가 내리는 크고 작은 결정에 근본적으로 영향을 미친다. 우리의 믿음과 태도는 도덕적 나침반으로 작용하고, 타인과 형성하는 관계를 이끌고, 크고 작은 일을 할 때 행동에 동기를 부여한다. 우리는 자신의 태도와 믿음에 따라 샤워할 때 비누를 사용할지 말지, 양치질을 할지 말지, 아침식사를 할지 건너 뛸지, 혼다를 몰지 포드를 몰지를 결정한다. 또 정치인 후보를 골라 투표하고, 의사가 처방한 치료법을 철저히 지키거나 민간요법을 선택한다.[30]

내가 개소리연구소Bullshit Studies Lab에서 꾸준히 연구하면서 발견한 것은 개소리는 사람들의 믿음과 태도에 영향을 미친다는 것이다.

우리는 수면자 효과sleeper effect를 시험하기 위해 참가자들에게 개소리나 거짓말을 들려주었다. 수면자 효과는 어떤 대상을 향한 개인의 태도가 시간이 경과하는 동안 설득을 당해 바뀌는 현상이다. 예를 들어, 특정 대상(예: 개업한 레스토랑)에 대해 긍정적인 메시지를 들을 경우, 사람들은 긍정적 태도를 형성하는 경향을 보인다. 나중에 대상에 대해 진실성을 의심하게 만드는 나쁜 정보(예: 거짓 광고)를 들으면 태도를 즉시 하향 조정하면서 긍정적인 태도에서 한 걸음 물러선다. 하지만 시간이 흐르면(예: 2주) 처음의 태도를 회복하고 다시 긍정적인 태도로 회귀한다. 실제로 처음보다 훨씬 더 긍정적인 태도를 갖게 된 경우도 있다.[31]

수면자 효과 실험에서 참가자들은 가상의 글루텐 비함유 피자가 더 맛있고 건강에도 이롭다는 내용을 상세하게 서술한 인쇄 광고지를 읽었다.[32] 그 후 광고의 일부 내용이 사실과 다르다는 정보를 제공받았다. 이는 실험에 중요한 요소로서, 연구자들은 부정확한 내용을 명백한 거짓말로 정의하거나 개소리로 정의했다. 그런 다음 광고에 부정확한 내용이 있다는 정보를 참가자들에게 들려준 직후와 14일 후, 피자에 대한 태도가 어떻게 바뀌었는지 조사했다. 연구자들이 부정확한 내용을 거짓말로 정의했을 때와 개소리로 정의했을 때, 피자에 대한 참가자들의 태도는 어떻게 달라졌을까?

대부분의 수면자 효과가 그렇듯, 피자에 대한 태도는 광고에 부정확한 내용이 있다는 말을 들은 직후보다 2주 후에 평가했을 때 더 긍정적으로 바뀌었다. 하지만 부정확한 내용을 개소리로 정의했는지 거짓말로 정의했는지가 중요했다. 2주 후 피자에 대한 태도는 거짓말을 들었다고 생각한 참가자보다 개소리를 들었다고 생각한 참가자 집단에서 더욱 유의미하게 긍정적으로 바뀌었다. 또 개소리를 들은 참가자도 거짓말을 들은 참가자도 피자에 대해 들려준 세부 내용을 대체로 기억하지 못했다. 개소리도 거짓말만큼 쉽게 잊힌 것이다. 이 실험이 중요한 이유는 개소리의 수면자 효과가 거짓말의 경우보다 더 두드러지게 나타난다는 점을 여실히 보여주기 때문이다.

이 실험을 계기로, 내가 운영하는 개소리연구소도 증거 기반 논쟁과 관련해 개소리가 이로울지 아닐지에 관심을 기울이기 시작했다. 우리가 내린 추론에 따르면, 개소리는 진실에 대한 관심이 부족하다는 신호이므로, '낮은 사고 능력' 즉 제시된 주장의 수나 개인의 매력 등 개소리꾼의 주변적 측면에 초점을 맞추는 단순한 사고를 활성화한다.[33] 증거에 근거한 의사소통은 진실에 관심이 있다는 신호이므로, '높은 사고 능력' 즉 논거의 핵심 측면과 강점에 초점을 맞추는 복잡한 사고를 활성화한다.

우리는 이러한 개념을 확인해보기 위해 한 가지 실험을 했다. 참가자들에게 그들이 다니는 대학에서 새로 시행하려고 계획 중인 필수종합시험 정책에 대해 정보를 제공했다.[34] 해당 정책이 시행될 경우, 학생들은 전공 분야 관련 종합시험에 합격해야 졸업할 수 있다(학생들은 대개 이러한 정책을 싫어한다). 하지만 정책에 대한 의견을 드러내기 직전, 참가자들에게 거짓에

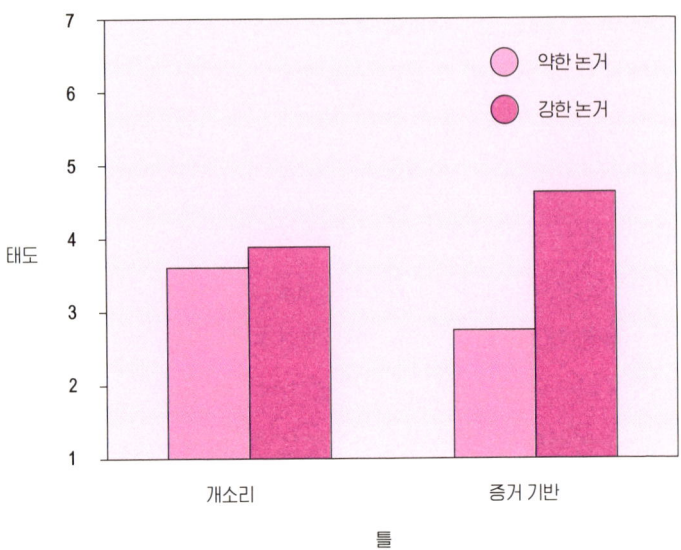

기반한 약한 논거(예를 들어 "듀크대학은 이 정책을 실시하고 있습니다.")나 개소리로 포장해 정책에 찬성하는 강한 논거(예를 들어, 종합시험에 통과하고 졸업한 학생들은 첫 직장에서 연봉을 더 많이 받게 될 가능성이 크다)를 홀렸다. 개소리로 포장한 경우, 참가자들은 사실 여부나 증거에 거의 또는 전혀 관심이 없다는 것이 드러났다. 반면 약한 논거라도 증거 기반 논거를 펼친 경우에는 적어도 해당 논거가 진짜인지 확인하는 데 꽤 관심을 드러냈다.

종합시험 정책에 대한 태도를 분석해보면 논거가 증거 기반 틀로 제시되었을 때는 예상대로 강한 논거가 약한 논거보다 더욱 큰 설득력을 발휘했다. 하지만 개소리에 노출된 참가자들

사이에서는 이런 효과가 발생하지 않았다. 즉 논거가 개소리의 틀로 제시되었을 때 강한 논거는 약한 논거보다 설득력이 크지 않았다.

흥미롭게도 개소리 틀로 포장하면 강한 논거의 효력은 약화되는 반면에 약한 논거의 효력은 강화되었다. 약한 논거로만 무장하고 설득하려는 사람에게는 개소리가 유리할 수 있지만, 강한 논거로 무장하고 설득하려는 사람에게는 개소리하는 것처럼 들리는 것이 불리할 수 있다. 정보 소비자는 개소리에 근거해 믿음과 태도를 결정해서는 안 된다. 잘못된 믿음과 비합리적 태도는 끔찍한 결과를 낳을 수 있기 때문이다.

대가 3 : 어리석은 의사결정과 막대한 피해

1958~1962년 발생한 이 참사는 홀로코스트 희생자의 약 6배에 이르는 인명을 앗아갔다. 매우 비극적인 사건이었지만 이 사건에 대해 잘 모르는 이들이 많다.[35] 발단은 개소리 때문이었다. 아마도 20세기에 탄생한 숱한 개소리 중 가장 극단적 결과를 초래하지 않았나 싶다.

중국 공산당 혁명가였던 마오쩌둥은 1949년 공산당을 창당했을 때부터 1976년 사망할 때까지 중국 공산당 주석으로 중국을 지배했다. 1958년에는 중국 공산당이 주도하는 경제 및 사회운동인 대약진 정책을 추진했다.[36] 이 운동을 시작한 취지는 중국을 농업 경제에서 탈피시켜 공산주의 사회로 재건하기 위해서였다. 운동의 일환으로 마오쩌둥은 농업 생산량을 늘리고, 빈곤한 시골에 산업시설을 도입하려는 계획을 세웠다. 일부 관리들이 자국에 곡물을 비축할 능력이 있는지 의문을 품었지만 어느 누구도 감히 이의를 제기하지 않았다.

마오쩌둥은 민간 농업을 불법으로 선언하고 곡물 수확의 원흉으로 지목받는 네 가지 해충에 대해 전쟁을 선포했다. 이에 따라 쥐, 파리, 모기, 참새 박멸 캠페인이 펼쳐졌고, 처음에는 그럴듯한 아이디어처럼 들렸다. 밭을 보호한다는 명분 아래 곡식을 쪼아 먹는 참새와 기타 야생 새들을 잡아들이는 작업에 전 국민이 동원됐다. 참새가 창고와 논에 있는 곡물을 쪼아 먹어서 참새 한 마리당 곡물 손실량이 연간 1.8킬로그램에 이른다는 주장도 나왔다. 하지만 참새가 흉작의 원인이라는 주장은 개소리였다. 아무도 네 가지 해충이 정말 곡물 수확에 피해를 입히는지 제대로 알지 못했다. 다만 해충을 제거하면 쉽게 곡물 생산량을 늘릴 수 있으리라 믿고 싶었던 것이다.

해충 박멸 운동의 일환은 '참새소탕작전'이었다. 공무원과 학생을 포함해 중국인 수백만 명이 작은 참새에 맞서기 위해 냄비, 프라이팬, 주걱, 주방용품 등을 들고 농장과 거리로 나섰다. 1958년 5월까지 참새 약 431만 마리가 중국 전역에서 사라졌다. 16세인 양세문은 참새 둥지를 찾아내서 참새 2만 마리를 맨손으로 잡아 죽인 공로로 국민 영웅 대우를 받았다.[37]

하지만 참새를 비롯한 기타 유해 조류는 곡물을 쪼아 먹기도 하지만 농작물에 병충해를 일으키는 곤충과 메뚜기들을 잡아먹기도 한다. 참새가 사라지자 농작물을 갉아먹는 해충의 개체수가 폭발적으로 증가했다. 해충 피해로 밭이 눈에 띄게 황폐해지자 마오쩌둥은 1960년 4월, 참새소탕작전을 중단하고 네 가지 박멸 대상에서 참새를 빈대로 슬쩍 바꿨다.

그러나 문제는 여기서 끝나지 않았다. 1962년 참새소탕작전으로 유발된 생태계 불균형이 결국 대기근으로 이어진 것이다. 대약진 정책은 남성과 여성, 아이를 포함해 약 3600만 명에 이르는 사람들을 굶어 죽인, 인류 역사상 최대 기근이자 인재를 초래했다.

마오쩌둥은 중국에서 농업을 변혁하겠다는 목표를 세웠지만 목표를 달성하기는커녕 오히려 나라를 위험에 빠뜨렸다. 참새소탕작전은 지식과 증거에 기반하지 않고 실시되었다. 게다가 국민 전체를 동원했다. 기본적인 먹이사슬의 과학을 제대로 이해하지 못했고, 참새 한 마리가 연평균 곡물 1.8킬로그램을 먹어 치운다는 근거 없는 주장을 일반에 퍼뜨렸으며, 중국 관리들도 자기 몫만큼 개소리에 기여했다. 마오쩌둥의 대약진 정책이 경제적 재앙을 초래하는데도 누구 하나 나서서 실태를 챙기지 않았다. 관리들은 보고서를 보면서도 현실을 직시하지 않고, 식량 생산량 감소를 기후 탓으로 돌리면서 궁극적으로 아무 조치도 취하지 않았다.

마침내 개소리의 먹구름이 걷히자 중국 정부는 참새소탕작전을 중단하고, 소련에서 참새 25만 마리를 수입해 개체수를 대대적으로 늘려나갔다.[38] 그 결과 참새 수가 꾸준히 증가하면서 농작물을 갉아먹는 곤충들을 잡아먹기 시작했고, 곡물 밭이

서서히 비옥해졌으며, 곡물 생산량이 다시 늘어 사람들이 아사하는 사태가 멈췄다.

오늘날에는 개소리에 면역이 생길 만큼 생겨 중국의 대기근 같은 사태가 일어날 리 없다고 누군가 말한다면 그거야말로 개소리다. 이러한 참사는 언제든 또다시 발생할 수 있다.

사람들의 인식에 깊이 박혀 있는 믿음이 결정을 이끌어낸다. 따라서 개소리는 집어치우고 대화하고 신뢰하는 것이 그 무엇보다 중요하다. 인류 역사를 통틀어 대통령을 비롯해 의사결정 지도자들이 품은 뿌리 깊은 믿음이 나라를 전쟁으로 이끌고, 평화를 지연시키고, 동맹국을 소외시키고, 적과 유화했다. 때로는 자기 믿음을 좇아 새로운 영토를 정복하고, 사람들을 노예로 삼고, 노예를 해방시키고, 지구가 평평하다고 선언하고, 달로 사람들을 보냈다. 그들이 확고하고 강력한 믿음을 지녔으므로 이 모든 사건들이 일어났으며, 일부 믿음은 개소리에 근거해 생겨났다.

책임감 있는 시민으로서 우리는 의사결정을 하는 지도자들이 어떤 신념을 지녔는지, 개소리를 빼고 그들이 어떤 신념에 따라 행동하는지, 어째서 그렇게 믿는지 아는 것이 중요하다. 의사결정 지도자들이 자기 신념이 무엇인지, 어떻게 그런 신념을 갖게 됐고 왜 그렇게 생각하는지 분명히 말하지 못할 때, 우리는 커다란 난관에 부딪힌다.

불행한 현실이지만 우리의 기억, 믿음, 태도, 결정에서 많은 부분은 증거에 근거한 추론보다는 개소리에 뿌리를 내리고 있다. 그래서 개소리를 더욱 깊이 이해하는 것은 우리가 직면한 가장 중요한 지적·사회적 과제의 하나일 것이다.

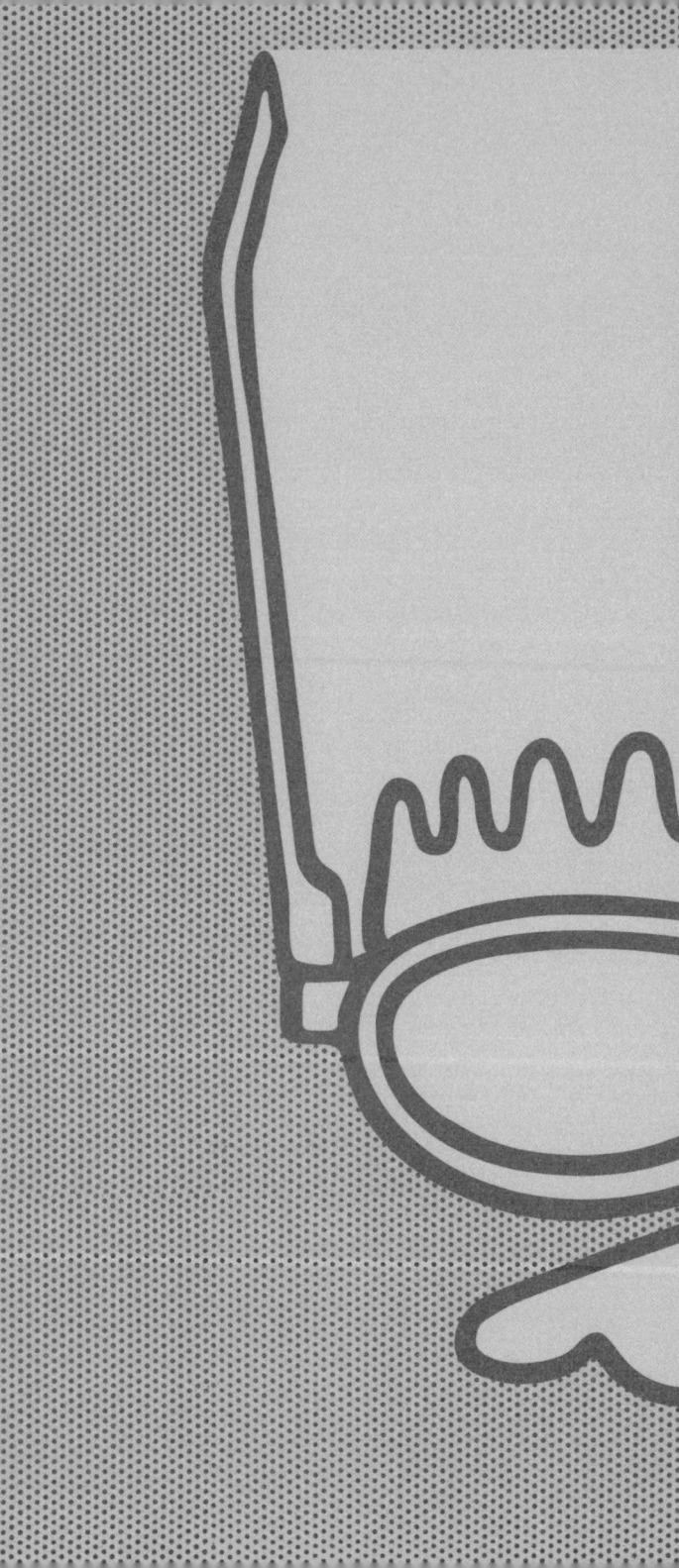

2장
합리적이라는 착각

: 버나드 메이도프의 주식 사기에
속아 넘어간 무리

속아 넘어가는 데는 두 가지 경로가 있다.
하나는 진실이 아닌데 믿는 것이고,
다른 하나는 진실인데 믿지 않겠다고 거부하는 것이다.
- 쇠렌 키에르케고르(Søren Kierkegaard, 덴마크의 철학자)

1960년 설립된 버나드메이도프투자증권Bernard L. Madoff Investment Securities, LLC, BLMIS은 미국과 해외를 무대로 운영되는 장외주식 중개회사로 시작해 은행, 브로커와 딜러, 금융기관, 부유한 투자자들을 중개해 주식을 매매했다. 1989년에는 증권업계 최대 독립거래운용사 중 하나로 부상했고, 2005년에는 뉴욕증권거래소 거래량의 5퍼센트를 운용할 정도로 성장했다. 하지만 BLMIS는 2008년 12월 청산 대상이 되었다. 금융업계에서 가장 존경받는 인물이었고, 나스닥증권거래소 회장을 역임하고 기업 세 개를 성공적으로 일궈 BLMIS을 설립한 버나드 메이도프가 미국 역사상 가장 큰 사기 사건을 저지른 혐의로 기소돼 유죄 판결을 받은 것이다. 버나드 메이도프는 합법적으로 투자펀드를 운용하지 않고 최장 기간 폰지 사기를 저질러 무려 150년 징역형을 선고받았다.

폰지 사기의 원조인 사기꾼 찰스 폰지Charles Ponzi는 1920년 투자자들에게 2000만 달러(오늘날의 화폐가치로 따지면 약 2억 달러)의 손해를 입혔다. 폰지 사기는 고수익 보장을 미끼로 신규 투자자들을 끌어들이는 다단계 사기의 일종이다. 폰지는 단 90일 만에 투자 수익률 50퍼센트를 보장하겠다고 약속했다. 폰지 운용자는 신규 투자자들을 끌어들이고 그들에게 거둔 자금으로 기존 투자자에게 약속한 이익을 배당한다. 신규 투자자가 계속 펀드에 가입하면 실제 투자와 수익이 발생하지 않는데도 운용은 수익을 내고 적법해 보일 것이다.

　많은 투자자가 수익을 돌려달라고 요구할 때 생기는 펀드 붕괴를 피할 목적으로, 폰지 운용자들은 투자자들에게 돈을 더 많이 벌기 위해서는 게임에 돈을 계속 넣어두어야 한다고 강권한다. 투자자들이 의문을 제기하면 비밀을 유지해야 사업을 보호할 수 있다고 강조하면서 투자 전략을 수수께끼처럼 모호하게 설명한다. 수익이 계속 생기기만 하면 투자자들은 수익과 투자 전략에 대한 엉터리 설명도 기꺼이 받아들이므로, 이러한 사기 행각은 더욱 보호를 받을 수 있다. 폰지 운용자는 실제 수익을 전혀 내지 않으면서도 자신들이 많은 돈을 벌어들이고 있다고 투자자들에게 정기적으로 보고할 수 있으면 지속적으로 펀드의 일부를 착복하거나 사기 행각을 확대할 수 있다.

　문제는 폰지 사기가 무너지느냐 마느냐가 아니라 언제 무너질 것이냐이다. 사기는 대개 다음 세 가지 이유의 하나로 탄로 난다. 폰지 운용자가 사기 행각을 들키지 않은 상태에서 남은 투자금을 가지고 달아나거나, 신규 투자자를 찾지 못해 차

입금의 흐름이 끊기거나, 찰스 폰지와 버나드 메이도프의 사례처럼 많은 투자자가 수익 지급을 동시에 요구하면서 펀드에서 손을 떼기 시작할 때이다. 폰지의 사기극은 금융 전문 기자들이 그의 투자 전략을 이해하기 위해 구체적인 질문을 던지면서 붕괴하기 시작했고, 메이도프의 사기극은 은행에 3억 달러만 남아 있는 상황에서 투자자들이 상환을 요구하고 그 금액이 70억 달러에 이르면서 파국으로 치달았다.

어떻게 메이도프는 그토록 오랜 세월 동안 발각되지 않고 사기 행각을 벌여온 걸까? 어째서 똑똑한 투자자들이 사기 위험을 감지하기에 충분할 만큼 많은 데이터를 보유하고서도 BLMIS가 꾸준히 좋은 실적을 거두는 것이 불가능하다는 사실을 깨닫지 못했을까?

메이도프가 투자자들이 신뢰할 만한 조건을 전부 갖추었던 것은 확실했다. 그는 1960년대부터 금융업계에서 활발하게 활동한 유명 인사였고, 나스닥증권거래소 회장을 역임한 데다 미국증권거래위원회에서 증권거래자문위원으로도 활동했다. 그는 합법적 전략을 사용한다고 주장했으며, 수익률이 높기는 했지만 의심을 살 만큼 유별나게 높지 않게 신경 쓰며 일정 수준을 유지했다. 그러면서 투자자들에게는 BLMIS의 독점 투자자로 선택받은 특별한 구성원이라는 인식을 심어주었다. 실상을 확인하지 않는 이상, 대부분의 투자자들은 70세의 존경받는 베테랑 투자가이자 업계 상황을 정확히 꾀고 있는 것처럼 보이는 메이도프가 사업을 제대로 운영하고 있으리라 가정했을 것이다. 펀드 투자자들이 많은 돈을 상환하라고 요구하지 않았다면 메이도프는 계속해서 사기 행각을 이어나갔을지 모른다.

폰지 사기의 공식

사회심리적 관점에서 볼 때, 나는 메이도프의 사기 행각이 성공을 거둔 것은 투자자들을 속여서 돈을 내놓게 만드는 초자연적인 설득 기술 때문이라고 생각하지 않는다. 실제로 메이도프에게 투자한 사람 대다수는 메이도프를 만나거나 그와 대화를 나눈 적이 거의 없다. 오히려 메이도프는 다른 사람들과 마찬가지로 '개소리에 취약한bullible' 성향을 보이는 투자자 4800명 이상에게 많은 도움을 받았다.

  나는 잘 속아 넘어가는 사람들이 온전히 포착하지 못하는 사고의 측면들을 설명하기 위해 'bull(개소리)'와 'gullible(속아 넘어가기 쉬운)'이라는 단어를 결합했다.[1] 기만적인 속임수에 반복적으로 굴복하는 사람들이 있기는 하지만, 누구든 때로 쉽게 속아 넘어갈 때가 있다. 연구 결과를 참조해서 좀 더 일반적으로 말하자면, 많은 사람이 개소리를 맹목적으로 좇거나 의외로 개소리에 취약하다. 따라서 개소리꾼들이 진실을 무시하거나 진실을 찾기 위해 합리적인 행동을 취하지 않는다는 점을 증거나 단서에 기반해 유추하지 못함으로써 개소리를 사실로 수용한다.[2] 속임수에 취약한 사람은 부정직하다는 신호가 버젓이 존재하는데도 속임수를 믿는 편이지만, 개소리에 취약한 사람은 부정직하다는 신호에 신경조차 쓰지 않는, 상대적으로 생각이 게으른 사람들이다.

사람이라면 모두 지닐 수밖에 없는 개소리 취약성은 누구나 폰지 사기를 저질러 성공할 수 있는 근거이다. 딱히 주식시장 전문가가 아니더라도 실적 성장을 엉터리로 설명하고, 투자금을 잘 운용해 수익을 낼 수 있다고 최소한 일시적으로라도 입증해서 거금을 내놓도록 많은 사람을 설득할 수 있다. 폰지 운용자는 그 정도 수준까지만 보여주더라도 성공적으로 사기를 칠 수 있다.

폰지 사기를 성공시키는 나머지 공식은 폰지 운용자와 전혀 관계가 없고 오직 투자자들의 집단적 사고와 관계가 있다. BLMIS의 개인 투자자들은 똑똑하고 세련된 사람들이었다. 온통 개소리뿐인 대형 사기극에 걸려들 거라고는 아무도 예상 못 한 종류의 사람들이었다. 어느 누구도 제롬 피셔Jerome Fisher 같은 BLMIS의 투자자들을 지능이 모자란다고 말하지 않을 것이다. 피셔는 디자이너 스타일을 모방해 여성용 신발을 저렴한 가격으로 판매하는 나인웨스트Nine West의 설립자로 매우 유명하다. 노련한 사업가인 피셔는 다수의 투자자와 마찬가지로 자신은 절대 투자 사기에 걸려들지 않으리라 생각했을 것이다.

로버트 추Robert Chew도 BLMIS에 투자했다. 2003년 추 부부는 집을 매각하기로 결정했다. 집을 팔기에 적기라고 생각했고 마침 주식시장도 활황이었다. 부부는 최대로 돈을 긁어모아서,

약간 걱정스럽기는 했지만 메이도프 밑에서 로스앤젤레스 네트워크 조직자로 일하는 스탠리 체이스Stanley Chais에게 건네주었다. 추는 이것이 결코 놓쳐서는 안 될 절호의 투자 기회라고 생각했다. 추의 처가 가족들은 메이도프의 투자펀드에 여러 해 동안 돈을 넣어두고 15~22퍼센트의 연 수익을 받으며 여유롭게 생활하고 있었다. 추 가족에게는 모든 상황이 순조롭게 돌아가는 것처럼 보였다.

투자자 중에는 메이도프의 폰지 사기에 말려들지 않을 것 같은 사람들이 많았지만 그중에서도 스티븐 그린스펀Stephen Greenspan은 절대 투자 사기에 걸려들지 않을 것 같은 유형의 인물이었다. 그는 존스홉킨스대학교에서 박사학위를 취득하고, 콜로라도대학교 정신건강의학과 임상교수를 지내며 사회적 무능과 속임수에 쉽게 속아 넘어가는 속성을 연구했다. 은퇴할 무렵까지 100편 가까이 과학 논문을 발표했고, 심리학 분야에서 《쉽게 속아 넘어가는 속성의 역사Annals of Gullibility》를 저술한 것으로도 유명했다. 속아 넘어가기 쉬운 것들의 속성에 관심을 쏟고 전문 지식까지 갖췄다면 메이도프의 회사가 사기를 펼치고 있다는 사실도 알아차렸어야 하지 않을까? 하지만 그린스펀도 BLMIS에 돈을 넣은 개인 투자자였다.

피셔, 추 부부, 그린스펀이 아침에 전화를 받고 메이도프의 투자 사기에 대해 들었을 당시에 해리 마르코폴로스Harry Markopolos는 매우 다른 성격의 전화를 받았다. 마르코폴로스는 메이도프의 움직임을 주시하면서 금융 공황 사태가 발생하기

9년 전부터 메이도프의 개소리에 경각심을 품었다. 증권업계 경영진이자 독립 법인 회계사로 활동하는 마르코폴로스는 일찍이 1999년, 다시 2000년, 2001년, 2005년에 사기 행위의 증거를 발견하고, 메이도프가 폰지 사기를 저지르고 있을 가능성을 증권거래위원회에 경고했다.

마르코폴로스는 2009년 의회에서 이렇게 증언했다.

> 증권거래위원회는 메이도프의 사기 행각을 결코 감지하지 못했습니다. 사기 피해액은 1000억 달러까지도 늘어날 수 있었죠. 나는 단 5분여 만에 메이도프가 사기꾼이라는 사실을 알아차렸습니다.
> 우선 수치들을 훑어보았습니다. 수치들이 합리적이지 않다는 사실을 즉시 감지했어요. 그냥 알 수 있었습니다. 수치들은 서로 연결되어 존재하기 마련입니다. (중략) 하지만 뭔가 잘못된 것이 분명했죠. 나는 고개를 가로저었어요. 분할 태환 전략 split-strike conversion strategy이 어떤 효과를 내는지 알고 있었지만, 메이도프가 주장하는 분할 태환 전략은 형편없이 설계되었고, 명백한 오류가 매우 많아서 수익은 고사하고 어떻게 기능하는지조차 알 수 없었습니다. 페이지 하단에 수록된 그래프를 보면 메이도프의 수익 흐름이 45도 각도로 꾸준히 상승했는데, 금융계에서 그런 기록은 있을 수 없습니다. 나는 5분여 동안 수치들을 훑어보고 나서 프랭크에게 "이 수치는 진짜일 리 없습니다. 가짜예요"라고 말했습니다. 수치들을 계속 추적해보니 수치에 담긴 문제들이 하얀

눈밭을 달리는 빨간 마차처럼 선명하게 눈에 들어오기 시작했습니다.

투자자들과 증권거래위원회가 진실에 조금만 주의를 기울였더라면 당시 10년 넘게 지속된 폰지 사기의 정체를 알아차렸을 것이다. 불행하게도 마르코폴로스가 자신의 책 《아무도 들으려 하지 않는다No one Would Listen》에서 설명했듯, 어느 누구도 그의 경고에 귀를 기울이지 않았다. 증권거래위원회는 오히려 마르코폴로스를 해임했고, 자신의 투자 능력이 뛰어난 것뿐이라는 메이도프의 설명을 믿었다.[3]

다른 사람은 모두 감지하지 못했지만 마르코폴로스가 분명히 보았던 것은 무엇이었을까?

첫째, 마르코폴로스는 이례적인 수익률에 대해 메이도프가 시도한 설명이 무슨 뜻인지 분명히 이해했다. 메이도프는 '분할 태환 전략'을 사용해 수익을 달성한다고 주장했다. 스탠더드앤드푸어스S&P가 선정한 100대 기업이나 500대 기업의 블루칩 주식을 매수해서, 지정된 날짜에 지정된 가격으로 매도할 권리를 갖는 풋옵션put option을 보장받는 전략이었다. 메이도프는 풋옵션을 매수한다고 주장하고 예상 매도 금액을 측정하기 더욱 힘들게 만들어 주식거래 과정을 훨씬 더 모호하게 조작했다. 메이도프는 스스로 주장하는 주식거래의 발자국을 이러한 방식으로 숨길 수 있었다. 어느 누구도 발표된 주가를 증거로 내밀면서 그의 헤지펀드가 어떻게 다른 펀드보다 지속적으로 우수한 실적을 내는지 설명하라고 요구하지 않을 것이기 때문이었다. 그리고 이 수법은 통했다.

하지만 마르코폴로스는 믿지 않았다. 메이도프가 사용한다고 주장하는 전략과 "실적 기록"을 조사한 마르코폴로스는 냉전 시대 소련에서 펄럭이던 것보다 더 많은 붉은 깃발을 발견했다. 그 가운데 주요 깃발 3개는 대부분의 투자자가 당연히 알아차려야 했을 정도로 두드러졌다.

첫째, 메이도프는 S&P 100대 기업이나 500대 기업의 시장지수가 얼마나 움직이든 상관없이 연평균 12퍼센트의 수익률, 즉 월평균 1퍼센트의 수익률을 꾸준히 기록했다. 메이도프는 이러한 수익률이 시장이 주도한 결과라고 주장했다. 하지만 실적이 시장 변동의 6퍼센트에 상당한다면 S&P 100대 기업이든 500대 기업이든 시장 주도적 결정을 내렸을 리 만무했다. 이 점은 시장을 주시하던 사람이라면 누구라도 분명히 알아차릴 수 있었다. 데이터를 그래프에 표시해보면 이러한 사실을 훨씬 쉽게 파악할 수 있다.

페어필드센트리리미티드Fairfield Sentry Limited는 BLMIS 계열의 투자관리기업이었다.[4] 매달 누적 실적의 변화 비율을 살펴보면, 페어필드센트리리미티드에서 메이도프가 거둔 실적(점선)이 시장 주도적 결정에서 나오지 않았을 가능성이 있다는 사실을 쉽게 짐작할 수 있다. 시장 주도적 결정을 내렸다면 메이도프가 주장하는 수익은 시장 곡선과 비슷했을 것이다(실선). 투자자라면 누구나 시장이 매우 불안정하다는 사실을 알고 있다.

 하지만 웬일인지 메이도프의 수익에는 이러한 원칙이 작용하지 않았다. S&P 100대 기업이 통상적인 변동성과 불안정을 보인 반면에 메이도프는 수익률이 매달 꾸준히 45도로 상승하고 있다고 보고했기 때문이다.
 둘째, 실증적 검증을 중요시하는 비판적 사고자들이 그렇듯 마르코폴로스는 메이도프가 주장하는 전략을 사용해 같은 결과를 재현하려고 시도했다. 해보지 않을 이유가 없지 않겠는가? 누군가 볼링공이 바늘 끝에 균형을 잡으며 안정적으로 올라가 있을 수 있다고 말하고, 그것이 정말 사실이라면 누구라도 손쉽게 증명해 보일 수 있어야 한다. 메이도프의 전략은 이해하고 써먹기가 간단했지만 마르코폴로스는 같은 결과를 산

출할 수 없었다.

셋째, 메이도프 자신이 실행하고 있다고 주장하는 풋옵션이 시장에 충분히 없었다. 현실적으로 마르코폴로스는 블루칩 주식의 풋옵션을 단 10억 달러어치만 매수할 수 있었다. 메이도프가 투자를 보호하려면 여러 시점에서 30억~650억 달러어치의 풋옵션이 필요했는데, 이것은 시스템에 실제로 존재하는 양을 훨씬 웃돌았다.

이 모든 사항을 포함해 메이도프의 수익률과 "전략"에 내포된 여러 사실들은 투자자들이 주의를 약간만 기울이더라도 당연히 알아채고도 남았을 붉은 깃발들이었다. 하지만 메이도프는 월스트리트에서 너무나 막강하고 유명한 인물이었으므로, 투자자들은 그가 투자자들의 돈을 이용해 실제로 무엇을 하는지에 거의 주의를 기울이지 않고 BLMIS를 맹목적으로 신뢰했다. 게다가 돈을 많이 버는 투자자들이 많아 보였다. 투자 대비 연간 약 12퍼센트의 수익률을 거둔다는데 누군들 마음이 움직이지 않겠는가?

메이도프는 그린스펀, 피셔, 추 부부 등을 직접 설득하지 않았다. 그저 멋진 투자 기회처럼 보이는 상품을 제시했고 그것으로 충분했다. 메이도프는 스탠리 체이스를 포함한 네트워크 기획자들과 함께 투자 상품을 만들었는데, 이러한 방식은 거의 모든 사람에게 똑같이 통했다. 투자자들은 자신이 특별한 존재이고, 모든 절차는 매우 사적이며, 자신은 엄청난 성공을 거두고 있는 BLMIS에 투자할 기회를 거머쥔 선택받은 소수라고 생각하도록 부추김을 받았다. 그동안 투자자들은 자신에게 돌아오는 수익의 실체를 알려주는 진짜 증거보다는 수익 자체에 더 큰 관심을 기울였다. 한마디로 개소리에 취약해진 것이다.

이 사기 행각의 위험성이 드러날 무렵 4800명 이상의 고객이 약 180억 달러에 이르는 투자 손실을 입었는데, 이 금액은 고객 1인당 평균 350만 달러 이상으로 찰스 폰지의 사기 행각 때문에 투자자들이 잃은 금액의 약 90배였다.[5] 이 사실만으로도 메이도프의 개소리는 '개소리에 꾀는 파리 지수'에서 파리 세 마리까지 격상된다.

그린스펀은 여동생과 여동생의 친구들이 이미 메이도프의 주요 모자형 펀드인 '라이 프라임 채권 펀드Rye Prime Bond Fund'에 투자했다는 사실을 알고 나서 자신의 은퇴 펀드 중 상당액을 투자했다. 그린스펀은 메이도프의 사기 행각을 감지하지 못한 것에 대해 이렇게 해명했다. "내 경우에 라이 펀드에 투자하기로 결정한 것은 금융에 대단히 무지했기 때문이고, 이러한 무지를 서둘러 바로잡지 못한 게으른 태도 때문이었습니다. 실제로 나는 30억 달러짜리 라이 펀드에 투자할 것을 고려할 당시에 메이도프라는 이름을 들었는지조차 확실히 기억하지 못할뿐더러 설사 들었더라도 인지하지 못했을 것이 확실합니다."[6]

제롬 피셔가 증권거래위원회에 제기된 문제를 겪은 것은 처음이 아니었다. 자신이 설립한 신발회사 나인웨스트가 1990년대 말 회계 부정으로 증권거래위원회로부터 경고를 받았기 때문이다. 그렇다면 피셔는 1억 5000만 달러를 투자하기 전에 펀드의 수익률이 의심스럽다는 사실을 눈치챘어야 하지 않았을까?

자신과 아내가 평생 저축해온 120만 달러가 사라졌다는 사실을 알기 전까지 로버트 추는 자신의 전 재산이 폰지 사기에 이용됐다는 사실을 부정했다. 그러다가 나중에 이렇게 시인했다. "내가 생각하기로는, 언젠가 불길한 전화를 받게 될까봐 모두들 내심 불안했을 겁니다. 높은 수익률이 사실이기를 희망했지만 마음속 깊은 곳에서는 사실이라고 하기에는 지나치게 좋은 조건이라는 것을 알고 있었거든요. 자신이 다른 사람들보다 똑똑하다고 스스로 속이고 있었던 거죠."[7]

돈을 어떻게 투자하느냐보다 스스로를 개소리로부터 보호하는 것이 더욱 중요하다. 개소리꾼이나 개소리에 취약한 투자자들은 현실을 직시하고 진실을 좇는 데 주의를 기울이지 않는데, 주의는 개소리로부터 자신을 보호하기 위해 발휘해야 하는 가장 중요한 가치이다.

재무제표를 포함해 관련 증거를 샅샅이 검토했다면 메이도프의 주장이 완전히 조작되었다는 사실을 알아차렸을 것이다. 시장이 침체했는데도 믿기 힘들 정도로 긍정적이고 지속적인 수익률, 메이도프가 주장하는 실적과 운영에 대한 독립 감사들의 감독 부족, 투자 전략에 대한 메이도프의 불투명한 설명, 메이도프가 제3자에 대해 주장하는 비밀성은 모두 사기를 가리키는 신호였다. 하지만 은행, 투자회사, 기관, 연기금, 헤지

펀드는 이 조직들을 운영하는 교육 수준 높고 세상 물정에 밝은 인물들과 함께 메이도프와 그의 금융 고문들에게 속아 넘어갔다.

우리는 왜 개소리에 혹할까

인정하고 싶지 않겠지만 우리는 개소리에 쉽게 흔들린다. 이 점을 인정하는 태도가 대단히 중요하다. 개소리가 그토록 파괴적인 결과를 초래하는 이유는 개소리를 쉽게 탐지할 수 없다고 명백히 입증하는 연구 결과가 나와 있는데도 자신은 개소리를 탐지할 수 있다고 믿기 때문이다. 개소리는 죽은 사람과 대화하는 심령술사나 점괘 신봉자들에 국한되지 않으며, 우리가 생각하지도 못할 출처를 포함해 어디든 존재한다.

사람들은 자신이 잘 모르는 사항을 알고 있다고 믿고 싶어 한다. 또 어떤 자동차를 살지, 어떤 경력을 추구할지, 어떤 상대와 결혼할지, 아이들을 어떤 학교에 보낼지, 어떤 후보에게 투표할지 선택할 때 옳은 결정을 내렸다고 믿고 싶어 한다. 자신이 옳다고 생각할 때는 안전감을 느낄 때이다. 하지만 아무리 진실이기를 간절히 바라더라도, 실제로 모르는데 아는 척을 하는 경우에는 그에 상응하는 책임이 따른다. 합리적이고 정보에 입각한 접근 방식을 따랐는데 달갑지 않은 진실이 도출된다면 비이성적이고 검증되지 않은 말에 말려들기 쉽다. 자신이 진실이라고 믿고 싶어 하는 것을 진실 그 자체보다 선호할 때, 우리는 개소리가 번성하는 풍토를 만든다.

사람들이 개소리에 이토록 취약한 원인에 대한 실증적 연구는 초기 단계에 머물러 있다. 반면 이러한 질문의 토대를 다루는 심리학적 연구는 상당히 진전되었다. 심리학적 연구는 사람들이 개소리에 취약한 원인을 개인적, 맥락적, 인지적, 정서적, 동기유발적 요소로 나누어 분석한다.

개인 성향 : 착하고 둔감할수록 개소리에 약하다

개소리에 유별나게 취약한 사람이 있는지 판단하는 것은 성격심리학의 영역이다. 개인의 성격은 지속적이고 일관적으로 사고하고, 느끼고, 행동하는 방식이다. 누군가 개소리에 유별나게 취약하다 치자. 그것은 다른 사람들보다 정보를 비판 없이 받아들이고, 상황을 매우 쉽게 믿는 경향이 있고, 신뢰성이나 진실에 대한 관심이 부족하다는 단서를 민감하게 포착하지 못하며, 단서가 명백할 때조차도 잘못된 전제를 기꺼이 받아들인다는 뜻이다.

1949년 심리학자 버트럼 포러Bertram Forer는 개소리에 취약한 성격 특성이 어떤 사람들에게 나타나는지 입증하는 연구를 수행했다.[8] 포러는 먼저 참가자들에게 취미, 독서 자료, 개인적 특징, 직무, 이상적인 자아상, 비밀스러운 희망과 야망에 대해 묻는 "성격 진단 검사Diagnostic Interest Blank" 설문지를 작성하라고 요청했다. 그러면서 작성된 설문지에 점수를 매기고 해석해서 성격 특성을 유추할 계획이라고 말해주었다. 설문지를 작성하고 일주일이 지난 후에 참가자들은 자기 이름이 적힌 성격 검사 결과지를 받았다. 결과지는 진짜처럼 보였지만 실제로는 완전히 조작되었고 물론 점수도 매기지 않았다. 각 참가자의 성격 검사 결과지에는 같은 내용의 진술 13개를 기록했는데, 대부분 신문 가판대에서 판매하는 점성술 책에서 인용했다. 해당 문장들을 열거하면 이렇다. "다른 사람이 당신을 좋아하고 동경하기를 원하는 욕구가 상당히 강하다." "자신에게 비판적인 성향을 갖고 있다." "자신에게 아직 유리하게 사용하지 못하고 있는 능력을 상당히 많이 지니고 있다." "성격적인 약점들이 있지만 대체적으로 그 약점들을 보완할 수 있다."

포러는 성격 진단 검사 결과지를 참가자들에게 배포하고 자신의 성격과 얼마나 일치하는지 평가하라고 요청했다. 놀랍게도 거의 모든 참가자가 성격 진단 검사 결과를 정확하다고 생각했다. 성격 설명이 거짓이었는데도 참가자들은 대부분 검사 결과가 자기 성격을 거의 완벽하게 묘사한다고 진술했다. 실제로 포러의 연구에 참여한 39명 중 1명만 13개 진술 중에서 8개 이상이 사실과 다르다고 대답했다. 포러가 연구를 수행해 입증한 결과는 출처의 정확성을 의심받고 있기는 하지만 P. T. 바넘이 했다는 "이 순간에도 속기 위해 태어나는 사람들이 있다"라는 주장을 빌려 '바넘 효과Barnum effect'로 알려졌다.[9]

2009년 미국 텔레비전 스타인 존 스토셀John Stossel은 텔레비전 프로그램 〈20/20〉의 '그만 좀 해' 코너에서 포러의 연구를 실연했다. 다시 한 번 가짜 성격 진단 검사 설문지를 작성한 참가자들은 자기 성격과 정확하게 일치하는 검사 결과지를 받아 들었다. 참가자들은 검사 결과지가 자기 성격을 정확하게 포착했다고 말했지만, 이후 스토셀로부터 결과지가 실제로는 대량 살인자의 성격을 묘사한 글이었다는 사실을 전해 듣고는 충격에 휩싸였다.

성격 진단 검사를 이용한 포러의 짓궂은 연구가 내린 결론은 이렇다. 실제 정보와 상관없이 사람들에게 자기 성격에 대한 묘사를 믿게 만드는 것은 황당할 정도로 쉽다. 성격이 어떻든 누구라도 개소리에 취약할 수 있다는 뜻이다. 개인을 개소리에 특별히 취약하게 만드는 독특한 성격 특성은 없으며, 누구든 개소리에 속아 넘어갈 수 있다.

하지만 바넘 효과는 자신에 대한 믿음에 적용되는 수준에서 멈추지 않는다. 포러가 연구 결과를 처음 발표한 지 30년이 지난 시점에서 사회심리학자 리처드 페티Richard Petty와 티머시 브록Timothy Brock은 바넘 효과 개념을 한 단계 더 끌어올렸다.

두 사람은 바넘 효과에 근거한 자기 믿음이 그 믿음과 일치하는 방향으로 사람들을 행동하게 만들 가능성에 관심을 두었다. 페티와 브록은 실험에 참가한 학생들에게 대학이 제시한 몇 가지 제안에 대해 어떻게 생각하는지를 열거하라는 과제를 내주기로 하고, 다음 네 가지 조건 중 하나에 학생들을 무작위로 배정했다. 일부 참가자에게는 바넘의 성격 묘사에 따라 그들의 성격 특성이 개방형이나 폐쇄형이라고 말해주었다. 다른 참가자들에게는 과제를 완성하는 동안 개방적이거나 폐쇄적으로 행동하라고 직접적으로 지시했다. 흥미롭게도 바넘의 성격 특성에 따라 개방형 인간이라는 말을 들은 학생들은 대학의 제안에 대해 찬반이 같은 비율로 자기 생각을 열거해서, 폐쇄형 인간으로 믿도록 유도된 학생들보다 더욱 균형 잡힌 사고를 했다. 게다가 바넘의 성격 특성에서 개방형 학생과 폐쇄형 학생의 차이는, 개방적이거나 폐쇄적으로 행동하라고 지시를 받았던 학생들 사이에 나타난 차이와 거의 같았다. 후속 행동을 유도한 경우에 나타나는 바넘 효과는 행동을 직접적으로 지시한 경우만큼 강력했다.[10]

그렇다면 개소리에 특히 취약한 성격 특성이 있을까? 높은 친화성 agreeableness이 여기에 해당할 가능성이 크다. 친화성은 외향성 extraversion, 개방성 openness, 성실성 conscientiousness, 신경성 neuroticism과 함께 5대 주요 성격 특성에 속한다. 친화성이 높은 사람은 따뜻하고, 친근하고, 재치 있고, 유용하고, 이기적이지 않고, 동정심이 많고, 친절하고, 사려 깊고, 신뢰할 수 있다는 말을 자주 듣는다. 인간 본성에 대해 전반적으로 낙관적으로 생각하며 다른 사람과 사이좋게 지내는 경향을 보인다. 내가 좋아하는 친화성 높은 인물로 영화 〈포레스트 검프〉의 주인공이면서 영화배우 톰 행크스가 연기한 포레스트 검프가 있다. 검프는 친절하고 호기심이 많아서 온갖 종류의 놀라운 일들을 할 수 있었지만 다른 사람에게 쉽게 영향을 받았다. 포레스트

검프와 완전히 반대 유형인 친화성이 낮은 인물로는 영화 〈월스트리트〉의 주인공이면서 영화배우 마이클 더글러스가 연기한 탐욕스럽고 무자비한 기업 사냥꾼 고든 게코가 있다.

친화성이 높은 사람은 현상에 순응하는 방향으로 기울고, 사회적 규범을 위반하지 않고, 다른 사람들을 자극해 마음에 상처를 주는 일을 피하고, 사회적 기대에 맞추어 행동하는 경향을 보인다. 대체로 모든 사람에게서 긍정적인 면을 찾으려고 애쓰면서 장밋빛 관점으로 다른 사람을 본다.[11] 정의상 친화적인 사람은 '아니요'라고 말하는 것을 힘들어한다.

친화성이 높은 사람이 개소리를 들었을 때는 어떤 현상이 일어날까? 프랑스 그르노블알프스대학교 소속 로랑 베그Laurent Bègue와 동료들이 수행한 연구가 이 질문에 대한 대답을 제시한다.[12] 베그는 가짜 텔레비전 게임 쇼라는 맥락을 설정하고 사회 심리 실험의 역사에서 최고의 개소리로 꼽히는 "당신은 계속해야만 합니다"라는 문장을 사용해 권위에 대한 복종을 탐구한 스탠리 밀그램Standley Milgram의 유명한 연구를 재현했다.[13]

밀그램의 연구는 권위적 인물이 사람들의 행동에 미치는 영향을 이해하는 데 유용했다. 참가자들을 유도해서 실험에 협조하는 다른 참가자들, 즉 실험 도우미에게 점점 더 고통스러운 전기 충격이 가해지고 있다고 믿게 했다. 참가자는 실험 도우미를 실제로 볼 수 없었지만, 전기 충격을 가할 때마다 도우미가 "고통을 겪는다"고 분명히 전해 들었다. 연구가 진행되면서 전기 충격의 강도는 커졌다. 참가자들이 계속하기를 주저하거나 더 이상 실험에 참여하지 않겠다고 거부 의사를 밝히기 시작하면, 실험자가 개입해 참가자들에게 "계속 하십시오", "당신은 이 실험을 해야 합니다", "당신은 계속해야만 합니다", "달리 선택의 여지가 없습니다. 계속 하십시오"라고 말하며 실험을 계속 이어가라고 독려했다. 하지만 실험자들의 말은 개소리였다. 참가자는 실험을 계속할 필요가 전혀 없었다. 사실상 밀그램이 실시한 연구의 참가자들은 원한다면 어느 시점에서든 처벌을 전혀 받지 않고 실험을 중단할 수 있었다. 이 연구에서 관건은, 권위적인 인물이 계속하라고 지시하는 것만이 유일하게 영향을 미치는 요소일 때 참가자들이 어느 정도까지 버틸 수 있는지였다.

당신이라면 어떻게 하겠는가? 고통스러운 전기 충격을 다른 사람에게 얼마나 오랫동안 주겠는가? 대부분의 사람들은 밀그램 연구의 참가자 대다수가 실험의 마지막 순간까지 계속 전기 충격을 가했다는 사실을 알고 매우 놀란다. 400볼트가 넘는 전기 충격이 주어진다는 말을 전해 듣고, 실험 도우미들의 비명 소리를 들었는데도 참가자들은 멈추지 않고 권위적인 인물의 지시에 복종했다.

베그는 가짜 텔레비전 게임 쇼를 고안해 밀그램의 연구를 재현하면서 5대 주요 성격 특성을 측정했다. 게임 쇼 진행자의 독려를 받고 실험 도우미에게 고통스러운 전기 충격을 계속 줄 가능성이 가장 큰 사람은 예상대로 친화성이 가장 높은 참가자들이었다.

친화적인 사람들이 이러한 성향을 보이듯, 유쾌하고 따뜻하고 착한 성격은 개소리를 비판적으로 분석하고 폐기하는 능력과 상충한다. 개소리꾼이 사용하는 수단이 친화적인 사람에게 특히 효과를 발휘하는 이유도 바로 이 때문이다. 친화적인 사람은 개소리를 공개적으로 지지하고, 다른 사람보다 더욱 쉽게 제안에 복종하는 방식으로 개소리에 더욱 순응할 가능성이 크다.

남을 잘 믿는 사람은 어떨까? 오히려 남을 잘 못 믿는 사람이 개소리를 더욱 잘 탐지하리라 생각할 수 있다. 하지만 기존 문헌을 살펴보면 정반대다.14 일본 사회심리학자인 야마기시 도시오 Toshio Yamagishi 와 동료들이 실시한 흥미로운 실험을 살펴보면, 남을 잘 믿는 사람들은 그렇지 않은 사람들보다 쉽게 속아 넘어가지 않는다.15 야마기시와 동료들은 우선 참가자들이 대략적으로 남을 얼마나 잘 믿는지 확인하기 위해 여러 설문지를 작성하게 했다. 그런 다음 남을 잘 믿는 참가자들과 남을 잘 믿지 못하는 참가자들에게 짧은 글을 보여주었다. 여기에는 특정 상황에 놓인 개인을 긍정적으로 묘사한 문장과 부정적으로 묘사한 문장을 간단하게 적거나, 추가 정보를 전혀 주지 않았다. 추가 정보를 주지 않았을 때, 앞서 말한 개인이 신뢰할 수 있는 방식으로 행동하리라고 말할 가능성은 남을 잘 믿는 참가자들이 잘 믿지 못하는 참가자들보다 컸다. 하지만 개인에 대해 부정적인 정보를 주었을 때, 남을 잘 믿는 참가자들은 잘 믿지 못하는 참가자들보다 해당 인물의 신뢰성에 대한 자기 의견을 빠르게 수정했다. 남을 잘 믿는 참가자들은 남을 잘 믿지 못하는 사람보다 부정적인 단서에 좀 더 민감하게 반응한 것이다. 개소리를 탐지하는 것은 부분적으로는 개소리라는 단서가 존재할 때 여기에 민감하게 대응하는 것이다. 개소리에 취약한 사람은 단순히 과도하게 신뢰하는 것이 아니다. 오히려 개소리 단서를 알아채지 못하거나, 그러한 단서에 적절하게 대응하는 데 실패하는 것이다.

맥락 : 맥락은 판단을 흐린다

1971년 필립 짐바르도Philip Zimbardo가 이끄는 연구 팀은 자신들이 사용하는 심리학 연구실을 모의 교도소로 바꾸기로 결정했다.[16] 개인 공간을 감옥으로 바꾼 다음 대학생들을 모집해 수감자나 교도관 역할에 무작위로 배정했다. 교도관들에게는 잔인성이 직업적 정체성의 일부이며 교정 발전을 위해서는 필수적이라고 분명하게 인식시켰다. 그 후 교도소에서 벌어지는 현상을 관찰했다.[17] 연구자들이 목격한 장면에 따르면, 건강하고 정상적으로 행동하던 대학생들이 수감자로 신분이 바뀌면서 모의 교도소를 진짜와 혼동할 정도로 격렬한 감정적 스트레스를 겪었다. 많은 수감자가 무자비하고 비인간적인 교도관으로 변신한 다른 대학생들의 비열한 명령에 복종하면서 좀비처럼 행동했다. 예상치 못한 격렬한 변화가 일어났으므로, 원래 2주 동안 진행할 예정이었던 실험을 실시한 지 6일째 되는 날 종료해야 했다.

현재 스탠퍼드 교도소 실험Standford Prison Experiment으로 불리는 이 연구는 교도소 같은 비인간적인 환경에서 한 집단이 폄하된 다른 집단에게 절대적인 권력을 행사하도록 부추김을 받을 때 어떤 상황이 벌어지는지 보여준다. 해당 연구는 상황이 개인의 태도·가치·행동에 강력한 영향을 미칠 수 있다는 사실을 입증했다.

하지만 사람의 행동에서 맥락이 차지하는 역할은 자주 무시되거나 잊힌다.[18] 나는 영화관에서 상영하는 팝콘과 사탕 광고가 값비싼 군것질에 돈을 쓰는 내 성향과 식욕에 영향을 미치지 않는다고 믿고 싶지만, 그렇게 바란다고 해서 광고가 영향을 미친다는 분명한 사실이 바뀌지는 않는다. 개소리의 경우도 마찬가지여서, 맥락은 사람들을 개소리에 취약하게 만든다.

하버드대학교 소속 심리학자 엘렌 랭어Ellen Langer와 동료들은 맥락의 영향력을 보여주는 인상적인 예를 제시했다.[19] 그들은 도서관 복사기를 쓰려고 줄 서 있는 사람들을 대상으로 실험을 실시했다. 정체를 숨긴 실험자들은 복사기를 사용하려고 서 있는 사람들 사이로 걸어가 슬쩍 새치기를 시도한다. 실험자는 새치기를 당하는 사람에게 다음 세 가지 중 하나를 말한다. 우선 아무 이유도 대지 않으면서 부탁한다. "실례합니다만 제가 다섯 페이지만 복사하면 되거든요. 복사기를 먼저 쓸 수 있을까요?" 경우에 따라서는 진짜 이유를 대면서 부탁한다. "실례합니다만 제가 다섯 페이지를 복사해야 합니다. 수업에 늦어서 그러는데 복사기를 좀 먼저 쓸 수 있을까요?" 어떨 때는 진짜 이유를 숨기고 가짜 이유를 둘러대면서 부탁한다. "실례합니다만 제가 다섯 페이지를 복사해야 하거든요. 복사를 빨리 해야 하는데 먼저 복사기를 쓸 수 있을까요?"

이제 당신이 인내심을 발휘하며 줄을 서 있다고 치자. 모르는 사람이 불쑥 나타나 이러한 변명 중 하나를 늘어놓는다면 어떻게 하겠는가?

랭어와 동료들이 뚜렷한 이유를 대지 않고 부탁하자 줄을 서 있던 사람들의 60퍼센트가 실험자에게 새치기를 허용했다. 하지만 실험자가 진짜 이유나 가짜 이유를 대면서 부탁했을 때는 각각 94퍼센트와 93퍼센트가 새치기를 허용했다! 이처럼 새치기를 허용한 비율은 호의가 상대적으로 컸던 경우(예를 들어 복사량이 20페이지일 때는 24~42퍼센트)에는 훨씬 줄어들었지만, 가짜 이유를 둘러댔을 때도 허용률은 놀랍게도 93퍼센트였다.

사회심리학자인 로버트 치알디니Robert Cialdini도 똑같이 불합리한 결과를 얻었다고 보고했다. 치알디니는 참가자들에게 일정한 시간을 주고 대도시의 거리에서 전혀 모르는 사람에게 다가가 그들을 즐겁게 해주려는 시도를 전혀 하지 않으면서 가능한 한 많은 돈을 받아내라고 지시했다.[20] 돈을 모으는 데 가장 크게 성공한 사람들은 "왜냐하면"이라는 키워드를 사용한 이들이었다. 놀랍게도 "왜냐하면" 다음에 어떤 말이 오는지는 크게 상관이 없었다. 사람들의 지갑을 여는 데 유일하게 영향을 미친 조건은 "왜냐하면"이라는 단어를 얼마나 자주 사용하는지였다.

때로는 판단과 고를 수 있는 선택지의 영역이 비교 기준이 되기 때문에 상황의 맥락이 개소리 취약성에 영향을 미친다. 달리 말하자면, 상황이 만든 기준에 따라 인식이 형성되기 때문에 어떤 것을 정확하게 인식하기 어려워진다. 레스토랑 주인과 셰프는 이 점을 잘 알고 있다. 예를 들어, 메뉴에는 보통 칠레산 농어라고 적지만 요리에 사용된 생선의 정확한 명칭은 남극 메로이다. 하지만 남극 메로보다는 칠레산 농어라는 명칭이 맛있는 생선이라는 모든 사람의 기준점에 더 가깝다. 실제로 칠레산 농어는 심지어 농어도 아니고 대구이다.

예술, 음악, 부동산 등 주관성과 불확실성이 강한 영역에서는 자신의 역량을 다른 사람들에게 납득시키기가 상대적으로 쉽다. 그러나 내가 우사인 볼트의 세계 기록을 깨고 그를 왕좌에서 끌어내릴 수 있는 세계 정상급 단거리 선수라고 사람들을 납득시키기는 매우 어렵다. 내 100미터 달리기 기록을 쉽게 측정할 수 있는 데다가 14초는 지나치게 평범한 기록이기 때문이다.

개소리 취약성에서 중요하고 기본적인 요소는 확실성의 정도이다. 설득과 영향은 불확실성이라는 조건에서 가장 잘 가동한다. 확신이 없는 사람들은 대답과 명료성을 찾으며, 솔직히 대개는 개소리를 탐지할 수 있을 만큼 충분한 지식을 갖추고 있지 않다.

인지 오류 : 논거와 증거를 혼동하기

사고방식은 개소리 취약성에 어떤 역할을 할까? 아마도 개소리에 더욱 취약하게 만드는 가장 중요한 사고 기반 오류는 논거argument와 증거evidence를 혼동하는 것이다. '논거'는 주장을 뒷받침하기 위해 제시하는 이유나 이론이다. 논거는 어떤 현상이 어떻게 또는 왜 일어나는지 이해하는 데 유용할 수 있지만, 그렇다고 그러한 이유로 특정 현상이 발생한다고 입증하지도 확인하지도 못한다. 반면에 '증거'는 믿음이나 진술이 진실이거나 타당하다고 뒷받침하는 정보와 사실이다. 증거를 고려할 때 사람들은 시험, 확인, 검증에 관심을 기울인다. 증거는 객관적으로 측정된 변수를 사용해 체계적인 방식으로 관찰할 필요가 있다. 또 우리는 입증 가능한 기준을 정해야 한다.

비행기가 난다고 주장할 수 있으려면 비행이 무슨 뜻인지 명확하게 정의해야 한다. 비행한다고 말하려면 비행기는 지상에서 얼마나 높은 곳까지 올라가야 할까? 또 공중에 얼마나 오랫동안 머물러야 할까? 비행기가 날 수 있을지 결정하려면 가장 이상적인 환경에서 진단 시험을 실시해야 한다.

나는 비행기가 이륙해서 목적지까지 나를 안전하게 데려다주리라는 확신이 서면 안도감을 느낀다. 이러한 믿음의 근거는 단순한 논거일까, 아니면 진짜 증거일까? 나는 비행기를 이용하면 뉴욕에서 런던까지 날아가는 것이 가능하다고 설명할 수 있다. 그것이 바로 비행기가 하는 일이기 때문이다. 또는 날개, 엔진, 연료, 조종사를 포함해 비행 물리학의 세부 사항에 대해 논할 수도 있지만 이러한 논거는 증거로 쓰이지 못한다. 비행 가능성을 뒷받침하는 모든 논거는 비행 실험자들이 날 수 있고 날아야 한다고 믿었던 구조물에 초창기 승객들이 생명을 걸고 몸을 싣기에는 충분하지 않았다. 라이트 형제가 비행 규정을 어기고, 비행기가 하늘을 날 수 있다는 시각적 증거를 제시한 후에야 사람들은 비로소 비행기를 신뢰하기 시작했다.

증거는 비록 여러 방식으로 해석될 위험이 있기는 하지만, 단순한 논거보다는 언제나 더 낫고 설득력이 있다. 증거의 기반은 사실에 입각한 데이터이므로, 증거가 있으면 "사실을 지어내는 짓"에 덜 기댈 수 있다. 또 비행기 조종사들 손에 내 생명을 맡기는 중차대한 문제에 관해서라면, 나는 비행기가 날 수 있다는 단순한 논거나 예측이 아니라 확실한 증거가 있기 때문에 조종사들이 나를 목적지까지 운송해주리라 확신한다.

사람들이 논거를 생성하는 방식을 탐구하는 중요한 연구에서 인지심리학자인 디애나 쿤 Deanna Kuhn 은 사람들이 논거와 증거의 차이를 인식하는지 시험했다.[21] 먼저 쿤은 연구 참가자들에게 어째서 출소한 범죄자들이 종종 범죄를 다시 저지르는지를 포함한 무작위 주제에 관해 자신의 견해를 쓰라고 요청했다. 그런 다음 자기 견해를 뒷받침하는 증거를 제시하라고 말했다. 참가자들이 제시한 증거는 대부분 논거로 분류되었다. 참가자들이 증거라고 믿은 것은 쿤이 일컬은 대로 '사이비 증거' 일 뿐이었고(즉 상황이 어떻게 보일지 또는 서술한 과정이 어떻게 일어날지를 묘사하는 각본이나 원고), 실제로 진짜 증거를 제시한 사람은 참가자 중 16퍼센트에 불과했다.

쿤이 도출한 결과를 보면, 사람들은 원인을 제대로 파악하지 못하거나 진실이라는 증거가 없는데도 특정 주장을 믿는다. 이러한 태도가 논거를 증거인 양 생각하는 경향을 부채질해서 문제를 악화시킨다. 논거와 증거의 차이를 이해하지 못하기 때문에 개소리에 취약해지는 것이다.

다행인 것은 논거를 증거로 간주하는 경향은 간단한 노력으로 바꿀 수 있다. "왜?"라는 질문을 "어떻게?"라는 질문으로 대체하면 된다. 사람들은 어째서 무언가를 진실이라 생각하는지, 어째서 무언가가 통한다고 생각하는지 설명해달라는 요청을 받았을 때, 의견과 단순한 논거를 제공하는 상대적으로 더 쉬운 목표를 끌어내는 경향이 있다. 하지만 무언가가 통한다거나 진실인지 어떻게 아는지 설명해달라는 요청을 받았을 때는, 증거를 제공하는 상대적으로 어려운 목표를 끌어내는 경향이 있다. 논거를 생성하기가 더 쉽기 때문에 증거를 제시하기보다는 논거를 생성하는 방향으로 기울 때가 많은데, 그때마다 우리는 "어떻게?"라고 묻는 훈련을 해야 한다. "이것이 사실인지 어떻게 아나요?"라고 묻는 것은 개소리 취약성을 줄이기 위해 밟아야 할 매우 중요한 단계이다.

심리학자 앰넌 글래스너Amnon Glassner와 동료들은 인지 실험을 실시해 이러한 개념을 규명했다.[22] 연구자들은 실험 참가자들에게 운전 중에 휴대전화를 사용하는 행동이 교통사고를 유발하는지 등 자주 논쟁거리로 떠오르는 문제에 대해 의견을 제시해달라고 요청했다. 참가자 절반에게 "운전 중에 휴대전화를 사용하는 행동이 교통사고를 유발한다는 것을 어떻게 아나요?"라고 물었다. 나머지 절반에게는 "운전 중에 휴대전화를 사용하는 행동이 왜 교통사고를 유발한다고 생각하나요?"라고 물었다. "어떻게?"라는 질문을 받은 참가자들은 논거보다 증거를 제시하는 확률이 훨씬 컸다. 반면 "왜?"라는 질문을 받은 참가자들은 증거보다 논거를 제시하는 확률이 훨씬 컸다. 글래스너가 질문을 미묘하게 조작한 것이 결과에 큰 차이를 낳았다. "왜?"가 아니라 "어떻게?"라는 물음에 대답하라고 지시를 받음으로써 추론의 목표가 논거를 선택할지, 증거를 선택할지에 영향을 미쳤기 때문이다.

어떤 주장을 상상하거나 이해하거나 기억하기 더욱 쉽게 만드는 것은 무엇이든 개소리 취약성을 부채질하는 인지적 요인이다. 정보를 상상하거나 이해하기가 쉬울수록, 그 정보가 진실이라고 믿도록 자신을 속일 가능성이 커진다. 이러한 사고 오류는 인간의 판단과 진실에 대한 인식에 강력한 영향을 미치므로 광고회사 임원, 정치인, 기타 설득 "전문가"들은 사고 오류의 존재를 널리 인식하고 있다.[23]

막대사탕을 몇 번이나 빨아야 한가운데를 맛볼 수 있는지 조사했던 유명한 투시팝Toosie Pop 텔레비전 광고를 떠올려보자. 잊지 못할 고전이 된 최초의 광고는 1968년 방송을 타기 시작했고, 좋게 생각해야 맛이 보통인데도 투시팝은 그 후 매일 2000만 개씩 생산되어 판매되고 있다.[24]

하지만 정보를 아무리 쉽게 상상하거나 이해하거나 기억한다 하더라도 해당 정보의 질을 진단할 수는 없다. 엘비스 프레슬리가 죽었다고 세상을 속이고 자택 소재지인 그레이스랜드 주변을 은밀히 배회하는 장면은 상상하기 쉽겠지만, 그것이 사실이라는 뜻은 아니다.

래리 저코비Larry Jacoby와 동료들은 연구를 통해 이러한 자기기만의 극적인 예를 입증했다. 실험자들은 참가자들에게 사람 이름이 적힌 명단을 읽으라고 요청했다. 명단에는 유명인과 비유명인이 섞여 있었다.[25] 참가자들이 명단에 있는 이름을 읽는 동안 실험자들은 무작위로 숫자를 크게 소리 내 읽어서 참가자들의 주의를 분산시켰다. 다음 날 참가자들은 명단을 새로 받아 각 이름이 유명인의 이름인지 아닌지 판단했다. 새 명단에 있는 이름 중 일부는 처음 받은 명단에서 나왔고, 완전히 새로운 이름도 있었다. 참가자들의 머릿속에는 비유명인이 "하룻밤 사이에 유명해지는" 일이 벌어졌다.

나중에 밝혀진 사실에 따르면 이랬다! 저코비가 실시한 연구에 참가한 사람들은 전날 읽은 이름인 경우에는 비유명인을 유명인으로 오인할 가능성이 더 컸다. 참가자들은 비유명인의 이름을 읽을 때 느끼는 주관적인 친근감을 유명한 것과 혼동했다. 이러한 발견이 시사하는 점은 거짓 주장에 익숙해지면 시간이 지나면 그 거짓 주장이 사실처럼 인식된다는 것이다.

개인의 특징적인 사고방식도 개소리 취약성에 영향을 미친다. 일반적으로 사고방식은 직관적 사고방식intuitive thinking과 사변적 사고방식reflective thinking으로 나눌 수 있다. 두 사고방식의 차이를 알고 싶다면 다음 질문에 대답해보자.

야구방망이 하나와 공 하나의 가격은 합해 1달러 10센트이다. 야구방망이는 공보다 1달러 비싸다. 공의 가격은 얼마인가?

대부분의 사람들은 즉시 10센트라고 대답한다. 가장 흔한 대답이지만 틀렸다. 공이 10센트라면 야구방망이는 1달러이므로 공보다 90센트 비쌀 뿐이다. 야구방망이는 공보다 1달러 더 비싸므로, 그럴 수 있는 유일한 방법은 야구방망이가 1달러 5센트, 공이 5센트일 때이다. 이 문제가 어려운 것은 직관적이고 부정확한 대답이 정확한 대답보다 훨씬 빨리 머릿속에 떠올라서 강한 견인력을 발휘하기 때문이다. 정답에 도달하려면 직관적인 견인력에 맞서 싸워야 하고, 잠시 멈춰 곰곰이 생각해야 한다. 이때 분석적이고 사변적인 사고방식이 필요하다.

야구방망이와 공 문제의 출처는 직관적 사고와 사변적 사고를 측정하는 인지 반응 시험Cognitive Reflection Test, CRT이다. 직관적 사고는 직감에 의존해 사고하고 자동적 반응을 토대로 신속하게 결정을 내리는 비교적 단순한 사고 형태이다. 직관적 사고는 종종 본능과 함께 작용한다. 사변적 사고는 정반대여서 상당한 분석적 노력, 숙고, 체계적인 추론을 해야 한다. 사변적 사고자들은 종종 제일 먼저 떠오른 직감에 의문을 품고, 다른 가능성들을 고려한다.

전문가들이라고 직관적 사고에 영향을 받지 않는 것은 아니며, 때로는 일반인들만큼 직관적 사고를 하기도 한다.[26] 하지만 직관적 사고자들이 사변적 사고자보다 개소리에 취약할까?

레지나대학교 심리학과 교수인 고든 페니쿡Gordon Pennycook은 이 질문에 대한 답을 찾기 위해 연구를 수행했다. 참가자들은 CRT를 치렀다. 또 디팩 초프라Deepak Chopra가 트위터에 올린 글(예를 들어, "가능성들의 병렬 배치를 드러내는 것에 초점을 두는 발현, 의도, 분리의 역학", "숨은 의미가 무엇에도 비길 데 없는 추상적 아름다움을 바꾼다.")이 심오하다고 생각하는지, 무의미한 개소리라고 생각하는지 의견을 제출했다. 페니쿡은 직관적 사고자들이 초프라의 무의미한 개소리를 심오하게 인지할 가능성이 사변적 사고자들보다 훨씬 크다는 사실을 발견했다.[27] 달리 말하면, 개소리에 취약한 개인적 성향은 직관적이거나, 덜 분석적이거나, 무관심한 사고 유형과 관계가 있다.

페니쿡이 발표한 연구 결과를 살펴보면, CRT에서 낮은 점수를 받은 사람, 즉 직관적 사고자들과 비교했을 때 CRT에서 높은 점수를 받은 사람, 즉 사변적 사고자들은 자신의 정치적 이념과 일치하는 뉴스를 듣더라도 진짜 뉴스와 가짜 뉴스를 정확하게 식별하는 경향이 있는데 이는 뜻밖이 아니다.[28] 페니쿡이 주장하는 관점에 따르면, 사람들이 가짜 뉴스와 개소리를 믿는 것은 거짓이 진실이기를 바라는 동기부여 추론 때문이 아니라, 자신이 소셜미디어에서 보고 들은 내용에 대해 거의 생각하지 않는 "게으른" 사고방식 때문이다.

직관적 사고방식과 사변적 사고방식은 대개 지능과 무관하므로, 지능이 높다고 해서 개소리에 속아 넘어가지 않는 것은 아니다. 밀그램의 권위와 복종 실험 연구 결과를 예측했던 노련한 심리학자, 주택의 가치를 평가하는 부동산 중개인, 환자를 진찰하는 의사조차도 자신이 활동하는 전문 분야에서 초보자만큼이나 개소리에 취약할 수 있다.[29] 굳이 버나드 메이도프의 폰지 사기 사례를 들지 않아도 지적인 사람들이 왜 위험과 경고 신호를 무시하고 풋내기 투자자처럼 행동하는지 알 수 있다.

인지과학 문헌은 이러한 문제에 대해 적어도 두 가지 이유를 제시한다. 첫째, 지능이 높은 사람들조차 개소리에 노출되었을 때 비판적 사고에 기반한 질문을 자신에게 하지 못한다. 둘째, 지능이 높다고 해서 사고 과정에서 발생하는 함정에 영향을 받지 않는 것은 아니다.[30]

사고 과정에 따르는 수많은 함정은 인지적 착각처럼 작용한다. 또 동기부여가 부족해서든, 비판적 사고에 필요한 정신적 자원이 부족해서든, 이런 함정들은 개소리 취약성을 증가시킨다.[31]

프레이밍 효과 : 합리적이라는 착각

애석하게도 사고 과정에는 이런 함정들이 곳곳에 숨어 있다.[32] 게다가 대부분 합리적인 사고방식처럼 보인다는 것이 문제다. 예를 들어, "모세가 방주에 동물을 실을 때 종마다 몇 마리를 실었는가?"라는 질문을 받으면 사람들은 대부분 0마리라고 대답하지 않고 두 마리라고 대답한다.[33] 실제로 두 마리가 맞다. 그러나 성서에서 방주를 지은 인물은 모세가 아니라 '노아'다. 대개는 이 사실을 알고 있는데도 순간 착각을 한다.

이렇게 교묘하게 인지적 착각을 유도하는 것을 프레이밍 효과framing effect라고 하는데, 정보를 긍정적으로 해석하는지, 부정적으로 해석하는지에 따라 선택에 영향을 미치는 인지적 편견을 가리킨다. 프레이밍 효과를 보여주는 사례들은 제품 마케팅에서 흔히 찾아볼 수 있다. 일반적으로 사람들은 같은 생수라도 '1퍼센트 불순수'보다 '99퍼센트 순수'라고 적힌 제품을 선호하고, 같은 고기라도 '지방 함량 15퍼센트'보다 '살코기 함량 85퍼센트'라고 적힌 제품을 선호한다.[34]

정보를 프레이밍하는 방식은 위험 감수에 대한 선택과 판단에도 영향을 미칠 수 있다.[35] 당신이 원장으로 근무하는 대형 병원에 희귀 질병이 급속도로 퍼진다고 가정해보자. 이 질병으로 600명의 환자가 생명이 위독하다. 질병에 맞서기 위해 두 가지 약물이 거론되는데, 당신은 이 중 하나만 선택할 수 있다. 약물 A를 선택하면 환자 200명을 살릴 수 있다. 약물 B를 선택하면 환자 600명 중 살릴 수 있는 환자 확률이 3분의 1이고, 한 명도 살리지 못할 확률은 3분의 2다. 당신은 어떤 약물을 선택하겠는가?

아마도 약물 A를 선택하고 싶은 마음이 굴뚝같을 것이다. 대부분의 사람들은 약물 A를 선택해서 환자 200명을 확실히 살릴 수 있는데 굳이 약물 B를 선택해 환자 600명의 생명을 잃을지 모를 위험을 감수하고 싶어 하지 않는다.

이제 약물 C와 약물 D를 가지고 같은 상황에 대입해보자. 약물 C를 선택하면 환자 400명은 생명을 잃을 것이다. 약물 D를 선택하면 환자가 한 명도 사망하지 않을 확률이 3분의 1이고, 환자 600명의 생명을 잃을 확률이 3분의 2이다. 당신은 어떤 약물을 선택하겠는가?

약물 C를 선택할 때 예상되는 결과가 약물 A와 같고, 약물 D를 선택할 때 예상되는 결과가 약물 B와 같다는 사실을 감지했을 것이다. 하지만 약물 B보다 약물 A를 선호했더라도, 약물 C보다 약물 D를 선택하고 싶은 마음이 강할 것이다.

사람들은 잠재적 이익을 더 쉽게 알 수 있는 경우에는 위험을 회피하는 방식으로 행동하는 경향을 보인다. 하지만 같은 약물이라도 예상 손실의 관점으로 설명하면, 대부분의 사람들은 약물 C를 선택해서 환자 400명의 생명을 잃을 게 확실한 경우보다는 약물 D를 선택해서 환자 600명 중 3분의 2의 생명을 잃을지 모를 위험을 좀 더 기꺼이 감수한다. 예상 손실이 더 쉽게 파악될 경우, 사람들은 위험을 감수하는 방식으로 행동하는 경향을 보인다.

프레이밍 효과는 강력한 인지적 착각이다. 면밀하게 조사하고 뚫어지게 들여다볼 때조차도 잔존한다. 이 프레이밍 예시을 접한 지 25년이 넘었지만, 솔직히 말하면 나 역시 약물 B

와 C보다 약물 A와 D를 선호한다. 물론 내 판단은 합리적이지 않다.

　이처럼 인명 구조와 인명 상실 프레이밍 문제를 다른 형태로 반복해 다룬 실험들이 많다. 결과적으로, 대개 사람들은 이익 중에서 선택할 때는 위험 부담이 없는 약물 A를 선호하지만, 손실 중에서 선택할 때는 위험이 따르는 약물 D를 선호한다. 다시 한 번 정리하자면, 인명 구조와 인명 상실 프레임은 논리적으로는 같지만 대다수의 선택은 논리적으로 일관성이 없는 것처럼 보인다. 하지만 문제를 표현한 방식을 좀 더 주의 깊게 살펴보면, 위험 부담이 없는 선택사항과 달리 위험 부담이 따르는 선택사항은 상당히 자세하게 서술되어 있다. 예를 들어, 약물 A는 "그리고 환자 400명의 생명은 구하지 못할 것이다"라고 덧붙이지 않은 채 "환자 200명을 살릴 것이다"라고만 적었다. 그러나 실험자가 약물 A처럼 위험 부담이 없는 선택사항을 이런 방식으로 득과 실까지 완전히 자세히 서술한 경우, 선택사항이 부정적인 방식(손실)으로 표현된 경우에만 위험을 감수하거나 선택사항이 긍정적인 방식(이익)으로 표현된 경우에만 위험을 감수하지 않으려는 선호 경향이 사라졌다.[36] 이 중요한 발견은 개소리 탐지의 본질이다. 불완전한 정보나 개소리를 들었을 때는 판단하거나 결정하기 전에 완전한 정보를 확보하는 것이 언제나 더욱 바람직하다.

　슈퍼마켓에서 쇼핑할 때 나는 '지방 함유량 20퍼센트'라고 적힌 냉동 요구르트보다는 '지방 함유량 80퍼센트 감소'라고 적힌 냉동 요구르트에 더 쉽게 현혹되어 후자를 쇼핑 카트에 넣을 것이다. 이처럼 개소리는 사람들의 사고를 불완전한 정보에 집중시키거나, 실제로 존재하지 않는 것에 집중시켜 기만적인 인지적 착각을 일으킨다.

감정 : 기분이 기억을 좌우한다

기분은 타인의 개소리를 믿거나 믿지 않을 가능성을 얼마나 좌우할까? 감정을 연구하는 전문가라면 누구라도 정서적 경험이 삶의 모든 측면에 침투해 개인의 인지 전략과 행동 전략에 상당한 영향을 미친다고 주장할 것이다.

오스트레일리아의 사회심리학자 조지프 포가스 Joseph Forgas 는 기분이 속임수를 탐지하는 능력에 영향을 미치는지 알아보기 위해 실험을 했다. 우선 참가자들을 세 집단으로 나누고 10분 동안 첫 번째 집단에는 영국 코미디 시리즈에서 발췌한 코미디를 보여주고, 두 번째 집단에는 자연 다큐멘터리에서 발췌한 영상을 보여주고, 세 번째 집단에는 암으로 죽어가는 사람들의 사연을 다룬 장편영화에서 발췌한 영상을 보여주었다. 영상을 본 참가자들은 각각 행복하거나 덤덤하거나 슬픈 기분에 잠겼다. 이렇게 기분이 유도되고 난 후, 참가자들은 정직한 사람과 기만적인 사람이 심문을 받으며 절도 혐의를 부인하는 영상을 보았다. 그러고 난 후, 영상에 출연한 사람들의 유무죄 여부와 진실성을 판단했다. 포가스가 발견한 사실에 따르면, 행복한 기분에 잠긴 참가자는 속임수를 탐지하는 과정에서 오류를 범할 가능성이 컸지만, 슬픈 기분에 잠긴 참가자는 속임수를 탐지하는 과정에서 의구심과 정확성이 증가했다.[37]

포가스는 두 가지 이유로 참가자의 기분이 속임수를 탐지하는 능력에 영향을 미치리라 예상했다. 첫째, 개인의 기분은 어떤 기억을 떠올릴지에 선택적으로 영향을 미친다. 기분이 나쁘면 의심이나 거부로 분류되는 과거의 평가를 머릿속에 떠올리는 반면, 기분이 좋으면 긍정적이고 신뢰가 갔던 과거의 평가를 떠올리는 경향이 있다. 몇 가지 실증적 연구를 살펴보면, 정서적으로 유도되는 메커니즘과 일관되게, 사람들이 사회적 판단을 형성할 때 기분과 일치하는 편견이 작용할 때가 많다는 사실을 알 수 있다. 둘째, 이전에 실시한 연구를 보더라도 기분은 정보 처리 방식에 영향을 미친다. 가장 흔한 예를 들자면, 기분이 나쁜 사람들은 더 자세하고 체계적인 방식으로 정보를 처리하는 경향을 보인다. 이는 속임수를 탐지하는 데 유용하다. 반면, 기분이 좋은 사람들은 피상적으로 정보를 처리하는 경향을 보인다. 당연히 속임수를 탐지하는 데 유용성이 떨어진다.

포가스에 따르면, 개소리의 단서를 탐지하지 못하는 원인에는 피로, 주의 분산, 인지적 부하 같은 상황적 요인 외에도 고양된 감정 상태가 있다.

개인의 감정은 다른 방식으로도 개소리 취약성에 영향을 미칠 수 있다. 다음의 예시를 살펴보자.

당신이 주식시장에 투자하기로 결정했다고 치자. 공부를 하고 주식 몇 종을 사려고 생각했지만 최종적으로는 주식 A에 투자했다. 1년 후 주식 A로 0.10퍼센트의 수익을 거뒀다. 애당초 원했던 결과는 아니었지만 적어도 손해는 보지 않았다. 물론 처음에 살까 생각했지만 결과적으로 사지 않은 다른 주들의 가격에 눈길을 주지 않을 수 없다. 당시 주식 B에 투자했다면 돈을 10배로 벌 수 있었다는 사실을 알았다. 그렇다면 당신은 어떤 기분이 들까?

대부분의 사람들은 주식 B의 실적이 주식 A보다 좋다는 사실을 알고 난 후 기분이 좋지 않을 것이고, 자신이 내린 결정을 매우 부정적으로 평가할 것이다. 하지만 주식 B의 가격이 하락해 손해를 볼 뻔했다는 사실을 알면 주식 A에 투자한 결정을 훨씬 긍정적으로 평가할 것이다.

사람들은 정보에 대한 감정적 반응에 근거해 정보의 정확성을 평가하는 경향을 보인다. 또한 사람들은 결정의 결과에 대한 감정적 반응을 근거로 결정이 옳은지 틀린지 인식하는 경향이 있다. 이러한 경향을 '결과 편향 outcome bias'이라고 하는데, 결과에 대한 평가는 결정의 민감성보다 결정의 결과에 더 크게 영향을 받기 때문이다.[38] 심지어 개연성을 잘 알고 결정을 내렸을 때조차도(예를 들어, 주식 A가 수익을 낼 확률은 70퍼센트이고, 주식 B는 15퍼센트에 불과하다), 나중에 주식 B의 수익률이 더 클 때는 주식 A에 투자한 것을 후회한다. 일어난 일과 일어나지 않은 일에 대한 감정적 반응은, 결정을 내릴 때 사용한 정보와 분리되어 결정의 득실을 판단할 때 막대한 영향을 미친다. 달리 말하면, 사람들은 일단 결정의 결과에 이해관계를 가지면 결정의 민감성을 재빨리 무시한다.

개소리꾼들은 바로 이 점을 이용한다. 개소리꾼들은 자신의 말을 받아들이면 삶이 얼마나 멋지게 바뀌는지, 받아들이지 않으면 삶이 얼마나 암울해지는지 알리는 데 여념이 없다. 경제사학자 찰스 푸어 "찰리" 킨들버거Charles Poor "Charlie" Kindleberger가 말했듯 "친구가 부자가 되는 걸 지켜보는 것만큼 개인의 행복과 판단을 어지럽히는 일은 없다."[39] 사람의 감정을 이용하는 것은 큰일을 벌일 때 큰돈을 내놓게 만드는 가장 확실한 방법이다.

동기부여 : '남들도 다 하니까'라는 함정

사람들이 개소리에 속아 넘어가는 또 다른 이유는 때로 진실을 무시하도록 동기를 부여받기 때문이다. 가장 강력한 사회적 동기부여는 소속의 욕구, 타인에게 인정받고 싶은 욕구, 일관성 있게 생각하고 행동하려는 욕구, 자기 행동이 정당하다고 느끼려는 욕구 등이다.[40] 이러한 무언의 욕구들 때문에 우리는 엘리베이터 앞에 서서 누가 먼저 버튼을 누를지 어색하게 기다리는 짧은 시간에도 개소리에 속아 넘어갈 수 있다.

경제학자 로버트 실러Robert Shiller가 주장하듯, 기본적으로 폰지 사기 같은 수법이 통하는 것은, 사람들이 스스로 온전히 이해하지 못하는 문제를 다룰 때 타인의 행동을 따라하는 경향을 보이기 때문이다.[41] 버나드 메이도프의 헤지펀드 투자 사례만 보더라도 많은 사람이 큰 투자 수익을 올리면서 큰돈을 벌었다고 떠벌리는 걸 보고, 투자자들은 후속 투자가 안전해 보일 뿐 아니라 놓치기에는 너무 아까운 기회라고 생각했다. 게다가 "남들도 다 하니까" 자신도 똑같이 하지 않으면 다른 사람들 눈에 틀림없이 어리석어 보이리라 생각했다.

심리학자 솔로몬 아시Solomon Asch가 실시한 고전적인 동조 실험을 살펴보자.[42] 실험자는 참가자들에게 선 하나를 보여주면서(그림 1) 그림 2의 세 선 중 어떤 선(A, B, C)과 가장 닮았는지 물었다. 눈으로 확인할 수 있듯 정답은 분명해 보인다.

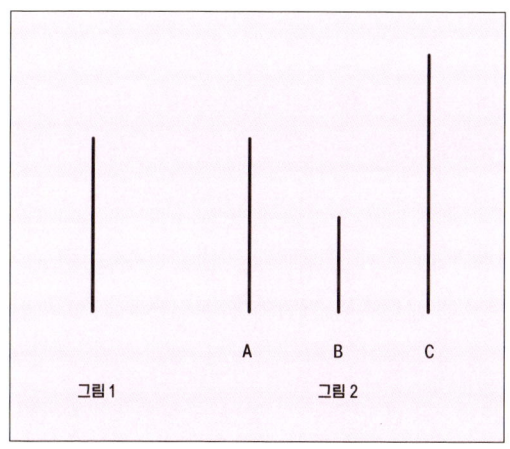

2장 합리적이라는 착각

하지만 실험 구성원들은(실제로 대학생 5명은 실험에서 도우미 역할로 실험자를 보조했다) 몇 차례 시도에서 의도적으로 오답을 큰소리로 말했다. 참가자들은 딜레마에 빠졌다. 정답이 무엇인지 분명히 알았지만 그렇다고 정답을 말하면 또래 집단의 뜻에 거스를 터였다. 다른 사람들의 행동에 동조하는 편이 더 쉽겠지만 그러면 명백히 틀린 대답을 해야 했다.

아시는 참가자들이 노골적으로 오답을 무시하고 이성적으로 대답하리라 예측했다. 하지만 결과는 달랐다. 참가자의 76퍼센트는 오답인데도 동료들과 같은 대답을 했다. 대부분의 참가자들은 열두 번의 시도 중 집단이 말한 오답에 1~3번 동조했다. 하지만 상당수의 참가자들은 집단이 말한 오답에 거의 매번 동조했다.

아시의 연구를 변형한 중요한 연구가 실시되었다.[43] 연구자들은 참가자들에게 이번에는 답을 종이에 쓰라고 요청했다. 자신의 답을 공개할 필요가 없어지자 참가자들은 다른 사람의 오답에 거의 동조하지 않았다. 이 연구가 보여주는 것은 아시 연구의 참가자들은 답을 알고 있었지만 공개적으로 대답하지 않아도 되는 경우에만 사실대로 대답했다는 것이다. 상대편이 틀렸다는 것을 알았지만 집단에게 배척당하고 싶지 않았기 때문에 집단에 동조한 것이다.

아시가 수행한 연구는 집단에 포함되고 받아들여지려는 동기가 사람들에게 강력하다는 사실을 입증했다. 사람들은 대중과 매우 다른 개인적 신념을 갖고 있을 수 있지만, 이와 동시에 대중에게 맞추기 위해 대중이 표현하는 무분별한 의견에 공공연하게 동조한다. 대중과 비슷하게 행동함으로써 개소리에 취약한 상태로 남는 것은, 소속감을 느끼려는 자연스러운 욕구를 충족하는 동시에 대중의 뜻에 거슬러 비판에 노출되는 것보다 상당히 쉽게 실천할 수 있는 일이다.

최선의 증거를 근거로 신념을 구축하려고 노력하는 사람들에게 동기부여적 개소리 취약성은 이해하기 어려운 개념일 수 있다. 그래서 그들은 사람들에게 필요한 것은 올바른 증거뿐이고, 그러한 증거를 확인하면 더 이상 개소리를 믿지 않으리라 생각하는 실수를 자주 한다. 인지적 이유나 맥락적 이유로 개소리에 속아 넘어가는 사람들은 증거를 확인하면 이성적으로 대응할 수도 있지만, 동기부여적 이유로 개소리에 속아 넘어가는 사람들은 그렇지 않다. 그들은 개소리를 믿고 싶어 하므로, 아무리 확실한 증거를 들이밀어도 생각을 바꾸지 않을 것이다.

개인의 동기부여적 개소리 취약성을 탐지하는 리트머스 시험지는 상대방에게 이렇게 묻는 것이다. "한 점의 의심도 없이 A는 정확하지 않고 B가 정확하다는 증거가 나온다면 B가 진실이라고 믿겠습니까?" 이때 아니라고 대답한다면 상대방은 동기부여에 근거해 개소리를 지지하는 것이다. 이러한 경우에는 당신이 아무리 설득해도 헛수고일 뿐이다. 사실을 제시해도 강한 반발에 부딪히고, 오히려 더 황당한 개소리에 불필요하게 노출될 것이다.[44]

증거와 기존 지식을 엄격하게 고려해 신념을 형성하고 의사소통하는 사람들이 극소수라는 것은 서글픈 현실이다.[45] 사람들이 신념을 지지하려고 내세우는 논거가 증거로 잘못 해석되는 경우도 많지만, 대부분의 태도와 신념은 증거에 대한 공정한 평가보다는 주관적이고 감정적인 반응을 토대로 형성된다. 논거를 증거와 잘못 동일시하는 태도는 진정한 증거에 신경을 쓰고 싶어 하지 않는 사람들에게는 문제를 복잡하게 만들 뿐이다. 오히려 이러한 사람들은 자신의 결론을 뒷받침하는 데이터를 조사해 자신의 신념을 확인하려 한다. 선택적으로 수집한 "증거"로는 그 누구도 진실에 가까이 다가갈 수 없다. 이러한 유형의 편향된 인지적 착각은 자신이 믿고 싶은 것을 믿게 만드므로 사람들은 개소리에 아주 취약해진다.[46]

사회심리학자들은 두 가지 생각이 충돌할 때 발생하는 정신적 긴장을 가리켜 '인지 부조화cognitive dissonance'라고 부른다.[47] 예를 들어, 개소리의 사실관계를 확인하는 행위는 개소리를 믿고 싶어 하는 사람의 욕구와 충돌한다. 사실관계를 확인하다 보면 개소리가 틀렸음이 입증될 수 있기 때문이다. 사람들은 인지 부조화가 나타나거나, 애초에 나타나지 못하도록 막고 싶을 때 인지 부조화를 줄이려고 한다. 자신의 실수를 인정하고 잘못된 신념을 버리는 것이 아니라, 자신의 신념을 완강하게 밀어붙이고 정반대 증거를 합리화하는 것이다.[48]

같은 이유로, 정치적 보수주의자들은 대통령 선거 운동 당시 프란치스코 교황이 도널드 트럼프를 지지하지 않았다는 사실을 알았지만, 또한 힐러리 클린턴이 워싱턴 D.C. 소재의 피자 가게에서 소아성애자 무리를 지휘하지 않았다는 사실을 알았지만 진실을 밝히는 데는 무관심했다.[49] 사실관계를 외면함으로써 인지 부조화가 발생하지 못하게 막은 것이다. 그들은 이 개소리가 두 대통령 후보에 대해 자신들이 믿고 싶어 하는 것에 완벽하게 맞아떨어지므로 그냥 믿기로 한 것이다.

이처럼 개소리에 근거한 신념은 엄연한 과학적 증거에도 아랑곳없이 유지될 때가 많지만, 그래서는 안 된다. 합리적인 판단과 최선의 결정을 하는 데 걸림돌이 되기 때문이다.

3장
사람들은 언제, 왜 개소리를 할까?

: 신호를 감지하라

사람들을 돕고 싶다면 그들에게 진실을 말하라.
당신 자신을 돕고 싶다면
사람들이 듣고 싶어 하는 말을 해줘라.
- 토머스 소얼(Thomas Sowell, 미국의 경제학자)

리베카 브레도 Rebecca Bredow 는 아홉 살짜리 아들과 디트로이트 지역에서 살았다. 법정 모독죄로 5일 구류형을 선고받기 전까지 리베카의 삶은 매우 평범했다. 그녀가 법정 모독죄로 기소된 이유는 무엇이었을까? 리베카는 카운티 판사에게 명령을 받았지만 1년 후에 아들에게 백신을 맞히지 않겠다고 거절했다.[1]

리베카는 〈폭스2 디트로이트〉 기자들과 인터뷰하는 자리에서 이렇게 말했다. "내 인생 최악의 닷새였습니다. 하지만 다음번에도 그렇게 할 겁니다."

리베카는 자기 신념을 지키다가 결국 감옥에 갇히고, 그럼으로써 심각한 결과를 맞이하리라고는 꿈에도 생각지 못했다. 아들에 대한 단독 양육권을 잃었을 뿐 아니라, 결국 아들이 나중에 백신 접종을 받는 것도 막지 못했다. 전 남편이 양육권을 넘겨받으면서 리베카가 거부했던 백신 접종을 허용했던 것이다. 리베카는 자신의 종교적 신념에 거스를 수 없기 때문에 예방접종에 반대하는 것은 아니라고 덧붙였다. "이것은 선택에 관한 문제입니다. 어머니 입장에서 자식을 위해 의학적 결정을 내릴 수 있다는 것입니다."

백신 접종을 거부하는 부모는 리베카만이 아니다. 조사에 따르면 부모가 자녀에게 백신을 접종시키지 않겠다고 거부하는 이유는 여럿이지만, 대개는 종교적·개인적·철학적 이유, 안전에 대한 우려, 의료진에게 더 많은 정보를 들으려는 욕구가 있기 때문이다.[2] 안전을 우려하는 사람들은 백신을 접종하면 아이들이 장 질환이나 자폐증을 앓을 위험성이 있다고 주장한다. 자폐증은 사회적 상호작용과 의사소통에 어려움을 겪으면서 제한적이고 반복적인 행동을 보이는 발달장애이고, 선진국 아동의 약 1.5퍼센트가 자폐증 진단을 받고 있다.[3] 백신 접종이 자폐증 위험성을 증가시킨다면, 자녀를 보호하기 위해 백신 접종을 거부하는 부모를 누가 탓할 수 있겠는가? 아이들을 위험 요인에 노출시키기 전에 자폐증과 백신 접종 사이의 유관성에 대해 진실을 요구하는 것은 지극히 당연하다.

문제는 백신 접종이 자폐증에 걸릴 위험성을 증가시킨다는 백신 반대론자들의 "주장"이 치밀한 사기성 연구 보고서를 토대로 형성되었다는 것이다.[4] 백신 접종과 자폐증의 연관성을 제기하는 연구를 최초로 실시한 사람은 평판을 잃은 전직 소화기내과 전문의 앤드루 웨이크필드Andrew Wakefield였다.

웨이크필드는 최초 연구에서 자폐아 12명을 추적조사했다. 병력을 수집하고 혈액과 척수액을 검사하고 대장내시경을 실시했다. 그 결과 참가 아동 12명 중 8명은 MMR(홍역, 볼거리, 풍진) 백신을 접종한 직후에 발달지체를 보였다. 웨이크필드는 연구 결과를 매우 권위 있는 의학 학술지인 《란셋Lancet》에 발표하고, 논문을 발표한 직후에 기자회견을 열어 세 가지 백신을 한 번에 접종하는 MMR 백신을 공개적으로 비판했다. 그는 MMR 백신이 아동의 면역체계에 영향을 미칠 수 있다고 주장하면서, 그 안에 들어 있는 홍역 바이러스가 대장에서 단백질을 새어 나오게 만들어 뇌에 있는 뉴런을 손상시킨다고 추측했다. 실제로 논문에서는 MMR 백신이 구체적으로 자폐증을 유발한다고 주장하지는 않았지만, 웨이크필드는 이후부터 해당 주장을 꾸준히 펼쳤다.

〈선데이타임스〉 소속 탐사보도 기자인 브라이언 디어Brian Deer는 이러한 주장을 믿지 않았다.[5] 2004년까지 디어는 웨이크필드의 연구에 내포된 몇 가지 문제를 발견하고 나서 디어가 심각한 윤리적 위반 사항을 저질렀다고 비난했고, 그 결과 《란셋》은 웨이크필드의 최초 논문을 철회했다. 더욱 중요한 점을 지적하자면, 웨이크필드의 논문은 아동 12명에 대한 결정적인 임상 실험이 아니라 사례 연구를 토대로 작성되었다. 굳이 통계학자가 아니더라도 관찰 대상자가 12명이라는 점은 백신과 자폐증 사이의 인과관계를 확실히 파악하기에 충분하지 않다는 사실을 알 수 있다.

2011년에 이르자 디어는 웨이크필드에 대한 자신의 비판이 옳다는 사실을 입증할 수 있을 만큼 충분한 양의 데이터를 수집했다. 나중에 밝혀진 사실에 따르면 웨이크필드의 연구에 참가한 아동 12명 중 5명은 백신을 접종하기 전에 이미 발달 문제를 반영하는 병력을 가졌고, 심지어 3명은 자폐증을 앓고 있지 않았다. 게다가 웨이크필드가 1998년 《란셋》에 논문을 발표하기 전에 법률구조위원회Legal Aid Board로부터 연구비를 지원받았다는 피할 수 없는 사실이 밝혀졌다. 법률구조위원회는 백신 제조사를 상대로 소송을 제기할 계획을 세우는 법률회사였으므로 이것은 명백한 이해관계 충돌이었다. 과학자라면 으레 이해관계가 충돌한다고 밝혀야 했지만, 웨이크필드는 이러한 사실을 논문에서 전혀 언급하지 않았다.[6]

웨이크필드가 발표한 연구 결과를 접하고 처음부터 회의적인 반응을 보인 연구자들이 많았는데도, 영국과 미국의 부모들이 몹시 당황하며 백신 접종을 꺼리자 접종률이 급격히 하락했다. 그리고 얼마 지나지 않아 대서양을 사이에 두고 양국에서 홍역, 볼거리, 풍진의 발병률이 상승하기 시작했다.

하지만 백신과 자폐증의 연결 고리가 완전히 광범위하게 반복적으로 끊어졌다는 사실이 중요하다. 연구 데이터를 보더라도 백신이 자폐증을 유발하지 않는다는 점이 분명하게 드러난다. 《뉴잉글랜드의학학회지New England Journal of Medicine》, 《소아감염병학회지Journal of Pediatric Infectious Diseases Society》, 《자폐및발달장애학회지Journal of Autism and Developmental Disorders》를 포함해 수십 개의 주요 학회지가 백신과 자폐증 사이의 인과관계에 대해 연구 보고서를 발표했지만, 결국 아무 관계도 찾지 못했다. 아동

9만 5000명 이상을 참가시킨 연구의 결과가 2015년 4월 《미국의학협회학회지Journal of American Medical Association, JAMA》에 실렸다.[7] 해당 논문의 저자들은 이렇게 결론을 내렸다. "이미 더 높은 위험군에 속한 아이들 사이에서도 MMR 백신 접종과 자폐스펙트럼장애autism spectrum disorder* 사이에 해로운 연관성은 보이지 않는다." 영국의학연구회Medical Research Council도 백신과 자폐증을 연관 지을 증거가 없다는 연구 결과를 발표했다. 덴마크 아동 65만 7000명 이상을 대상으로 최대 규모의 연구를 실시한 연구자들은 《내과학회보Annals of Internal Medicine》에 논문을 발표하면서 이렇게 주장했다. "본 연구는 MMR 백신 접종이 자폐증의 위험을 증가시키지 않고, 취약한 아동에게 자폐증을 유발하지 않으며, 백신을 접종하고 나서 자폐증이 발병한 사례와 아무 관련성이 없다는 사실을 강력하게 입증한다."[8]

웨이크필드가 진실과 진정한 증거에 관심을 기울였다면 자신의 오판을 지적하는 의학계의 결론을 받아들이고 미래가 촉망되는 경력을 계속 추구했을 것이다. 하지만 그는 물러서지 않았다. 결국 2010년 의사협회에서 제적당했고, 부정직한 연구 논문을 썼다는 이유로 비윤리적 행동, 위법 행위에 대해 유죄판결을 받고 의료행위를 금지당했다.[9]

하지만 놀랍게도 많은 백신 접종 거부자들은 웨이크필드의 악명 높은 사례 연구가 오랫동안 의심을 받고 거부당했다는

● 가벼운 정도에서 무거운 정도까지 자폐의 특성을 보이는 장애

사실에 개의치 않는다. 또 웨이크필드가 영국의사협회에서 제적당했다는 사실에도 신경 쓰지 않는다. 불행하게도, 백신이 자폐증을 유발한다고 일단 설득당해서 공개적으로 신념을 공유한 백신 접종 거부자들의 경우에는, 생각을 되돌리기가 거의 불가능해 보인다. 그러는 동안에도 부모들이 아이들에게 백신을 접종시키지 않겠다고 거부하므로 홍역과 볼거리의 발병률은 계속 늘고 있다. 이러한 이유로, 나는 웨이크필드의 개소리가 '개소리에 꾀는 파리 지수'에서 파리 세 마리에 해당해 마땅하다고 생각한다.

치어리더가 된 전문가들

좋든 싫든 우리가 사는 세상은 사실, 증거, 과학보다 개소리에 더 관심을 기울이고, 과학자와 진실 추구자보다는 동기로 부추김을 받은 개소리꾼들을 더욱 신뢰한다.

  흉부외과 의사인 메흐메트 오즈Mehmet Oz 박사가 사회에 미치는 영향도 좋은 예이다. 오즈 박사는 〈닥터 오즈쇼〉를 진행하면서 매주 평일에 한 시간씩 건강과 건강지향주의에 대해 토론한다. 토론 주제는 성생활, 다이어트, 운동에 이르기까지 다양하다. 오즈 박사는 시청자의 질문을 받고 건강 전문가들과 대화한다. 2013년 3월 28일, 오즈 박사는 이렇게 말하면서 쇼를 시작했다.

[방송하는 동안 오즈 박사 뒤로는 대문자로 "독성 치아TOXIC TEETH"라고 적힌 대형 화면이 자주 카메라에 잡혔다.]

오늘은 한 번이라도 충치 치료를 받고 충전재로 치아를 메운 적이 있는 분들이라면 우려할 만한 주제를 다루려 합니다. 시청자 여러분의 치아를 메울 때 사용되는 은으로 제작된 충전재에는 아마도 매우 유독한 물질인 수은이 함유되어 있을 것입니다. 독성이 어느 정도냐고요? 이 온도계에는 수은이 들어 있습니다. 이 온도계를 떨어뜨리기라도 하면 여기 스튜디오에 있는 사람들은 모두 대피해야 합니다. 그렇다면 치과의사들은 어째서 수은을 함유한 충전재를 여전히 우리 입속에 넣을까요? 이미 수은 함유 충전재가 입속에 들어 있다면 그것에 중독되어 병이 나기도 할까요? 지금까지 1억 명 이상의 미국인이 아말감으로 불리는 이 충전재로 치료를 받았습니다. 아말감 충전재는 은과 다른 금속으로 만들어지지만 이 재료들을 한데 묶어 단단하게 유지하는 역할을 하는 것이 바로 수은입니다. 치과의사들은 150년 넘게 수은이 들어간 치과용 충전재를 사용해왔습니다. 과연 치과용 충전재는 안전할까요? 이 질문은 30년 전 주요 뉴스에서 아말감 충전재의 잠재적 독성을 조명하면서 논란의 불을 지폈습니다. 문제는 아말감 충전재가 기억 상실부터 감정 변화, 불안, 심지어 자가면역장애에 이르기까지 심각한 건강 문제를 일으킬 수 있다는 것입니다. 미국치과의사협회American Dental Association는 충전재가 안전하다고 주장하지만, 우리가 음식을 먹고 마시고 심지어 양치질할 때도 수은이 방출된다고 입증하는 새로운 증거가 속속 드러나고 있습니다. 한 보고서에 따르면 조사에 응답한 치과의사의 절반이 더 이상 아말감 충전재를 사용하지 않는다고 합니다. 그런데 만약 아말감 충전재가 이미 여러분 입속에 있다면 어떻게 해야 할까요?

〈닥터 오즈쇼〉는 아말감 충전재가 사람을 병들게 할지 집요하게 "질문하면서" 아말감은 매우 위험하므로 아말감으로 치아를 메웠다면 즉시 제거해야 한다고 제안한다. 이 메시지는 현재 의학 연구의 결과와 충돌한다. 아말감 충전재는 안전하고 저렴하고 내구성이 강할 뿐 아니라 아말감에 함유된 수은은 온도계에 든 액체 수은과 다르다. 다른 재료와 섞여 아말감에 함유된 수은에는 독성을 배출할 위험성이 전혀 없다. 게다가 충전재에 수은이 쓰인다는 사실은 이미 수십 년 전에 알려졌다. 오래된 아말감 충전재를 제거할 때 치과의사와 환자가 수은 먼지에 노출되긴 하지만 이것이 어떤 질병의 발병률이나 사망률을 증가시키지는 않는다. 결론적으로 아말감 충전재가 심각한 건강 문제를 유발한다는 과학적 증거는 전혀 없다.

그렇다면 우리는 어떻게 해야 할까? 아무것도 할 필요가 없다. 아말감에 관한 개소리가 아말감 충전재로 치료를 받은 사람들에게 공포를 불러일으킬 수 있다는 점을 감안할 때, '개소리에 꾀는 파리 지수'에서 최소한 파리 두 마리는 떼어 놓은 당상이다.

만약 뭔가 팔아먹을 것이 있는데 그것이 건강과 아주 조금이라도 연관이 있다면, 〈닥터 오즈쇼〉에서 방송되는 것은 꿈을 이룰 보증수표이다. 오즈 박사는 금전적 이익을 얻기 위해서라면 자신의 이름과 경력을 기꺼이 활용해 대체 의약품과 돌팔이 치료법을 홍보한다. 오즈 박사가 매우 매력적이면서 카리스마를 내뿜고 영향력을 행사하고 있으므로, 그의 추천을 받는 것은 기업 입장에서 보면 최고의 광고 수단이다.

시청자는 오즈 박사의 말을 진지하게 받아들이면서 쇼를 시청하면 자신의 건강과 행복을 향상시킬 수 있다고 믿고 싶어 한다. 따라서 〈닥터 오즈쇼〉는 마땅히 진실을 전달하는 데 관심을 기울여야 하지만, 시청자는 쇼에서 진실을 기대할 수 없다.

캐나다 앨버타대학교 가정의학과 교수인 크리스티나 코로닉Christina Korowynk은 〈닥터 오즈쇼〉가 추천하는 건강 지침 중 신뢰할 만한 증거에 뿌리를 내리고 있는 것은 절반도 되지 않는다고 밝혔다.[10] 더군다나 오즈 박사는 대부분 검증을 거치지 않은 치료법을 "기적의 치료법"으로 강조해서, 2014년 상원 소위원회에 출석했고 증언대에 올라 이렇게 항변했다. "쇼에서 제 역할은 시청자를 즐겁게 해주는 치어리더라고 생각합니다."[11] 오즈 박사는 열린 마음을 유지하도록 시청자를 북돋운 것은 사실이지만 정확한 정보를 제공하기보다는 시청률을 높이는 데 우선순위를 뒀다. 열린 마음을 갖는 것은 좋지만, 제대로 된 보건과학에서 도출된 증거를 완전히 무시하는 것은 합리적이지 않다. 도리어 건강을 해칠 수도 있다.

이러한 이유 때문에, 나는 앞으로의 시간을 개소리의 실증적 연구에 바치기로 결심했다. 개소리가 사회에 미치는 파괴적인 영향을 인지하는 것이 그만큼 고통스럽기 때문이다.

어떤 상황이 개소리를 유발하는가

개소리를 효과적으로 감지하고 대처하려면 개소리를 촉발시키는 요인을 알아야 한다. 내 연구의 주요 목표는 개소리가 어떤 조건 아래서 번성할 가능성이 큰지 더욱 잘 파악하는 것이다. 개소리할 가능성이 가장 큰 사람뿐 아니라 개소리에 노출될 가능성이 가장 큰 조건을 제대로 인식하면, 개소리가 미치는 달갑지 않은 영향을 피하거나 제거할 수 있다.

잘 모르지만 말해야 할 때

철학자 해리 프랑크푸르트Harry Frankfurt는 이렇게 추측했다. "스스로 무슨 말을 하고 있는지 모르는 상태로 말을 해야 하는 상황에 처할 때마다 개소리를 피할 수 없다. 따라서 어떤 주제에 대해 자신이 가진 지식을 넘어서서 말을 많이 해야 할 의무를 느끼거나 그런 기회가 주어질 때마다 개소리하려는 동기가 촉진된다."[12]

내가 웨이크포리스트대학교에서 운영하는 개소리연구소는 매우 간단한 실험을 실시해 프랑크푸르트의 주장을 시험했다. 참가자들은 짐이나 탐의 성격을 묘사한 각본을 읽었다. 참가자의 절반은 짐의 성격에 대해 읽었지만 탐에 대해서는 전혀 읽지 않았다. 나머지 절반은 반대로 탐의 성격에 대해 읽었지만 짐에 대해서는 전혀 읽지 않았다. 그 후 참가자들은 짐이 시의원에 출마했고 여론조사에서 강한 우세를 보였지만 선거 한 달 전에 경선에서 물러났다고 들었다. 그러면서 짐이 경선에서 물러난 이유가 무엇이라 생각하는지 설명하라는 요청을 받았다. 참가자의 절반은 자신의 생각을 작성할 '의무가 있다고' 들은 반면에 나머지 절반은 생각을 공유할 '의무가 없다고' 들었다. 참가자들은 짐이 경선에서 물러난 이유에 대해 자신이 어떻게 생각하는지 쓰고, '생각을 기록할 당시에 증거에 쏟은 관심의 수준'에 비추어 각 생각을 평가했다. 이때 평가는 개소리를 측정하는 척도로 쓰였다.

    연구는 참가자들이 자신의 진술 중에서 개소리로 여기는 분량이 차지하는 비율에 특히 비중을 두었다. 짐의 성격을 어느 정도 알고 있던 참가자들은 자신의 진술 중에서 33퍼센트가 개소리였다고 추정한 반면에, 짐의 성격을 전혀 몰랐던 참가자들은 약간 더 많은 36퍼센트가 개소리였다고 추정했다. 짐의 성격을 알았는지 여부는 참가자들이 말한 개소리의 양에 거의 영향을 미치지 않았던 것이다. 하지만 생각을 밝힐 의무가 없는 참가자들이 개소리한 비율은 24퍼센트에 불과했지만, 생각을 밝힐 의무가 있는 참가자들이 개소리한 비율은 2배에 가까운 44퍼센트였다. 지식의 부재보다는 생각을 밝힐 의무가 개소리 양을 늘린 것이다. 즉 사람들은 주제에 대해 어느 정도 알고

있든 전혀 모르든 상관없이 자기 의견을 밝힐 의무를 느낄 때 기꺼이 개소리를 하는 것 같다.[13]

우리가 실시한 실험의 결과로 판단하면 프랑크푸르트의 주장은 옳아 보였다. 사람들은 그래야 할 의무가 있다고 느끼거나 그럴 기회가 주어졌다고 느낄 때, 자신이 전혀 모르는 사항에 대해서도 기꺼이 의견을 전달한다. 자신이 전혀 모르는 사항에 대해 의무적이지는 않더라도 밝히라는 기대를 이따금씩 받을 것이고 이때 자주 개소리를 한다.

자신의 말을 평가하는 사람이 없을 때

프랑크푸르트는 "개소리꾼의 언행이 아무리 신중하고 성실한들, 그가 한편으로 무언가 모면하려고 애쓴다는 사실은 변하지 않는다"라는 이론을 세웠다. 프랑크푸르트의 말이 옳다면 개소리꾼은 다른 사람들에게 받아들여지거나 용인될 거라고 기대할 때 개소리할 가능성이 크다. 만약 상대방이 특정 주제나 정보를 잘 알지 못하는 것 같아 보인다면 개소리를 해서 무언가를 "모면하기"가 쉬워질 것이다. 달리 말해, 개소리꾼은 대부분 다른 사람들이 거의 알지 못하는 사항에 대해 말하는 경우에 자신이 개소리할 사회적 허가를 받았다고 더욱 확신할 것이다.

개소리연구소에서는 이러한 개념들을 시험할 목적으로 '짐과 탐의 실험'을 다시 실시했다. 단, 이번에는 조건을 추가했다. 짐이 경선에서 물러나겠다고 내린 결정에 대해 참가자들이 서술한 설명을 '짐을 잘 아는 사람들'이나 '짐을 전혀 알지 못하는 사람들'에게 나중에 평가를 받을 것이라고 전제했던 것이다.

　이번에도 프랑크푸르트의 주장은 옳았다. 사람들은 무언가를 모면하려 할 때 개소리할 가능성이 더욱 크다는 사실이 입증되면서, 자신의 설명이 사전 지식을 보유하지 않은 사람들에게 평가받으리라는 말을 들었을 때(즉 개소리를 납득시키기 쉬울 때) 참가자가 개소리할 확률은 41퍼센트로 훨씬 더 컸다. 하지만 사전 지식을 보유한 사람들에게 평가받으리라는 말을 들었을 때(즉 개소리를 납득시키기 어려울 때) 참가자가 개소리할 확률은 29퍼센트로 줄었다.

　프랑크푸르트 이론에서 밝히듯, 사람들은 자신이 알고 말하는지 아닌지를 판단할 수 있는 타인이 없을 때 더욱 기꺼이 개소리를 한다. 내 경우에는 내 차에 대해 자동차 정비사에게 개소리하려 하지 않는다. 내가 차에 대해 알고 있는 지식이라고는 고작 차에 휘발유를 넣어야 한다는 것뿐이기 때문이다. 하지만 내 볼보 스테이션 웨건의 브레이크가 어떻게 작동하느냐고 묻는 딸에게는 개소리할 가능성이 있다. 따라서 개소리를 통과시키기 쉬우리라 신호를 보내는 것은 어떤 신호이든 개소리꾼에게 진실을 마음껏 농락하라고 허용하는 셈이다.

　다음의 흐름도를 보자. 자기 의견을 밝힐 의무가 없다고 느끼거나, 개소리를 해서 무언가를 모면하기가 어려우리라 느낄 때 사람들은 개소리를 삼가는 경향을 보인다. 하지만 지식이 거의 또는 전혀 없는 경우라도 자기 의견을 밝힐 의무가 있다고 느끼거나, 개소리를 해서 무언가를 모면할 수 있다고 느낄 때는 개소리할 동기가 증가한다(1단계). 개소리를 하는 경우에는 사실을 제시하고 진실을 추구할 필요가 없으므로 사람들은 개소리를 머릿속에 아주 쉽게 떠올린다(2단계). 일단 개소리를 시작하면 그 내용을 마음대로 공유한다(3단계).

이처럼 개소리가 생성되는 요인은 의외로 간단하다.

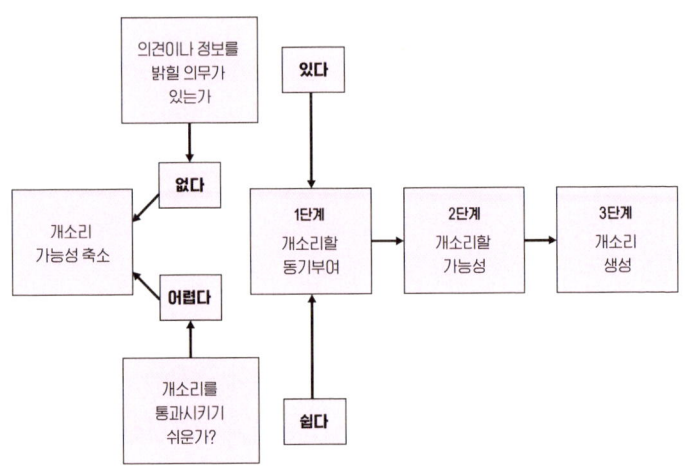

사람이 자신의 의견을 밝힐 의무를 느끼는지 여부와 개소리로 무언가를 모면하는 일의 난이도는 상황적 요인과 대인관계적 요인 두 가지 모두에 영향을 받는다. '상황적 요인'은 개소리 생성 가능성을 증가시키거나 감소시키는 맥락이나 사회적 환경에 속한 요인이다. '인적 요인'은 개소리 생성 가능성을 증가시키거나 감소시키는 개인 특유의 요인이다.

사회적 기대를 한몸에 받을 때

의견을 가져야 한다는 암묵적인 사회적 압력이 의견을 밝힐 의무를 낳기도 한다(그것이 설령 개소리라 하더라도). 자동차 정비공에게는 어째서 자동차에서 휘발유가 새는지 말해주기를 기대하고, 금융 전문가에게는 어떻게 하면 보험료를 절약할 수 있는지 조언해주기를 기대하고, 의사에게는 만성축농증을 어떻게 치료할지 알려주기를 기대한다. 전문가들은 자신들의 전문 분야에서 광범위한 교육을 받았으므로, 대답을 달라고 그들에게 압력을 가하는 우리의 행동은 정당화된다. 하지만 우리는 자신이나 주변 사람들에게도 기대를 걸 때가 많다.

21세기 들어 하루 24시간 뉴스를 접할 수 있고 인터넷을 손쉽게 마음대로 사용하게 되면서 주변에는 늘 정보가 넘쳐난다. 우리는 정치, 경제, 환경, 최신 픽사 영화에 이르기까지 모든 주제에 대해 의견을 가져야 한다고 자신과 타인에게 기대한다. 물론 모든 주제에 대해 정보에 입각한 의견을 갖는 것은 불가능하지만 우리는 당연하다는 듯 그렇게 기대한다.

우리가 묻는 질문에 전문가가 해답을 제공하지 않는다면 어떤 현상이 일어날까? 자신이 해답을 모른다는 사실을 밝힐 때 전문가는 정체성 위기에 빠질 수 있다. 그리고 이때 받는 사회적 압박 때문에 전문가들이 진실에 기울이는 관심이 손상을 입기도 한다. 자동차 정비사가 알고 말하는 것 같지 않으면 고객은 다른 정비소를 찾을 공산이 크다. 금융 전문가와 의사가 자신 있게 해답을 제시하지 못하는 경우에 고객과 환자도 마찬가지다. 전문가, 의사, 박사학위 소지자 등이 "내 생각이 틀렸습니다" 또는 "모르겠습니다"라고 대답하는 경우가 매우 드문 것도 이 때문이다.

전문가들이 실제로 아는 것이 아니라 그저 아는 것처럼 보이도록 말하는 경우, 사회는 막대한 대가를 치러야 한다. 막스플랑크인간개발연구소Max Planck Institute for Human Development 소속 게르트 기거렌처Gerd Gigerenzer와 동료들은 연구를 실시하면서 산부인과의사 160명에게 다음과 같은 각본을 보여주었다.[14]

다음 지역에서 유방조영술을 사용해 유방암 검사를 실시한다고 가정하자. 이 지역 여성에 대해 알고 있는 정보는 이렇다.

1. 한 여성이 유방암에 걸렸을 확률은 1퍼센트이다(유병률).
2. 한 여성이 유방암에 걸렸고 검사 결과 양성 판정을 받을 확률은 90퍼센트이다(민감도).
3. 한 여성이 유방암에 걸리지 않았는데도 검사 결과 양성 판정을 받을 확률은 9퍼센트이다(거짓 양성률).

한 여성이 유방암 검사를 받았는데 결과가 양성으로 나왔다. 이 여성은 자신이 확실히 유방암에 걸렸는지, 아니면 유방암에 걸렸을 확률은 얼마인지 알고 싶다. 최적의 대답은 무엇일까?

A. 이 여성이 유방암에 걸렸을 확률은 약 81퍼센트이다.

B. 유방조영술을 받고 양성이 나온 여성 10명 중 약 9명이 유방암에 걸렸다.

C. 유방조영술을 받고 양성이 나온 여성 10명 중 약 1명이 유방암에 걸렸다.

D. 이 여성이 유방암에 걸렸을 확률은 약 1퍼센트이다.

이러한 정보를 갖추고 의사가 환자에게 줄 수 있는 최적의 대답은 조건부 확률로서, 검사 결과가 양성으로 나오고 이 환자가 암에 걸렸을 확률이다. 조건부 확률은 두 가지 방식으로 결정된다. 두 방법 모두 해당 지역에서 유병률(성별과 연령별), 검사의 민감도(암에 걸렸고 검사로 암을 감지하는 확률-참 양성률), 검사의 특이도(암에 걸리지 않았고 검사 결과가 음성으로 나올 확률-참 음성률)를 알아야 한다.

첫째 방법을 따르려면 수학이 약간 필요하고, 대부분 의사는 의과대학에서 조건부 확률을 계산하는 방법을 배운다. 이만큼 정확하지는 않지만 둘째 방법은 더 간단하고 대체로 정확한 추정치를 얻을 수 있다. 이 방법을 사용할 때 의사는 유병률, 민감도, 특이도를 자연 빈도로 전환해야 한다.

1. 여성 1000명 중 10명은 유방암에 걸렸다.
2. 유방암에 걸린 10명 중 9명은 검사 결과 양성 판정을 받을 것이다.
3. 유방암에 걸리지 않은 990명 중 89명은 검사 결과 양성 판정

을 받을 것이다.

자연 빈도를 살펴보면 유방조영술을 실시할 때 참 양성보다 거짓 양성이 약 10배 더 많고, 검사 결과 양성 판정을 받은 환자가 유방암에 걸렸을 확률은 약 10퍼센트이다.

하지만 기거렌처는 연구 대상이었던 산부인과의사들이 어느 방법도 제대로 사용하지 않았다고 주장했다. 과반수의 산부인과의사(60퍼센트)는 한 여성이 유방조영술을 통해 양성 판정을 받았는데 유방암에 걸려 있을 확률을 81퍼센트 이상으로 추정했다. 그리고 이 여성이 암에 걸렸을 확률은 실제보다 8배 높다고 말했을 것이다. 산부인과의사들은 유방조영술이 거짓 양성 결과를 높은 빈도로 생성한다는 사실을 무시하거나, 스스로 기본적인 계산을 할 수 없었다. 이때 그나마 다행인 것은 산부인과의사들이 유병률, 민감도, 특이도를 자연 빈도로 전환하는 훈련을 받은 경우에 87퍼센트는 해당 환자가 유방암에 걸렸을 확률을 10명 중 1명으로 이해했다는 것이다.

의사와 환자는 암에 걸렸을 확률이 81퍼센트보다 10퍼센트라고 인식할 때 더욱 나은 치료 결정을 내린다. 이러한 지식은 과잉 검사, 과잉 약물 투여, 과잉 치료를 줄이는 데도 유용하다. 환자는 양성 검사 결과와 음성 검사 결과가 실제로 무슨 뜻인지 알아야 하고, 의사는 검사 결과의 실질적 의미를 알아야 한다.

의사들은 실험실 기술자에게서, 또는 검사 결과나 인터넷을 통해 검사의 민감도와 특이도 비율을 쉽게 구할 수 있다. 기거렌처와 동료들은 이렇게 결론을 내렸다. "산부인과의사들은 제공된 건강 통계에서 해답을 도출할 수 있거나, 어쨌거나 자신들이 알았어야 했던 사항을 기억해낼 수 있었다." 하지만 감정적인 스트레스, 불필요한 조직 검사, 생체 검사, 유방절제술의 형태로 나타나는 거짓 양성 검사 결과의 영향은 전혀 생소하지 않다. 1970년대 후반부터 오늘날까지 몇몇 실증적 보고서들을 검토해보면 하버드의과대학 직원, 대학생, 의사들은 검사 결과가 양성인 경우나 음성인 경우에 실제로 질병에 걸렸을 조건부 확률을 추정하는 데 어려움을 겪고 있다.[15]

의료 산업은 의료 데이터를 잘못 서술한다는 악평을 듣는다. 요즘도 여전하지만, 여러 해 동안 여성들은 검사를 통해 난소암을 조기 발견하면 사망 위험을 20퍼센트 줄일 수 있다고 들었다. 이 말을 검사에 참여한 여성 100명 중 20명이 생명을 건지리라는 뜻으로 해석하는 사람이 많은데 절대 그렇지 않다. 이러한 방식으로 검사 정보를 제공하는 것을 '상대적 위험 감소 프레임*relative risk reduction frame*'이라 부르며, 피검사 집단에 내포된 위험이 비검사 집단을 기준으로 표현된다는 뜻이다. 이는 정확한 것처럼 들리지만 표현된 추정치는 애매하다. 냉정한 현실은 10년 안에 난소암으로 사망하리라 예상되는 여성의 비율은 난소암 검사를 받은 여성 1000명당 4명이지만, 검사를 받지 않은 여성 1000명당 5명이라는 것이다. 물론 4명과 5명의 차이는 20퍼센트이다. 하지만 동일한 위험률을 '절대적 위험 감소 프레임absolute risk reduction frame'으로 표현하면(1000명당 5명에서 4명), 검사에 따른 이익이 1000명당 1명 즉 0.1퍼센트(1퍼센트의 10분의 1)로 4명과 5명의 차이가 좀 더 분명하게 드러난다. 암 관련 기관, 보건부서, 일부 의사들은 사람들에게 상대적 위험 감소치를 알려서 검사에 따른 이익이 절대적 위험 감소 프레임으로 표현했을 때보다 커 보이게 만든다.

2011년《미국의학협회학회지》가 발표한 연구 결과를 고려하면 잘못된 계산과 서술, 매우 세밀한 난소암 검사가 슬슬 끔찍한 문제로 여겨질 것이다. 해당 연구는 난소암에 걸렸을 위험성이 평균이면서, 매년 검사를 받았거나(검사 집단) 통상적인 진료만 받은(비검사 집단) 55~74세 여성 7만 8000명 이상을 연구 대상으로 삼았다.[16] 검사 집단과 비검사 집단 모두에서 여성 1000명당 3명이 10년 안에 난소암으로 사망했다. 각 집단에서 여성 1000명당 약 85명은 다른 원인으로 사망했다. 하지만 연구자들은 난소암 검사가 상당한 피해를 초래할 수 있다고 주장했다. 검사 집단에 속한 여성 1000명당 96명이 거짓 양성 판정을 받았고, 그중 32명은 부정확한 검사 결과를 근거로 불필요하게 난소를 제거했다.

생존 이익도 없는 데다가 상당한 손해까지 발생할 수 있다는 점을 감안할 때, 현재 어떤 의료기관도 난소암 검진을 추천하지 않는다는 사실은 뜻밖이 아니다. 물론 많은 의료 전문가들의 의료 관행이 바뀌지는 않았다. 하지만 2011년《미국의학협회학회지》보고서가 발표되고 7년 후 오데트 위그워스Odette

Wegwarth와 게르트 기거렌처는 미국 외래 산부인과의사 401명에게 의료기관의 보편적인 권고 사항을 지키며 진료했는지, 현재 최선의 증거를 근거로 추정한 난소암 검진의 효과를 환자들에게 알렸는지 물었다.[17] 평균적으로 62퍼센트는 난소암 검진의 효과에 대한 추정치와 신념을 환자에게 알렸다. 더 나아가 57퍼센트 이상은 난소암 검진을 정기적으로 추천하기까지 했다! 하지만 난소암 검진의 한계를 요약한 글을 제시받아 읽은 후에, 환자에게 난소암 검사의 이익에 관해 부정확한 추정치를 제공하고 있다고 보고한 의사들 가운데 초기의 추정치와 신념을 크게 수정한 이들의 비율은 51퍼센트였다. 뒤집어 해석하면, 상당수의 산부인과의사들이 불필요한 난소암 검사를 여전히 추천하고 있다는 뜻이다.

의사의 잘못된 계산과 신념은 환자의 불안을 증폭시키고 불필요한 검사·상담·수술을 유도할 수 있다. 정확한 확률 추정치를 계산할 수 있도록 의사들을 교육하면 진단 과정을 개선하고 궁극적으로 의료 질을 향상시킬 수 있다. 하지만 의사들이 증거에 근거해 추론하지 않거나, 의사들이 개소리할 때 환자들이 집단으로 의문을 제기하지 않으면 가능하지 않은 일이다.

의사들은 환자들에게 양성 검사 결과의 함축된 의미를 애매하게 전달하면서 진단 결과에 주관적으로 만족할 때까지 돈이 드는 검사를 반복적으로 제안한다. 의사들은 전문 지식을 보유하고 있기는 하지만, 잘 모르는 사항에 대해서도 말해야 하는 상당한 압력을 자주 받는다. 이러한 기대를 받기 때문에 의사들은 질문에 대한 답을 모른다고 환자들에게 말하는 법이 거의 없으며, 이때 자주 나오는 것이 개소리다.

책임지지 않아도 될 때

책임감은 자신의 행동이나 신념에 대해 타인에게 대답하거나 설명하거나 정당화해야 할 때 따르는 조건이다. 책임감이 있기 때문에 우리는 자신의 행동이 정당하다고 인정을 받으면 타인에게 보상을 받고, 정당하다고 인정을 받지 못하면 책임을 지고 처벌을 받는다고 예상한다. 자기 결정에 대해 책임져야 한다고 믿는 의사결정자들은 증거에 입각해 추론하는 경향을 보인다. 따라서 책임감은 개소리에 입각한 추론을 하지 않도록 억제시키는 경향이 있으므로, 일반적으로 의사결정의 질을 향상시킨다.[18]

사람들은 개소리를 해서 무언가를 모면할 수 있으리라 기대할 때 개소리할 가능성이 크다. 따라서 이러한 맥락에 사회적 책임감을 도입하면 개소리를 줄일 수 있다. 내가 운영하는 개소리연구소는 이러한 개념을 시험했다. 이번에는 참가자들에게 세 가지 사회문제, 즉 소수집단 우대정책에 따른 할당제와 핵무기 동결, 사형제에 대한 의견을 밝히고, 그렇게 생각하는 이유를 열거하라고 요청했다. 그리고 자기 의견을 보고하기 직전에 '무책임 조건 집단'과 '책임 조건 집단'에 참가자들을 무작위로 배정했다. 무책임 조건 집단에게는 사회문제에 대한 자기 의견을 말하라고 요청했다. 반면 책임 조건 집단에게는 사회문제에 대한 자기 의견을 밝히되 이번에는 사회학 교수(해당 사회문제에 대한 전문가로 묘사했다)에게 의견을 설명하고 정당성을 입증해야 한다고 말하고, "의사소통 과정을 분석하기 쉽도록" 토론 내용을 녹음할 예정이라고 덧붙였다.

어떤 현상이 일어났을까? 충분히 예측할 수 있듯 무책임 조건 집단은 책임 조건 집단보다 개소리를 훨씬 많이 했다. 따라서 책임감을 도입하는 것은 개소리를 줄이는 가장 손쉬운 방법의 하나다. 책임감은 잠재적 개소리꾼에게 누군가 유심히 귀를 기울이고 있다는 신호를 보낸다. 연구에서 책임감 개념을 전달하기 위해 우리는 실질적인 지식·능력·기술을 보유한 인물이 참가자들의 진술을 평가하고 지적할 가능성이 있다고 전했다. 책임감에는 개소리를 억제시키기 위해 사용할 수 있는 다른 사회적 단서들이 있다(예를 들어, 증거의 결정적 중요성을 지적하는 개소리 금지 지침). 하지만 책임감 단서를 고의로 무시하거나 인식조차 하지 못하면, 사람들은 자신의 무능을 고려할 가치가 있는 것으로 포장해 얼렁뚱땅 넘기려 들 것이다. 이때 자주 나오는 것이 개소리다.

커뮤니티에서 지지받을 때

노벨 수상자 대니얼 카너먼Daniel Kahneman은 자신의 베스트셀러 《생각에 관한 생각Thinking, Fast and Slow》에서 이렇게 썼다. "같은 생각을 보유한 커뮤니티가 뒷받침할 때 사람들은 아무리 터무니없더라도 어떤 명제에도 흔들리지 않는 믿음을 유지할 수 있다."[19] 이와 관련해서 프랑크푸르트는 한 자유토론에 참가한 사람들에 대해 이렇게 언급했다. "그들은 언행일치를 상정하지 않는 상황에서는 자신이 하는 말이 어떻게 느껴지는지 알기 위해, 또 타인이 그 말에 어떻게 반응하는지 파악하기 위해 다양한 생각과 태도를 시험한다. 자유토론 참가자들은 사람들이 하는 말이 반드시 그 사람의 신념이나 느낌을 드러내는 것은 아니라고 이해하고 있다."[20]

우리는 가상의 사회학 교수를 개입시켜 해당 개념들을 시험했다. 우선 책임 조건 집단에 속한 참가자들을 세 집단으로 나누었다. 첫 번째 집단에게는 사회학과 교수의 의견을 전혀 전달하지 않았다. 두 번째 집단에게는 사회학과 교수가 참가자들과 같은 의견을 갖고 있어서 참가자와 일반적으로 같은 입장을 공유한다고 믿게 했다. 세 번째 집단에게는 교수가 다른 의견을 갖고 있어서 참가자와 일반적으로 같은 입장을 공유하지 않는다고 믿게 했다.

시험 결과를 보면 참가자들이 사회학 교수의 의견을 모르거나, 교수와 의견이 다르다고 믿는 경우에는 무책임 조건 집단보다 개소리를 줄였다. 하지만 교수의 의견이 자신과 같다고 믿는 경우에는 무책임 조건 집단의 참가자들만큼이나 개소리를 했다. 달리 말해서, 자신이 표현하는 생각과 의견의 타당성에 대해 스스로 책임을 져야 한다고 예상하면 개소리를 줄일 수 있을 것이다. 하지만 사람들이 자기 말에 책임을 져야 하리라 스스로 예상할 때조차도 다른 사람들이 동의해주리라 기대하는 경우에 책임감은 사람들이 얼마나 개소리를 하는지에 거의 영향을 미치지 않을 것이다. 이때 자주 나오는 것이 개소리다.

당신 곁에도 다스 베이더가 있는가

비록 개소리는 상황적 요인에 영향을 받지만, 사회적 상황에서 개인에게도 영향을 받는다. 어떤 유형의 사람이 개소리할 성향이 강한지 분명하게 파악한다면 개소리를 더욱 성공적으로 감지하고 퇴치할 수 있다.

개소리를 하는 일반적인 성향은 개인의 동기와 강하게 결부되어 있으며 거짓말하는 동기와 매우 비슷하다. 대개 사람들은 당혹스러운 상황에서 자신을 보호하거나, 상대방에게 긍정적인 인상을 주거나, 부정적인 판단을 피하거나, 이익을 얻거나, 처벌을 모면하기 위해 거짓말을 한다.[21] 누구나 이러한 동기를 이따금씩 느끼지만 개소리하는 성향이 강한 사람들은 상대적으로 자주 느낀다.

개소리하는 성향이 강한 사람은 상당히 쉽게 눈에 띈다. 그들은 누구든 기꺼이 들으려 하는 사람에게 자기 신념을 전파하고 남들마저 그 신념의 추종자로 만들려 하는 부류이다. 이성적인 사람들을 자기 의견에 동의하도록 설득하면, 자신의 개소리를 믿을 때 자신이 느낄 심리적 불편을 줄일 수 있기 때문이다. 또 판단을 내릴 때 증거에는 관심이 없으므로 자기 신념에 대한 근거를 대라는 말을 들으면 화부터 낸다.

영화 〈스타워즈〉에 등장하는 캐릭터인 다스 베이더는 전형적으로 개소리하는 성향이 강한 인물이다. 다스 베이더는 텔레파시의 힘을 이용하고, 최면을 걸듯 상대방의 넋을 빼앗는 목소리를 사용해 다크 사이드의 운명과 제국 통치에 대해 강박적으로 말한다. 조금이라도 저항하는 사람에게는 그들이 누구든 분노를 터뜨린다. 하지만 여기서 중요한 점은 다스 베이더가 자신이 무슨 말을 하는지 모르고 있다는 것이다. 아들인 루크 스카이워커를 포함해 모두를 다크 사이드에 가담하라고 집요하게 설득하지만, 정작 자신은 제다이 기사단의 엄격한 교리에 지나치게 사로잡혀 있어, 제다이 기사단을 파괴하려고 음모를 꾸미고 막강한 힘을 휘두르는 사악한 황제에게 이용당하고 있다는 사실을 깨닫지 못한다.

증거와 확립된 지식을 무시하고, 이와 더불어 당혹스러운 상황에서 자신을 보호하거나, 상대방에게 긍정적 인상을 남기거나, 부정적 판단을 피하거나, 이익을 얻거나, 계획을 밀어붙이거나, 자신이 이미 내린 결정에 만족하고 싶거나, 처벌을 피하려는 동기가 맞물리면서 개소리가 발생한다. 개인적 요인도 무시할 수 없다. 개소리할 동기에 영향을 미치는 개인적 요인에는 적어도 네 가지, 즉 증거의 필요성, 영역별 지식의 수준, 관심·명성·부를 얻으려는 욕구, 소속감이 있다.

객관적 증거를 무시한다

2017년 1월 20일, 도널드 트럼프 대통령은 취임식 자리에서 이렇게 말했다. "4년마다 우리는 질서 있고 평화로운 정권 이양을 수행하기 위해 이곳에 모입니다. 과도기 내내 관대하고 정중하게 도움을 제공해준 오바마 대통령과 미셸 오바마 영부인에게 감사합니다. 그들은 매우 훌륭했습니다. 감사합니다."[22] 하지만 백악관 대변인 케일리 매커내니Kayleigh McEnany는 2020년 11월 20일 이렇게 번복했다. "우리는 정권 이양에 대해 많은 이야기를 했습니다. 이번 대통령(트럼프)은 질서 있는 정권 이양을 받지 못했다는 사실을 우리는 기억해야 합니다."[23] 트럼프의 주장은 증거를 만성적으로 무시하는 태도로서 개소리하는 성향이 강한 사람들이 보이는 특징이다.

증거의 필요성을 강하게 느끼는 개인은 건전한 수준의 회의를 품고, 증거로 뒷받침되는 의견만 갖는 것이 중요하다고 생각한다.[24] 또 무언가를 실용적 이익이 있다는 이유만으로 믿지 않으며, 의견에 대해 근거를 제시하라는 요청을 받을 때 화내지 않는다. 오히려 증거를 저울질하고 나서야 무언가가 좋은지 나쁜지 결정한다. 모든 사실을 파악하기 전에는 자기 의견을 제시하고 토론하는 것을 삼가는 경향을 보인다. 하지만 개소리하는 성향이 강한 사람들은 이처럼 증거에 근거한 목표들을 세우지 않는다.

당신 주위에는 증거의 필요성을 강하게 느끼는 사람이 얼마나 되는가? 얼마 되지 않을 것이다. 증거의 필요성을 강하게 느끼면서 일관성 있게 사고하고 행동하려면 상당히 많은 수고를 해야 하는데, 이러한 수고를 기꺼이 하는 사람은 거의 없기 때문이다.

개소리하는 성향이 강한 개소리꾼들은 진실과 증거에 무관심할 뿐 아니라 제시된 증거에 우호적으로 반응하지 않는 경향이 있다. 상대방이 냉정하고 확실한 증거에 대해 계속 비이성적으로 반응한다면 당신은 아마도 개소리꾼을 상대하고 있는 것이다. 증거의 필요성을 잘 못 느끼는 개인과 개소리하는 성향이 큰 개소리꾼을 식별할 수 있는 확실한 신호는 증거나 데이터를 기꺼이 조작하는 것처럼 보이는 태도이며, 이때 자주 나오는 것이 개소리다.

자기 능력을 과대평가한다

인지심리학자 세라 브렘Sarah Brem과 랜스 립스Lance Rips가 실시한 연구에 따르면, 주제에 대해 적절한 지식을 갖춘 사람들은 대개 진정한 증거에 근거해 주장을 펼치고, 근거 없는 주장을 펼치는 것을 삼간다.[25] 즉 지식을 갖추었을 때는 개소리할 필요가 없고, 증거를 더욱 인식하고 사용하는 경향이 있다. 반면에 주제에 익숙하지 않을 때는 자기 의견을 말해야 할 의무를 느끼고 상대방에게 받아들여지기를 기대하면서 개소리를 한다.

지식을 갖춘 사람들이 자신의 전문 분야에서 개소리할 가능성은 낮지만, 스스로 지식을 갖췄다고 생각하나 실제로는 그렇지 않은 사람들은 어떨까? 지식을 갖추지 못한 사람이 어떤 주제에 대해 알고 있다고 느끼는 경우에는 개소리할 가능성이 특히나 크다. 사람들은 의외로 자신의 능력과 지식을 제대로 평가하지 못한다. 스스로 지식을 갖췄다고 말하는 사람들은 자신의 "전문" 영역에서 자신이 개소리를 한다고 보고할 가능성이 적다. 하지만 그들의 말을 있는 그대로 받아들여서는 안 된다.[26] 사실 어떤 주제에 대해 자신이 청중보다 많이 안다고 느낄 때 개소리할 가능성이 크다. 실제로 아는 것이 아니라 안다고 느끼기만 해도 개소리하기에 충분할 수 있다는 뜻이다.[27]

사람들은 자신이 무슨 말을 하는지 전혀 모르는 경우에 개소리에 근거해 판단하고 결정을 내린다. 맥아더 휠러McArthur Wheeler 사례가 인상적이다. 1995년 휠러는 환한 대낮에 피츠버그 소재 은행 두 곳에 유유히 걸어 들어가 신원을 감추려는 시도도 하지 않고 은행을 털었다. 휠러는 그날 밤 늦게 체포되었으며 은행 감시 카메라에 찍힌 영상이 밤 11시 뉴스에 방송되었다. 경찰이 나중에 감시 카메라 영상을 보여주자 휠러의 눈에는 당황한 기색이 역력했다. 그러면서 "얼굴에 레몬즙을 발랐는데 어찌된 영문이지?"라며 중얼거렸다. 레몬즙으로 문지르면 얼굴이 감시 카메라에 잡히지 않으리라 잘못 생각했던 것이다.[28]

사회심리학자 저스틴 크루거Justin Kruger와 데이비드 더닝David Dunning은 사회적·지적 분야에서 사람들이 자기 능력을 지나치게 과대평가하는 경향을 보인다고 밝혔다.[29] 부분적으로는 해당 분야에 숙달하지 못한 사람들이 능력과 무능력을 구분하지 못하기 때문이다. 다시 말해, 무능한 개인은 대개 자신이 무능하다는 사실을 모르기 때문에 잘못된 결론을 내리고 불행한 선택을 하기 쉽다. 한 연구에서 크루거와 더닝은 코넬대학교 학부생을 대상으로 영어 문법을 묻는 20문항짜리 객관식 시험을 실시했다. 그런 다음 학생들에게 피드백을 주지 않고, 그 대신 정확한 문법을 인식하는 자신의 전반적인 능력에 점수를 매기고, 동료와 비교해 수행 능력을 평가하라고 요청했다. 이러한 방식을 사용해 크루거와 더닝은 성적이 낮은 학생들이 자신의 열등한 수행 능력을 인식하는지 파악할 수 있었다.

    4~6주 후 참가자들은 다른 학생들이 치른 미채점 시험지 5개를 받았다. 시험지 묶음은 동료가 달성한 수행 범위를 반영했다. 참가자들은 묶음에 있는 각 시험지에 점수를 매겼다. 그러고 나서 자신의 시험지를 받고, 동료와 비교해서 자신의 능력과 시험 수행 정도를 한 번 더 채점하라는 요청을 받았다. 크루거와 더닝은 성적이 하위 25퍼센트와 상위 25퍼센트에 속한 학생들이 자신의 능력과 수행을 어떻게 생각하는지에 특히 관심을 쏟았다. 하위 25퍼센트에 속한 학생들은 자신의 능력과 시험 수행을 대단히 과대평가했다. 이들은 실제 시험 점수가 10퍼센타일에 들어 있는데도 처음에는 자신이 66퍼센타일에 속한다고 추정했다. 동료의 시험지를 검토한 후에는 자신이 인식한 문법 지식을 63퍼센타일로 재조정했다. 반면에 상위 25퍼센트에 속한 학생들은 자신의 능력과 시험 수행을 과소평가했다. 자신의 실제 시험 점수가 88퍼센타일에 들어 있는데도

처음에는 자신이 71퍼센타일에 속한다고 추정했다. 하지만 동료의 시험지를 검토하고 난 후에는 자신이 인식한 문법 지식을 77퍼센타일로 재조정했다.

사람들이 어떤 분야에서 능력을 발휘하기 위해 필요한 정신적 기술은, 그 능력을 알아보기 위해 필요한 기술과 동일하다. 그래서 항공기 조종사와 외과의사들이 혹독한 훈련을 거치고 일련의 시험을 치르는 것이다. 이러한 분야에서 증거는 가치를 인정받고 매우 큰 비중으로 다뤄진다. 자신이 속한 분야가 증거를 소중하게 생각하지 않는다면 개소리를 들을 가능성이 크다.

관심·명성·부를 향한 욕구가 크다

카일리 제너 Kylie Jenner는 1억 6700만 명 이상의 인스타그램 팔로워와 3300만 명의 트위터 팔로워를 보유한 인플루언서로 추천 게시물을 올려 120만 달러를 벌어들인다. 추천 게시물은 '인플루언서 마케팅'으로 알려진 새로운 마케팅 유형으로서 유명인사 등 영향력 있고 인지도 높은 인물들이 브랜드나 제품을 홍보하는 방식이다. 대부분 인스타그램에서는 게시물 맨 위에 스폰서 이름을 적고 유료 제휴를 맺었다고 밝힌다.

마케터들은 이러한 정보의 노출이나 잠재적 소비자들의 부정적인 반응을 걱정하지 않는 것 같다. 그들은 유명인사를 활용한 마케팅 전략이 효과적이라고 믿는다. 제너가 홍보한다면 수백만 명의 소비자들은 새 비누나 피부 관리 크림을 기존 제품보다 선호하리라는 사실을 알고 있다. 물론 제너가 미국 최대 소비재 전문 월간지인 〈컨슈머리포트〉를 참고하거나 스폰서가 요구한 주장을 입증하는 시험을 실시하지 않는 한 이러한 사실은 근거가 없다. 마케터들은 유명인사들이 사회에 미치는 영향이 크다는 사실을 잘 인식하고 있다. 또 수백만 명의 소비자들이 자신이 돈을 지불하는 이유인 기존 제품과의 차이점이 무엇인지 알아보는 노력은 거의 하지 않으면서, 유명인사가 소셜미디어를 통해 홍보하는 내용에 점수를 주고 그 제품을 구입하리라는 사실도 알고 있다. 내가 확인해보아도 모든 비누와 피부 관리 크림의 기능은 근본적으로 같은데도 말이다.

만약 과학적 증거에 관심이 없고 가짜 과학과 진짜 과학을 구분할 수 없는 사람들을 납득시킬 용의가 있다면, 개소리를 사용해서도 부나 명예를 얻을 수 있다. 이때는 적당한 틈새를 찾기만 하면 된다.

'신경가소성 neuroplasticity'의 남용을 예로 들어보자. 신경가소성은 개인이 살아가는 동안 계속 변하는 뇌의 능력을 가리킨다. 뇌의 신경망은 시냅스 연결을 형성하고 재구성할 수 있다. 뇌는 부상에 반응해 상당한 정도의 신경가소성을 보이고, 손상된 부위의 기능을 다른 부위가 일부 담당하는 방식으로 손상을 보상할 수 있다. 신경가소성에 관한 연구는 뇌손상, 시력장애, ADHD, 만성 통증, 환각지•를 치료하는 데 유용하게 작용하면서 지난 30년간 점점 많은 관심을 받고 있다. 하지만 신경가소

• 절단된 팔이나 다리가 여전히 제 자리에 있다고 느끼는 증상

성 연구라는 뿌연 먼지 구름 속에서 몇 가지 상업적 "두뇌 훈련 프로그램"이 신경가소성의 "무한한 가능성"을 과장하며 결과적으로 많은 돈을 벌어들였다.

광범위한 학습장애를 보이는 학생들을 지원한다는 애로스미스 프로그램Arrowsmith Program이 한 가지 예이다. 전 세계 학교에서 제공되는 애로스미스 프로그램은 애로스미스의 설립자이면서 《매일매일 성장하는 뇌The Woman Who Changed Her Brain》를 쓴 바버라 애로스미스-영Barbara Arrowsmith-Young이 실시한 신경과학 연구에서 비롯됐다.

자전적 글에서 애로스미스-영은 스스로 심각한 학습장애를 극복한 방법을 알리고, 학습장애아들이 그 방법을 사용해 비슷한 문제를 극복했다고 주장하면서 30가지 사례 연구를 자세히 설명했다. 하지만 몇몇 과학자들은 일화적 증거와 사이비 과학을 기반으로 삼는다며 애로스미스 프로그램을 비판했다. 사실 현재까지 애로스미스 프로그램이 다른 "뇌 훈련" 프로그램보다 더 효과적인지 평가하기 위해 동료 검토를 거친 무작위 대조군 연구는 발표된 적이 없다.[30]

애로스미스-영 같은 사람들은 훌륭한 저자지만 자신들의 치료법을 홍보하는 사이비 과학과 일화적 증거를 자신에게 유리하게 활용하면서, 동료의 검토를 거치는 잘 확립된 과학 과정을 우회한다.[31] 증거와 진실에 관심을 기울이는 커뮤니티에게 지지를 받지 않고 "세계적인 베스트셀러"라거나 "널리 칭찬받았다"고 늘어놓는 찬사는 새빨간 개소리이며 약장수의 술수일 수 있다. 하지만 그렇게 해서라도 확실히 이름을 부각시키거나 돈을 벌 수 있는 경우라면 사람들이 진실을 무시하는 것은 충분히 예측 가능한 현상이며, 이때 자주 나오는 것이 개소리다.

집단의 환심이나 소속감을 중시한다

인간이 갖는 소속 욕구는 개소리하는 성향이 강한 사람에게도 약한 사람에게도 근본적이고 강력한 동기를 부여한다. 사람들은 타인과 빈번하고 긍정적인 상호작용을 하고 싶어 한다. 또 어떤 조건 아래서도 사회적 애착을 매우 쉽게 형성하고, 기존 유대관계의 해체에 저항한다. 사람들은 대인관계에서 애착과 소속감이 부족해진 경우에 자신의 생각, 감정, 신체적 건강, 심리적 적응, 행복 등에 종종 악영향을 입는다.[32]

　사람들은 소속되기 위해 온갖 종류의 낯선 행동을 할 것이다. 나는 새로 개봉한 〈배트맨〉을 놓고 몇몇 친구와 대화한 적이 있다. 친구인 조가 영화를 보지 않은 것을 나는 확실히 알고 있었다. 하지만 조는 조금도 망설이지 않고 노련하게 말을 꺼내면서 마치 영화를 본 것처럼 대화를 이어나갔다. 모두들 조에게 영화를 봤느냐고 물어보지 않았고, 조가 영화를 봤다고 추측하는 것 같았다. 하지만 나는 조가 영화를 보지 않았다는 사실을 알고 있었고, 조는 자신이 무슨 말을 하는지 전혀 모르면서 계속 말했다. 사실 조에게는 자신이 무슨 말을 하는지는 전혀 중요하지 않았다. 대화에 끼는 것이 더 중요했다. 짐작할 수 있듯 이때 개소리가 나왔다.

조를 포함해 누구나 개소리가 사회적 이익을 안겨줄 수 있다는 사실을 안다. 예를 들어, "아군"을 식별하는 데 유용하다면 개소리를 하고도 보상을 받을 수 있다. 경기장에서 어떤 사람이 일어서서 "르브론LeBron이 반칙을 당했다!"라거나 "르브론을 응원하려고 개회식에 최대 인파가 몰렸다!"라고 소리 지르면, 관객은 그가 어떤 팀을 응원하는지 확실히 알 수 있다. 매우 열성적인 아군과 나란히 앉고 싶어 하는 사람이라면 그러한 개소리를 듣고 나서 과연 누구와 함께 앉아야 할지 판단할 수 있다. 소속감을 느끼기 위해서는 편 가르기와 동류의식이 중요하고, 이때 개소리는 자신이 어느 팀에 속해 있는지 알리는 편리한 방법이다.

일찍이 상담심리학자로 훈련을 받을 당시에 나는 많은 시간을 투자해 집단 심리치료 시간을 이끌었다. 그러면서 사람들이 매일 영위하는 사회생활이 집단 심리치료 시간과 매우 비슷하다는 사실을 깨달았다. 특정 시점에 사람들의 시선이 당신에게 꽂히면 당신이 말할 차례가 된 것이다. 이때 말할 기회를 지나치게 많이 놓치거나, 의미 있는 말을 거의 하지 못하면 집단과 연결될 기회를 잃는다. 그러면 당신은 중요하지 않은 사람으로 전락하고 소속을 잃는다. 이때는 아무 말도 하지 않는 것보다 개소리를 하는 편이 훨씬 낫다.

'사회적 배척social ostracism'에 대해 키플링 윌리엄스Kipling Williams가 수행한 연구는 포용되는 느낌과 소속감이 얼마나 중요한지 보여주는 대표적 예이다.³³ 연구자들은 참가자로 추정되는 사람(공모자) 2명이 실험에 함께 참가하리라 믿도록 참가자들을 유도했다. 공모자들과 참가자들에게는 둘러 앉아 잡담을 나누라고 요청했다. 바닥에는 작은 고무공 하나를 놓아두었다. 공모자 중 한 사람이 공을 집어 들어 집단에게 돌아가며 던져주기 시작했다. 그런 다음 두 공모자는 둘이서만 이야기하기 시작하고, 참가자들에게는 퉁명스럽게 말하면서 더 이상 눈도 마주치지 않고 공도 던져주지 않았다. 그러자 몇 분 지나지 않아 참가자들은 슬픔과 거부를 나타내는 비언어적 표정을 보이기 시작했다.³⁴

이런 상황을 마주하면 '신경 쓰지 않을 테야'라고 생각할지 모르겠다. 하지만 자신하지 마라. 다른 연구에서 윌리엄스는 배척에 관련된 이전 실험들을 모두 검토해봤다. 이전 실험들은 포용한다고 해서 비용을 치르는 경우도 없었고 배척한다고 해서 이익이 생기는 경우도 아니었다.³⁵ 그렇다면 포용되는 것이 돈을 잃고, 배척되는 것이 돈을 버는 상황일 때는 어떤 현상이 벌어질까? 사람들은 배척되었을 때 여전히 괴로워할까? 이러한 질문에 대한 답을 찾기 위해 윌리엄스는 배척을 "유리한 입장에 놓았다." 참가자들은 공 던지기를 컴퓨터로 시뮬레이션한 사이버볼Cyberball 게임을 했다. 이번에는 자신에게 토스된 공을 받을 때마다 돈을 잃었다. 놀랍게도 배척되어야 더 많은 돈을 버는 상황에서도 참가자들은 전혀 모르는 사람에게서 긍정적인 관심을 받지 못하는 것을 고통스러워했다.

어떤 상황에서든 무시당하고 배제되는 것은 사회적 동물인 인간에게 극도로 고통을 안긴다. 우리는 사회적 배제를 암시하는 사소한 단서에도 예민하게 반응한다. 이러한 상황을 피하기 위해 자신이 전혀 모르는 주제에 대해 대화하는 것을 자제하겠다고 선택할 수 있다. 하지만 이때는 자기 몫만큼 집단에 기여하지 못하므로 집단에서 배제당할 위험을 감수해야 한다. 다른 한편으로는 개소리를 함으로써 집단의 환심을 사는 동시에 소속감을 높이는 잠재적 이익을 얻을 수 있다. 사람들은 타인과 연결되어 있다는 인식을 유지하고, 배제되고 있다는 느낌을 피하기 위해 때로 자신이 전혀 모르는 주제에 대해 말하기도 하는데, 이때 나오는 것이 개소리다.

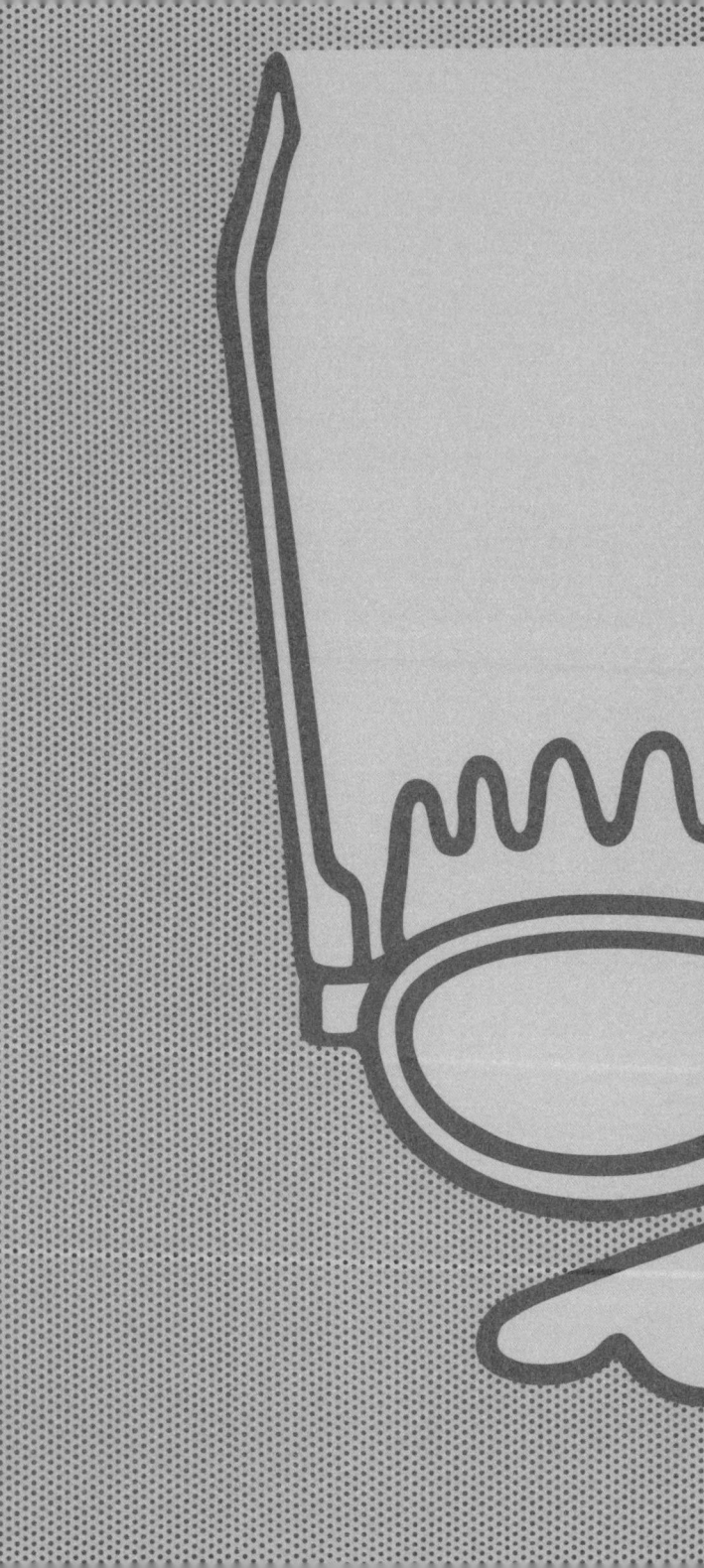

4장
거짓말쟁이에게도 신봉자는 있다

: 더글러스 비클렌,
도널드 트럼프, 디팩 초프라

매우 고약한 작가에게도 독자가 있듯, 엄청난 거짓말쟁이에게도 신봉자가 있다. 그리고 거짓말은 단 한 시간 믿음을 사도 임무를 다한 것이다. 거짓은 날개 돋친듯 빠르게 퍼지고 진실은 느릿느릿 다가온다.
- 조너선 스위프트(Jonathan Swift, 《걸리버 여행기》를 쓴 영국 풍자작가)

자폐아의 부모와 보호자는 자폐증이 정말 고약할 수 있다는 사실을 알고 있다. 자폐증은 사회적 상호작용, 의사소통, 정서 처리에 어려움을 느끼면서 제한되고 반복적인 행동을 보이는 발달장애이다. 가벼운 증상만 보이는 경우도 있고, 말하는 것을 매우 힘들어하거나 말을 전혀 하지 못하는 경우도 있다. 자폐증 진단을 받은 아이의 약 50퍼센트는 몇 단어나 몇 마디 이상으로 언어를 발달시키지 못한다. 부모들은 일상적인 대화를 하기가 어려워서 아이들의 행동을 조절하는 데 한계를 느낀다고 호소한다.[1]

열정적인 사회과학자들이 비언어적 자폐증을 수십 년간 연구해오고 있다. 시라큐스대학교 학장이었던 더글러스 비클렌Douglas Biklen 박사를 검색해보라. 비클렌은 교육, 장애 연구, 교수 및 리더십 프로그램의 문화적 토대를 전문적으로 연구했으며, 1989년 '촉진된 의사소통facilitated communication' 개념을 미국에 소개한 인물로 유명하다.

촉진된 의사소통은 훈련받은 촉진자가 비언어적 자폐인의 손을 키보드 위에 "안정시키고" 손과 팔을 "자유롭게 움직여" 메시지를 입력하도록 돕는 기술이다. 이 기술의 효용성을 확신한 비클렌은 30년 넘게 끈질기게 홍보한 끝에, 촉진된 의사소통의 유사 과학적 실천을 세계에서 가장 열심히 옹호하는 기관인 '시라큐스대학교 의사소통과포용연구소Institute on Communication and Inclusion at Syracuse University'를 이끄는 책임자가 되었다. 비클렌은 비언어적 자폐아가 촉진된 의사소통을 사용해 "내가 목소리를 적절하게 사용할 수 없기 때문에 엄마는 나를 바보라고 생각한다"처럼 자기감정을 표현한 사례를 설득력 있게 제시했다.[2]

처음에 비클렌의 기술은 비언어적 자폐증을 치료하는 주요 돌파구로서 환영과 호평을 받았다. 하지만 회의를 품은 연구자들이 기술의 내적 작용을 더욱 면밀하게 검토하기 시작했다.

촉진된 의사소통을 시험하기 위한 전형적인 실험 절차를 살펴보자. 자폐아가 기다란 테이블의 끝에 앉아 있고, 키보드와 숙련된 촉진자가 옆에 있다. 촉진자와 자폐아의 시야는 테이블의 세로를 따라 불투명 벽으로 분리되어 있어서, 실험자들은 촉진자와 아이가 눈으로 보는 장면을 조작할 수 있다. 실험자들은 테이블의 반대편 끝에 나무나 신발 등의 물체를 담은 그림 카드를 배치한다. 또 하나의 방법으로는 촉진자와 자폐아 모두 헤드폰을 쓰되 촉진자는 "나무"에 관한 녹음테이프를 들

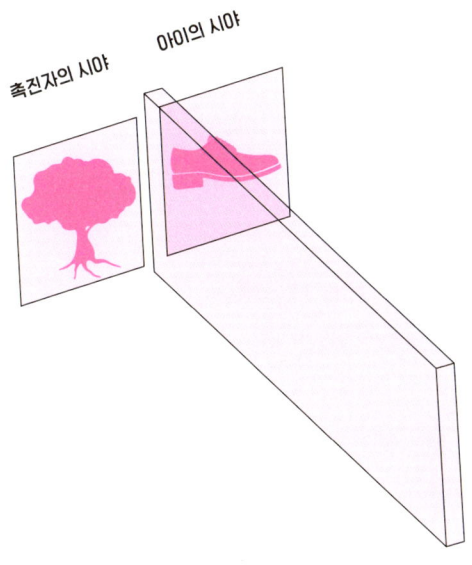

고, 아이는 "신발"에 관한 녹음테이프를 듣는다. 촉진자와 자폐아는 협력하면서 아이가 테이블 끝에서 본 장면이나 헤드폰으로 들은 내용을 타이핑한다.

    이 같은 검증 절차를 거치면 매우 큰 문제가 나타난다. 여러 차례 시도한 결과, 자폐아들이 촉진자의 도움을 받아 키보드에 "타이핑"한 대상은 아이들이 본 물체(신발)가 아니라 예외 없이 촉진자가 본 물체(나무)였다. 수백 차례 시도했지만 단 한 번도 빗나가지 않았다. 실제로 비언어적 자폐아들이 정답을 입력한 경우는 촉진자에게 보여준 그림 카드가 비언어적 자폐아에게 보여준 그림 카드와 일치했을 때뿐이었다. 따라서 촉진된

의사소통은 실패했다.[3]

어떤 연구 결과를 보더라도 촉진된 의사소통은 전혀 효과가 없었다. 하지만 놀랍게도, 비클렌과 그를 영웅으로 지지했던 수많은 부모들과 보호자들은 연구 결과를 납득하지 않았다. 비클렌은 과학적 증거를 전혀 제시하지 않고서도 수만 명을 촉진된 의사소통의 신봉자로 만들었던 것이다. 비클렌의 주장을 듣고 흥분한 부모들은 비언어적 자폐 자녀가 철자법을 기적적으로 학습하고(키보드에 손을 올려놓을 생각도 하지 않은 채로 그렇게 하기란 타이핑 훈련을 받은 사람조차 불가능한데도), 촉진자에게 도움을 받아 자기 생각을 표현할 수 있다고 믿었다.

비클렌은 촉진된 의사소통 개념을 옹호하면서 이 방법을 사용하면 비언어적 자폐인이라도 생각을 표현하고 읽고 쓰는 능력을 억제하는 둑을 허물 수 있다고 주장했다. 하지만 과학적으로 통제된 조건에서 수십 건의 연구를 실시했지만 촉진된 의사소통 방법은 통하지 않았다.

이러한 연구 결과를 대하고서도 비클렌은 원래 입장을 자신만만하게 유지했고 유사 과학에 근거한 허튼소리를 쏟아냈다. 가장 단순한 검증 연구들에 대해서는 이렇게 반박했다. "테스트에 심각한 문제가 있다고 생각한다. 첫째, 피험자들을 대립적인 상황에 몰아넣었다. 즉 피험자들에게 자기 생각을 입증하라고 강요했다. 내가 지적했듯 이 방법을 사용할 때는 자신감이 중요한 요소이다. 자신이 반응 능력을 발휘하지 못할까봐 걱정하는 경우에는 자신감을 잃고 스스로 부적절하다고 느낄

수 있다."⁴

그렇다면 현실은 어떨까? 검증 연구에 편향된 조건이 존재했다면 촉진된 의사소통이 실재한다고 입증하는 데 도움이 되는 조건들 뿐이었다. 검증 연구에서 선택된 그림 카드는 비언어적 자폐아가 매일 수업에서 경험하는 카드였고, 자폐아는 과거에 함께 학습해서 크게 "성공"을 거뒀던 촉진자와 짝을 이루었고, 자신이 출석하는 학교 환경에서 연구에 참여했다. 촉진된 의사소통이 정말 효과가 있다면 통제된 연구에서 효과를 발휘하지 않을 이유가 전혀 없었다.

그럼에도 비클렌은 주장을 굽히지 않으면서 많은 비언어적 자폐아들이 대상에 적합한 단어를 찾는 데 어려움을 겪기는 하지만 아름다운 산문과 시를 쓸 수 있다고 강조했다. 그러나 이러한 주장은 검증 연구에서 키보드로 입력한 내용이 촉진자들이 본 그림과 일치한다는 사실에 어긋날 뿐이고, 촉진된 의사소통이 효과가 있다면 발생하지 않을 것이었다.

비클렌은 다시 이렇게 밀어붙였다. "사람들이 무언가를 보여주려 시도하다가 실패하기는 매우 쉽다. 대개는 성공하기가 더욱 어렵다. 따라서 연구가 얼마나 많이 실패했느냐는 거의 문제가 되지 않는다. 우리에게는 개개인이 성공한 사례가 필요하다." 비클렌은 과학적 추론이 실제로 작용하는 방식을 이해하지 못하는 것 같다. 여기서는 촉진된 의사소통이 실패하고 있다고 입증하는 수십 건의 연구가 중요하다. 현실을 냉정하게 들여다보면 비클렌은 과학적 증거를 결코 원하지 않았다. 자신의 주장에 기꺼이 동조하는 사람들을 끌어들여서, 촉진된 의사소통이 효과가 없다고 불가항력적으로 입증하는 부정적 증거를 무시하게 했다.

촉진된 의사소통 방식을 사용해서 동의를 구하지 않고 촉진자의 단어를 비언어적 자폐아의 입에 담게 하고, 부모와 보호자에게 거짓 희망을 준다는 점을 감안할 때, 비클렌이 내세운 촉진된 의사소통은 '개소리에 꾀는 파리 지수'에서 적어도 파리 세 마리 이상을 받을 만하다.

유사 과학과 개소리를 선동하는 사람들이 자동적으로 사라지리라고는 기대할 수 없다. 사실상 촉진된 의사소통이 속임수라고 입증한 과학은 비클렌과 그가 사용한 방법에 거의 영향을 미치지 못했다. 과학의학및정신건강위원회Commission for Scientific Medicine and Mental Health와 특수교육 연구 커뮤니티가 신랄하게 비판했지만, 비클렌은 2005년 8월 시라큐스대학교 교육대학 학장으로 부임했다.[5] 비클렌은 자신의 활동 분야에서 유사 과학을 끈질기게 옹호한 행동에 따른 결과를 직면한 적이 없으며, 비언어적 자폐아와 그들의 보호자들과 계속 함께 교류하고 있다.

신봉자를 만드는 방법

자신의 개소리를 널리 알리기 위해 개소리꾼들은 다른 사람들이 사용하는 것과 같은 영향력 전술을 사용하지만 훨씬 많이 사용한다는 점에서 다르다.[6] 개소리꾼이 흔히 사용하는 전술들을 알면 개소리를 훨씬 효과적으로 탐지할 수 있다.

반증을 무시한다

고전 영화 〈12명의 성난 사람들〉을 보면 주장을 반증하는 진정한 증거에 커다란 가치를 두어야 한다는 사실을 깨달을 수 있다. 주장을 반증하는 증거는 항상 그렇지는 않더라도 주장의 반대가 사실이라고 시사하기도 한다. 1957년판 원작에서는 헨리 폰다가, 원작만큼 걸작이었던 1997년판 리메이크 영화에서는 잭 레먼이 연기한 8번 배심원이 증명했듯, 오류를 입증하는 증거는 매우 강력한 것으로 밝혀졌다. 검찰은 18세의 가난한 피고가 아버지를 칼로 찔러 살해했다고 주장했다. 판결을 내리기 위해 숙고한 배심원들은 초기에 합리적인 의심을 넘어서는 유죄라고 결정을 내렸고, 이 결정의 오류를 입증하는 단서들을 무시했다. 즉 피해자가 칼에 찔렸을 당시에 핵심 목격자가 안경을 쓰고 있지 않았고, 범행에 사용된 칼이 전혀 특이하지 않았다는 사실을 포함한 중요한 세부 사항들을 무시했다(검찰은 칼의 특이성이 유죄 추정에 추가된다고 암시했다). 또 고가 철도의 전철이 시끄러운 소리를 내고 지나갔으므로, 피고가 "당신을 죽이겠어!"라고 위협하는 소리를 들을 수 없었으리라는 점을 인식하지 못했다. 이러한 모든 세부 사항을 고려했다면, 배심원단은 자신들이 초기에 세운 가정이 틀렸다는 것을 깨달았겠지만, 8번 배심원이 나서서 주장을 반증하는 증거가 주장을 뒷받침하는 증거만큼 중요하다는 의견을 끈질기게 내세우기 전까지 모두 무시했다.

개소리꾼들은 누구라도 자신의 주장을 반증하는 증거에 초점을 맞추고 싶어 하지 않는다. 비클렌은 촉진된 의사소통의 효과를 부정하는 모든 증거를 사람들이 무시하기를 원했다. 그래서 노련한 개소리꾼들은 부정적 증거를 제거하거나 무시할 수 있는 창의적인 방법을 찾는다. 동시에 자신의 주장을 믿으려는 사람들의 동기를 이용한다. 만약 사람들에게 개소리꾼의 주장을 믿겠다는 동기가 없으면 개소리꾼은 사람들의 주의를 분산시켜 부정적 증거를 보지 못하게 하고, 일화적인 증거를 제시해 판단을 흐리게 함으로써 자연적으로 발생하는 의구심을 제거한다.

촉진된 의사소통의 효과가 의심을 받고 있는데도 전 세계 학교들은 수백만 달러를 들여 촉진자들을 꾸준히 채용하고 훈련시킨다.[7] 비언어적 자폐아를 키우는 일부 부모들은 자녀의 촉진자가 대학까지 동행할 수 있도록 비용을 지불한다. 이러한 부모, 교사, 심리치료사는 사실을 무시하기로 선택하면서, 촉진된 의사소통이 비언어적 자폐증의 정의를 바꾸는 획기적인 기술이라고 믿는다. 자폐아 자녀들이 "타이핑"하는 메시지는 많은 부모, 교사, 심리치료사에게 필요한 모든 타당성의 근거이다.[8]

반대 결과를 입증하는 증거들이 많은데도 양식 있는 사람들이 촉진된 의사소통의 효과를 믿는 것을 보면, 개소리를 믿고 싶은 경우에 개소리의 실체를 보기가 얼마나 어려운지 알 수 있다.

이야기로 사람들 마음을 움직인다

전형적으로 개소리꾼은 자신들이 좋아하는 일화적 증거를 이야기 형태로 제시한다.

- 아무래도 나는 예지력이 있나봐. 어제 할머니에 대해 생각하고 있었는데 조금 있다가 할머니가 내게 전화하셨어.
- 내가 분수에 동전을 던지면서 소원을 빌었더니 맥시가 미식축구 팀인 휴스턴 오일러스Houston Oilers에 선발되었어. 깜빡 잊고 마크를 위해서는 소원을 빌지 못했는데 마크는 아무 곳에도 선발되지 못했어. 분수에 동전을 던져 소원을 비는 것은 분명히 효과가 있다니까.
- 나는 조금도 의심하지 않고 점괘판이 진짜라고 생각해. 지난주에 남동생이 점괘판을 이용해 돌아가신 어머니와 대화했거든. 남동생은 정직해서 이야기를 꾸며대지 않아.

솔깃한 이야기는 영향력을 행사하기에 특히 효과적인 방법이다. 이야기는 적절한 데이터에 집중하지 못하도록 사람들의 주의를 분산시킬 뿐 아니라 더욱 생생하게 기억에 남는 경우도 많다. 개소리꾼이 일화를 많이 쌓을수록 그들의 개소리는 더욱 설득력을 띤다. 일화적 증거는 반대 증거가 많은데도 대

체의학 치료가 효과적이라고 사람들을 납득시킨다.[9]

대부분의 작가, 성공적인 설득자, 심리학자가 알고 있듯 참이든 거짓이든 이야기와 일화는 증거와 통계보다 훨씬 큰 영향력을 발휘한다.[10] 국제기구와 자선단체는 이러한 사실을 잘 파악하고 있다. 그래서 도움이 필요한 수천 명에 대한 통계와 사실을 제시해서 사람들을 혼란스럽게 만들지 않고, 가난한 아이 한 명을 선택해서 그 아이의 삶에 대해 구체적으로 이야기하는 방식으로 듣는 사람의 마음을 움직인다. 사람들은 신원 불명이거나 일반적이거나 "통계 속"에 존재하는 피해자보다는 신원이 확인된 특정 피해자를 훨씬 더 적극적으로 돕는다.[11]

사물의 본모습과 세상이 돌아가는 실제 방식에 대한 신념은 진정한 증거를 토대로 구축되어야 한다. 하지만 개소리꾼은 이러한 규칙에 구애받지 않는 것처럼 의사소통한다. 과학사학자이자 철저한 회의론자인 마이클 셔머 Michael Shermer 는 이렇게 말한다.

암에 걸린 메리 고모가 마르크스 형제들 Marx Brothers * 이 출연한 영화를 보거나, 거세된 닭에서 추출한 간을 먹고 어떻게 병을 극복했는지 묘사하는 이야기는 무의미하다. 일부 암 사례와 마찬가지로 암세포가 저절로 사라졌거나 진단이 잘못됐을 수 있다. (중략) 우리에게 필요한 것은 일화가 아니라 통제된 실험이다. 정확하게

● 미국 희극 영화배우 사 형제인 치코, 하포, 그루초, 제포를 가리킨다.

진단받고 제대로 조건을 갖춘 실험 대상 암 환자 100명이 필요하다. 즉 마르크스 형제가 출연하는 영화를 볼 25명, 알프레드 히치콕 영화를 볼 25명, 뉴스를 시청할 25명, 아무것도 시청하지 않을 25명이 필요하다. 우선 해당 암 유형의 평균 회복률을 빼야 하고, 집단 사이에 통계적으로 유의미한 차이를 보여주는 데이터를 분석해야 한다. 통계적으로 유의미한 차이가 있다면 기자회견을 열어 암 치료법을 찾았다고 발표하기 전에, 자신과 별개로 자체적 실험을 수행한 다른 과학자들에게 확인을 받는 것이 좋다.[12]

일화적 증거에 의존하는 방법은 편리하다. 최소한의 노력으로 주장을 입증할 수 있기 때문이다. 그러나 오로지 일화적 증거만 가지고 추론하기 때문에, 개소리꾼들이 내리는 판단에는 몇 가지 단점이 있다.[13] 개소리꾼은 자기 신념을 뒷받침하는 증거는 무엇이든 액면 그대로 받아들이는(자신이 "명중"시킨 것에 가치를 두고) 반면에 자기 신념에 거스르는 증거는 무엇이든 무시하는(자신이 "놓친" 것에 가치를 두지 않고) 경향을 보인다. 모든 사람의 주의를 분산시켜서 특별한 주장에는 특별한 증거가 있어야 한다는 사실을 생각하지 못하게 만들고, 몇 가지 관찰에 근거해 대담한 가정을 내리고 싶어 한다. 그리고 아마도 통계학 교수들이 가장 실망할 사실일 텐데, 개소리꾼들은 수탉 울음소리와 일출처럼 대상 사이에서 관찰된 관계(상호관계)를 하나가 다른 하나를 발생시키는 개념(인과관계)과 결합시킨다.

가짜 심오함을 팔기

이 사람은 카리스마를 타고났고 뛰어난 발표 기술을 지녔다. 만다린 칼라 양복을 입고 영화 〈슈퍼맨〉의 주인공인 클라크 켄트가 쓴 것과 같은 모양의 모조 다이아몬드를 박은 안경테를 쓰고, 강한 인도 억양이 밴 말투를 사용한다. 바로 디팩 초프라Deepak Chopra이다. 그는 뉴에이지 운동New Age Movement*을 이끄는 저명한 인물이며 책과 영상을 기반으로 대체의학 분야에서 유명세와 부를 구축했다. 내과와 내분비학 분야에서 교육을 받았지만 "완벽한 건강"과 초월 명상의 권위자로 자처하며, 자신이 쓴 자기계발서들에 대해 1993년 〈오프라 윈프리 쇼〉에서 인터뷰를 하고 나서 큰 인기를 얻었다. 사유의 깊이 면에서 디팩 초프라와 어깨를 나란히 할 사람은 아무도 없다. 다음 트윗을 읽어보자.[14]

디팩 초프라
@DeepakChopra

존재의 목적은 존재를 인식하는 것이다. 존재의 목적은 표현의 최대 다양성과 창의성으로 자연스럽게 진화한다. 나와 내 것은 허구이다. 현실만이 순수한 인식이다. 나머지는 모두 감각이고 이미지이고 느낌이고 생각이다. 모든 이야기는 꾸며낸 것이다.

● 기존의 전통적 질서를 거부하고 초자연을 신봉하며 환경, 종교, 의료, 문화 등에서 인간 중심의 새로운 질서를 추구하는 운동

무슨 뜻으로 읽히는가? 지극히 심오해서 솔직히 나는 무슨 뜻인지 짐작조차 하지 못하겠다.

디팩은 유명인사가 되고 나서 '가짜 심오함 pseudo-profundity'을 조장하고 있다. 가짜로 심오한 언어는 과장, 애매모호한 언급, 내부 전문 용어, 유행어, 어느 누구도 이해할 수 없는 개념을 알고 있는 척 말하는 고압적인 태도 등을 통해 의미를 의도적으로 불명료하게 전달한다.

디팩은 사람이 완전한 건강에 도달할 수 있고, 질병·고통·노화에서 자유로워질 수 있다고 믿는다. "양자역학적 신체 quantum mechanical body" 개념을 내세우면서 신체는 물질이 아니라 에너지와 정보로 이루어져 있다고 강조한다. 또 사람은 정신으로 만성질환을 예방할 수 있다고 믿으면서 그 이유를 설명한다. "인간의 노화는 유동적이고 변화 가능하다. 속도가 빨라질 수도, 늦어질 수도, 잠시 멈출 수도 있으며 심지어 역전될 수도 있다."[15]

심리학자 고든 페니쿡 Gordon Pennycook 과 동료들은 가짜로 심오한 개소리의 수용과 탐지를 연구하고 2015년 논문을 발표했다. 그들은 설문 응답자들에게 다양한 인용문을 읽고 그 심오한 정도를 평가하라고 요청했다. 인용문 중에는 인위적으로 만들어낸 문장도 있었고, 일부는 가짜 심오함으로 포장된 발언이 워낙 많은 디팩의 트윗에서 직접 인용했다. 충분히 예상할 수 있듯, 페니쿡과 동료들은 알고리즘이 만든 인용문에서 인지된 심오함과 디팩의 트윗에서 인지된 심오함 사이에서 차이를 거

의 찾지 못했다.[16]

　심지어 매우 무분별한 개소리(예를 들어, "매일 부딪히는 현실은 의식이 투영한 꿈 같은 전경이다.")라도 가짜 심오함으로 포장한 경우에는 심오한 말과 혼동을 일으킬 수 있다.[17] 하지만 디팩의 주장이 가짜로 심오한 것은 아무리 머리를 쥐어짜도 무슨 뜻인지 갈피를 잡을 수 없기 때문이 아니다. 참이든 거짓이든 반대로 뒤집었을 때 전혀 차이가 없기 때문이다.

　철학자 G.A. 코헨은 애매하게 들리는 진술이 어떨 때 개소리인지 편리하게 판단할 수 있는 실험을 제시했다.[18] '불분명한 애매성 unclarifiable unclarity'으로 불리는 이 실험에서는 '이 주장이 뒤집히면 다른 영향을 미칠까요?'라고 묻는다. "숨겨진 의미는 비교할 수 없을 만큼 추상적인 아름다움을 변형시킨다"라는 주장에 대해 생각해보자. 만약 반대 주장, 즉 "'노출된 의미'는 비교할 수 없을 만큼 추상적인 아름다움을 변형시킨다"가 실체에 다른 영향을 미친다면 원래 주장은 가짜로 심오한 개소리가 아니다. 하지만 주장과 반대 주장이 미치는 영향 사이에 전혀 차이가 없다면 원래 주장은 가짜로 심오한 개소리다. 가짜로 심오한 개소리는 알맹이 없고 혼란스러운 유행어를 포함하는 방식으로 뜻을 모호하게 만들고, 사람들이 허튼소리에 아무 의미나 부여해 공백을 메우도록 유도한다. 그래서 디팩의 말은 탁월한 것처럼 들린다.

　가짜로 심오한 비유는 비즈니스 세계에서 사용하는 전문 용어에 흔히 등장한다. 예를 들어, "거미는 머리를 자르면 죽는다"는 전통적 조직의 하향식 경영구조를 가리키고, "불가사리 다리를 자르면 새 다리가 자라난다"는 시장의 요구에 변화하고 성장하는 날렵한 기업을 일컫는다.[19] 거미와 불가사리를 사용한 표현이 멋지지 않은가! 비유를 적절히 사용하면 설득력 있게 요점을 말하거나 추상적 개념을 명확하게 부각시킬 수 있지만, 매우 단순한 대상을 묘사하면서 모호한 전문 용어를 고집스럽게 사용하는 것은 개소리라는 상당히 확실한 신호이다.[20]

'전쟁은 평화이다, 자유는 노예이다, 무지는 힘이다'처럼 상반된 단어와 진부한 상투어는 가짜로 심오한 개소리꾼들이 만만하게 써먹는 수법이다.[21] 이처럼 기만적이고 조직적인 언어를 사용하는 개소리는 심오하면서 탈 근대적으로 들린다. 개소리꾼은 자신의 주장이 틀렸다는 증거에 맞닥뜨렸을 때, 모호한 언어를 써서 사람들이 생각하는 것과 다른 뜻으로 말한 것처럼 행동한다. 자신의 주장이 몇 가지로 해석될 수 있다는 점을 알고 있기 때문이다.

어떤 사람이 가짜 심오함을 사용해 말하는지 판단하는 또 하나의 확실한 방법은 무슨 뜻으로 말하고 있는지 명확히 밝혀달라고 요청하는 것이다. "그러니까, '경찰에 대한 예산을 삭감하라는 뜻이군요.' 그 말은 어떤 의미인가요? 실제로 실행하면 어떤 현상이 벌어질까요? 실행 계획을 말해주시죠. 계획이 실현 가능한지 어떻게 알 수 있을까요?" 학자들과 진지한 사법제도 개혁 운동가들이 이러한 질문에 반응하는 방식과, 트위터에 올라온 글을 맹목적으로 옹호하는 사람들이 반응하는 방식은 극명하게 다를 것이다. 말의 의미를 명확히 밝혀달라고 요청하는 것은 개소리에 대항할 수 있는 효과적인 방법이다.

개소리꾼에게 무슨 뜻으로 말하는지 명백히 밝혀달라고 요청할 때는 개소리꾼의 대답에 주의 깊게 귀를 기울여야 한다. 개소리꾼은 자신의 주장에 이의나 반증이 제기될 경우에는 종종 '의미론적 골대를 옮긴다.'[22] 예를 들어, 디팩은 파격적인 "양자 치유 가설quantum healing hypothesis"을 주장한 것으로 유명하다. 개인은 시각화, 명상, 일기 쓰기, 여행, 요가 연습, "자아 인식" 개발을 수단으로 주관적 행복과 삶의 만족에 도달할 수 있다는 개념이다.[23] 디팩에 따르면, 이때 해야 하는 일은 자신이 그랬듯 양자역학 원칙을 이용하는 것뿐이며, 그렇게 하면 노화를 포함해 모든 질병을 치유하는 수준에 도달할 것이다. 따라서 사람들은 자신을 구성하는 분자가 그렇게 할 수 있도록 생각하고 "의지"를 발휘해야 한다. 더 나아가 디팩은 자신이 물리학 원리를 이해하고 있다고 비과학자들을 믿게 하기 위해 기술적인 용어를 많이 사용한다.[24] 하지만 생태학자이자 진화생물학자인 리처드 도킨스Richard Dawkins에게 양자물리학이 자신의 의식 이론에 어떻게 적용되느냐는 질문을 받자, 디팩은 의미론적 골대를 옮기면서, '양자물리학'이라는 용어를 은유로 사용했을 뿐 자신의 이론은 양자 이론과 실제로는 거의 관련이 없다고 에둘러 말했다.[25]

가짜 심오함에는 중대한 문제가 두 가지 있다. 첫째, 가짜 심오함은 거의 모든 말이나 개념에 담긴 진정한 의미를 가린다. 개소리꾼은 가식적이고 성가신데도 가짜 심오함을 구사한다. 사람들이 가짜 심오함을 전문가가 메시지·목표·방향에 대해 깊고 명쾌하게 사고한 결과로 인식하는 경우가 많기 때문이다. '소칼의 날조 논문 Sokal Hoax Article'이 좋은 예다.[26] 런던대학교의 수학과 교수이자 뉴욕대학교 물리학과 교수인 앨런 소칼Alan Sokal은 포스트모더니즘 문화를 연구하는 학문에 불만을 품었다. 그래서 "경계를 넘어서: 양자 중력의 변형적 해석을 지향하며Transgressing the Boundaries: Towards a Transformative Hermeneutics of Quantum Gravity"라는 제목으로 《소셜텍스트Social Text》에 논문을 제출하는 방식으로 해당 분야의 지적 엄격성을 시험하기로 결심했다. 《소셜텍스트》는 포스트모더니즘 문화를 연구하는 권위 있는 학술지이고, 편집진에는 프레드릭 제임슨Fredric Jameson과 앤드루 로스Andrew Ross 같은 권위자들까지 포진해 있었다. 그때까지 편집자들에게 알려지지 않은 소칼의 원고는 사실상 날조된 것이었다. 관련 문헌을 합성해 작성한 것처럼 보였지만 실제로는 사이비과학에 근거한 허튼소리로 가득했다. 소칼은 완전히 무의미한 말을 남발해 논문을 써서 주요 문화 연구 학술지에 게재할 수 있도록 승인을 받았다. 소칼은 편집자들의 이념적 선입견에 찬사를 보내고, 논문을 듣기 좋게 포장했을 뿐이었다.[27] 결국 논문은 학술지에 실렸다. 《소셜텍스트》의 편집자들은 진짜 이론과 소칼이 조작한 개소리를 구별할 수 없었던 것이다. 자신들이 학술지에 발표하는 가짜로 심오한 다른 논문들만큼이나 타당하게 들렸기 때문이다.

둘째, 가짜 심오함은 종종 증거처럼 들리기 때문에 진정한 본질을 감추면서 그럴듯하다는 인식을 증가시키는 경향을 보인다. 디팩은 〈오프라 윈프리 쇼〉에 처음 출연했을 때 "마음의 힘"을 이용하면 물체를 움직일 수 있다고 주장했다. 먼저 끝에 작은 금속 추를 매단 끈을 쥐고, 손이나 팔을 움직이지 않고 마음으로 추에 의지를 부여해 끈을 움직여보라고 오프라에게 말했다. 그러자 몇 분 안에 금속 추가 앞뒤로 움직이기 시작했다. 디팩은 이렇게 설명했다.

> 보셨죠? 당신이 거는 기대가 결과를 결정합니다. 또 연연하지 않는 한 결과는 반드시 찾아옵니다. 우리가 성취할 때마다 그 욕망이 무엇이든지 특정 상황들이 벌어집니다. 이것은 몸에 있는 모든 세포가 당신의 내적 대화를 엿듣고 있다는 살아 있는 증거입니다. 그러니 자신의 내적 대화를 바꾸면 모든 세포의 화학작용, 즉 근본적인 화학작용에 영향을 줄 수 있습니다.

디팩이 보인 실연은 그다지 신기한 것이 아니었다. 끈의 아래쪽에 달린 추가 미동도 하지 않기는 불가능하다는 점은 접어두고라도 오프라는 줄을 들고 있는 동안 숨을 쉬고 있었고 팔과 손목도 살짝씩 계속 움직였다. 게다가 이 현상에 대한 디팩의 설명은 완전히 과녁을 벗어났다. 추가 움직인 것은 매우 자연스러운 '관념운동 효과 ideomotor effect'[*]의 결과로서, 관념운동 효과란 단순히 생각이나 정신적 제안이 종종 인식의 범위를 벗어나 미묘한 근육 반응을 일으키는 것을 가리킨다.[28] 신체는 행동으로 옮기겠다고 의식적으로 결정하지 않더라도 생각에 자동적이고 반사적으로 반응할 수 있다. 우리가 매우 뜨거운 물체를 만졌을 때 타는 것 같은 감각을 느끼기 전에 반사적으로 손을 떼는 것과 마찬가지 원리이다. 관념운동 효과는 촉진된 의사소통과 점괘판의 사례에도 적용된다.

관념운동 효과를 경험하고 싶다면 눈을 감고 새콤한 레몬을 상상해보자. 노란 과육과 레몬 향을 머리에 떠올린다. 그런 다음 레몬 조각 하나를 입속에 넣는다고 생각한다. 레몬의 새콤함을 맛본다. 입에 침이 고이기 시작하는가? 그렇다면 몸과 마음 사이에 작용하는 관념운동 효과를 경험한 것이다.

디팩의 속임수를 집에서도 시도해볼 수 있다. 반지나 펜던트처럼 얼마간 무게가 있는 작은 물체를 찾아서 약 40센티미터 길이의 끈에 매단다. 위에서 끈을 잡고 물체를 자연스럽게 늘어뜨린다. 팔과 손은 몸에서 멀리 떨어뜨린다. 이제 눈을 감고 아주 가만히 있으려고 노력한다. 추가 좌우로 천천히 부드럽게 움직이기 시작한다고 상상한다. 이 광경을 머릿속으로 생생하게 그려본다. 의도적으로 몸을 움직이거나 줄을 잡고 있는 손을 의식하지 말고, 흔들리는 추의 이미지에 최대한 강하게 초점을 맞춘다. 추의 움직임이 더욱 커지는 장면을 시각화한다.[29] 2~3분 후에 눈을 뜨고 추를 보라. 머릿속으로 상상한 것처럼

● 무의식중에 보고 들은 것이 행동에 영향을 준다는 이론

추가 좌우로 흔들리는 광경을 목격할 공산이 크다.

관념운동 반응을 이끌어내기는 매우 쉽다. 상상한 움직임은 실제 움직임으로 바뀔 수 있다. 생명이 없는 물체를 어떻게든 자유롭게 움직일 수 있다고 믿는 것은 상당히 유혹적인 발상이다. 이 때문에 나는 디팩이나 오프라가 움직임을 꾸며냈다고는 생각하지 않는다. 하지만 진실을 무시하고 가짜로 심오한 헛소리를 꾸준히 지지하는 것은 위험한 태도이다. 성급하게 결론을 내리고, 과학과 이성을 거부하는 태도를 조장할 뿐 아니라 자신이 믿고 싶은 것을 무엇이든 믿도록 조장하기 때문이다.

디팩은 자신이 첨단과학, 건강과 웰빙, 초자연적인 대상에 대해 신비한 지식을 지녔다고 주장해서 많은 추종자를 모았다.[30] 그는 도전받을까봐 두려워하지 않고 무슨 말이든 했다. 일단 자극적이고 과학적으로 들리기만 하면, 의식과 양자역학에 관한 연구 결과를 혼합하고 조화시키는 방식은 통한다. 디팩은 이 점을 파악해 사람들의 희망과 두려움을 이용하고, 극소수의 사람들이 이해하는 개념에 대해 권위 있게 언급하고, 다양한 연구 분야의 언어를 오용한다. 자기 이익을 확보하기 위해 전문가 이미지를 활용하면서 "의식과 우주 사이의 연결"을 대중에게 주입시키는 것으로 악명이 높다.[31]

나는 솔직히 디팩의 개소리를 이해할 수 있다고는 말할 수 없지만 비즈니스 세계에서 종종 목격되는 미묘한 형태의 가짜 심오함은 좀 더 자신 있게 해석할 수 있다.

2000년 우리 엔론Enron이 거둔 실적은 어떤 기준으로 보더라도 성공적이었습니다. 엔론은 경쟁에서 계속 앞서갔을 뿐 아니라 각 주요 사업에서 확고하게 선도적 지위를 차지했기 때문입니다. 원래 보유하고 있거나 계약을 체결해 접근할 수 있는 전략적 자산을 연결한 막강한 네트워크를 토대로, 우리는 광범위한 물류 솔루션을 확실하게 제공할 수 있는 유연성과 속도를 더욱 증가시킬 수 있습니다. 또 가격과 서비스 측면에서 이점으로 작용하는 탁월한 유동성과 시장 창출 능력을 갖췄습니다. 우리 엔론은 자산 기반 파이프라인과 동력 생산 기업에서 벗어나, 잘 확립된 비즈니스 접근 방식과 혁신적인 직원들이 최대 자산인 마케팅 및 물류 기업으로 변모하고 있습니다.

이 글은 엔론 회장인 케네스 레이Kenneth L. Lay와 사장이자 CEO인 제프리 스킬링Jeffrey K. Skilling이 2002년 주주들에게 보낸 마지막 편지의 일부이다.[32] 구매 설득, 이메일, 기업 웹사이트에 사용하기 적절한 표현으로 간주되는 이 글은 이해할 수 없는 '기업의 헛소리corporate gibberish'를 잘 보여주는 예이다. 두 사람은 애매하고 모호한 언어를 쏟아내면서, 입증되지 않은 주장을 펼친다. 간단한 컴퓨터 알고리즘을 사용하면 많은 온라인 헛소리 생성기 중 하나를 통해 이 같은 기업의 헛소리를 생성할 수 있고, 이때 생성되는 헛소리는 진정한 발언과 거의 구별되지 않는다.[33]

딜로이트 컨설팅에 근무하는 동안 브라이언 퓨저Brian Fugere

와 동료들은 미국 기업들이 사용하는 개소리 단어들을 가려내기 위해 간단한 대회를 개최했다.[34] 2주를 넘지 않은 기간 동안 자사 기업 네트워크에 속한 사람들에게 받은 단어는 1만 개에 가까웠다. 개중에는 지어낸 단어(예: 상상자envisioneer), 맥락을 벗어나서 사용되는 실제 단어(예: 오프라인으로 이야기하자let's talk off-line, 맥락을 무시하고out-of-context), 남용되거나 오용된 실제 단어(예: 글로벌global), 무의미한 방식으로 결합된 실제 단어(예: 지식 자본knowledge capital, 생각 도구thoughtware) 등이 포함되었다. 가장 많이 제출된 단어는 레버리지leverage, 가치 부가value add, 대역폭bandwidth, 접촉하다touch base, 장려하다incentivize, 동반상승 효과synergy, 상생win-win 등이었다.[35]

아마도 사람들은 생활하면서 이러한 단어들을 이따금씩 사용할 것이다. 그렇다고 자동적으로 개소리꾼이 되지는 않는다. 개소리꾼을 특징짓는 속성은 온갖 종류의 맥락에서 빈번하게 기업 헛소리를 사용하는 것이다.[36] 예를 들어, 사무실은 물론이고 저녁식사 자리와 공원에서도 직접적인 말인 '사용' 대신에 '레버리지'라는 말을 쓴다(예: 우리는 신규 구매자에게 인센티브를 제공하기 위해 지식 자본을 레버리지할 수 있습니다).[37]

기업 헛소리가 유발하는 주요 문제는 달갑지 않은 방식으로 사고와 의사결정에 영향을 미칠 수 있다는 것이다. 기업 헛소리에 만성적으로 의존하는 사람들은, 실천보다 약속을 많이 하며 최신판 성격 "예측 지수" 운운하는 무능한 컨설턴트에게 돈을 지불하는 사람들과 같은 부류에 속한다.[38] 또 실제로 도움을 받을 필요가 없는 업무를 처리하기 위해(예: 성과 관리자, 행사 진행자, 리더십 코치나 컨설턴트) 다른 사람에게 돈을 지불하는 사람들과 같은 부류이다.³⁹

권위라는 환상 이용하기

바버라 애로스미스-영은 학습장애 분야에서 세계 최고의 권위자처럼 말하면서 자신의 일화적 경험과 과학을 이용해 겉보기에 정통한 것처럼 개념을 명쾌하게 전달한다. 그녀는 자신이 이끄는 프로그램이 학습장애를 지닌 아이들과 성인들을 도와서 "뇌를 더욱 강하게 구축하고" "새로운 현실을 창조하고" "자신의 미래를 변화"시킬 수 있도록 설계되었다고 설명한다.[40] 자신의 저서인 《매일매일 성장하는 뇌》에서 자세히 소개했듯, 스스로 학습장애를 극복했으므로 심각한 학습장애를 지닌 사람들도 어려움을 극복할 수 있다고 주장한다. 그러면서 19개의 학습 기능 장애 영역에 속한다고 추정되는 인지 기술 19가지를 연습하면 된다고 말한다. 자신이 만든 프로그램에서만 유일하게 제공하는 훈련을 연간 2만 4000달러를 지불하고 받으면 '신경 가소성neuroplasticity'을 증진시킬 수 있으므로 성인 뇌를 생리적으로도 기능적으로도 바꿀 수 있다고 강조한다.[41]

애로스미스-영이 자신의 프로그램을 설명하며 펼치는 기적적인 주장에 내포된 문제는 기존 과학 지식으로 입증되지 않는다는 것이다. 실제로 어떤 통제된 연구를 살펴보더라도 애로스미스 프로그램에서 제공하는 연습을 했을 때 학습 기능 장애 영역이 향상된 사례를 찾아볼 수 없다.

애로스미스-영은 프로그램의 효과를 뒷받침하는 증거 대신 거의 전적으로 자기 경험만 언급하면서, 자신이 대학 학부에서 아동학을, 대학원에서 교육심리학을 전공했다고만 되풀이해서 말한다. 그녀가 순수한 신경심리학자나 과학자가 아니라는 점에는 신경을 끄자. 애로스미스-영은 학습장애 분야에서 세계 최고 권위자처럼 보이게끔 행동했다. 대부분의 사람들이 이해하지 못하는 개념을 언급한 데다가 알렉산드르 로마노비치 루리야Alexander Romanovich Luria•가 쓴 교과서 내용을 크게 떠벌려서 자신을 전문가로 과대 포장했다. 또 동물의 신경 가소성을 연구해서 동물의 뇌가 일생 동안 바뀔 수 있다고 밝힌 심리학자 마크 로젠츠바이크Mark Rosenzweig의 연구에서 영감을 받아서 프로그램을 개발했다고 사람들에게 인식시켰다. 하지만 이것은 눈 가리고 아웅 하는 식의 속임수일 뿐이다. 자신이 고안한 인지 프로그램이 신경 가소성을 촉진한다는 주장을 뒷받침하는 재현 가능한 증거가 전혀 없다는 사실을 대중이 눈치채지 못하도록 주의를 딴 곳으로 돌리려는 것이다.

애로스미스-영 같은 개소리꾼들은 다른 "전문가"들의 이름을 들먹여서 자신의 신뢰성을 강화함으로써 사람들을 혼란

• 현대 신경심리학적 평가의 아버지로 인정받고 있는 러시아 신경심리학자

스럽게 만든다. 신뢰성은 정확하고 진실한 정보를 제공하는 능력과 동기를 뜻한다. 화자는 자신의 전문성과 신용을 입증하는 경우에 신뢰할 수 있는 인물로 여겨진다. 신뢰성은 설득과 태도 변화에 관한 연구에서 오랫동안 다룬 주제였고, 신뢰성이 큰 사람이 하는 말은 신뢰성이 작은 사람보다 더욱 설득력을 발휘한다는 것이 일반적인 결과이다.[42] 개소리꾼은 이력서에 자신의 기술을 과대 선전하는 방식으로, 예를 들어 2시간짜리 온라인 영상을 봤을 뿐인데 심폐소생술 교육을 이수한 것처럼 포장하는 방식으로 자격을 부풀린다.

또 개소리꾼은 자신에게 있는 합법적인 자격 증명을 통과의례 자격증으로 사용해 모든 것에 대해 개소리를 하고 사람들이 그 개소리를 믿기를 기대한다(애석하게도 믿는 사람이 많다). 《진짜 자기애 길잡이The Real Self Love Handbook》, 《페닝턴 플랜The Pennington Plan》의 저자인 앤드리아 페닝턴Andrea Pennington이 좋은 예이다. 페닝턴은 최신 유행을 따라 다음 다섯 가지 단계를 밟으며 경력을 발 빠르게 추구해나갔다. (1) 고급 교육 학위를 취득한다. (2) 책 몇 권을 읽는다(자신이 쓰려는 것과 비슷한 돌팔이 책을 읽는다). (3) 책을 한두 권 직접 쓴다. (4) 책을 팔기 위해 초호화판 웹 사이트를 만든다. (5) 책을 홍보하기 위해 진부한 자기계발용 테드 강연을 한다. 이러한 방식을 따르면 초대 강사에게 수천 달러 가치를 부여하는 신뢰성이라는 환상이 형성된다.

페닝턴은 세인트루이스워싱턴대학교에서 의학 박사학위

를 받았지만 펍메드PubMed를 검색해보면 연구에 기여한 적이 없다. 기존 의학 지식을 수정하거나 확장하는 데 전혀 기여하지 않은 사람이 지금껏 알려지지 않은 새로운 건강 지식을 발견했다고 주장할 수 있을까?

자신이 장수와 노화 관리 의학 분야에서 전문가라고 주장하고, 전통 대체의학을 불신하고, 침술을 의심하고, 의학 연구에 기여한 정도보다 〈오프라 윈프리 쇼〉와 〈닥터 오즈 쇼〉에 초대 손님으로 더 많이 출연하는 사람이라면 그가 누구든 첨단 의학 발전을 이끄는 선구자일 것 같지는 않다.[43] 페닝턴은 여태껏 읽을 수 없었던 새로운 지식을 알려주기보다는 〈코스모폴리탄〉과 〈우먼스데이〉의 최신호에서 오히려 제2의 디팩 초프라로 부상할 가능성이 더 크다.

개소리꾼에게는 "대체 어떻게 이러한 생각을 하게 되었나요?"라고 물어야 한다. 하지만 개소리꾼은 이러한 질문을 미리 예상하고, 신뢰성에 대한 환상을 만들어내면서 합리적으로 들리는 대답으로 무장한다(예를 들어 "하버드 의과대학에서 실행한 연구가 있었습니다."). 개소리꾼이 이렇게 행동하는 이유는 신뢰성이 주로 능력을 가리키기 때문이다. 하지만 개소리꾼이 신뢰성에 호소하는 것은 환상에 불과할 때가 많다. 디팩 초프라는 여기서도 어김없이 사례를 제공한다. 디팩은 1993년 〈오프라 윈프리 쇼〉에 출연해서 좋아하지 않는 사람과 절대 식사를 함께 하지 말아야 한다고 주장했다. "의식 상태가 음식의 대사 작용에 영향을 미치기 때문이죠. 우리가 섭취하는 것은 음식만이 아니에요. 음식을 섭취할 당시에 관심사가 무엇인지, 의식하는 것이 무엇인지, 감정 상태가 어떠한지가 음식의 대사 작용에 적절하거나 부적절한 경로로 영향을 미칩니다."⁴⁴

디팩은 겉보기에 신뢰할 수 있는 출처를 제공할 수 있으면 자신의 기적 같은 주장을 듣고 청중이 더욱 만족하리라는 사실을 기억해냈다. "오하이오주립대학교에서 토끼에게 콜레스테롤이 매우 높은 먹이를 주는 연구를 실시했습니다. 그런데 놀랍게도 토끼 한 무리의 콜레스테롤 수치가 전혀 높아지지 않았죠. 얼마 후에 연구자들은 조수가 토끼를 쓰다듬고 토닥여주고 입을 맞추고 나서 고콜레스테롤 먹이를 주었다는 사실을 발견했습니다. 행복을 느끼는 경험을 하자 토끼의 뇌와 몸 안에 화학물질이 만들어지면서 콜레스테롤을 완전히 다른 신진대사 경로로 돌렸고, 이로써 인간 문명사의 최대 사망 원인에 영향을 미쳤던 것이죠."

흥미롭게도 디팩이 언급한 "연구"는 출처를 알 수 없이 널리 퍼져 있는 괴담에 가깝다. 이렇게 주장하는 과학적 연구는 어디에도 없다. 실제로 접촉 요법˙은 아홉 살짜리 에밀리 로사 Emily Rosa가 초등학교 4학년 때 실시한 과학 프로젝트를 포함해 몇 가지 간단한 시연을 거치면서 오래전에 신뢰를 잃었다.⁴⁵ 누군가가 "이에 관해 실행된 연구가 있었습니다"라고 말한다면 "자세한 것은 모릅니다. 그리고 관심도 없습니다. 연구 결과가

● 접촉법을 이용해 치료 효과를 얻으려는 대체의학의 한 종류이다.

내 주장과 맞아떨어진다고 상상하는 편이 더 좋기 때문입니다" 라는 뜻일 때가 많다.

캐릭터 구축과 저격

개소리꾼은 자신의 자격 증명을 과장하는 데 그치지 않고 자신을 지지하는 사람들을 내세우고, 자신을 지지하지 않는 사람들을 의심하고 비난하는 접근 방식을 아무런 근거 없이 사용한다. 개소리꾼과 그들의 주장에 동의하는 사람들만 말뜻을 알아듣는다고 포장하기 위해서다.

도널드 트럼프 대통령은 자신이 신임하는 스티브 배넌 Steve Bannon을 대통령 수석 고문이자 백악관 수석 전략가로 임명하면서 이렇게 언급했다. "나는 스티브 배넌을 오랫동안 알고 지냈습니다. 그가 인종차별주의자이거나 알트라이트파 alt-right● 이거나 우리가 사용할 수 있는 어떤 용어에 해당하는 사람이라고 생각했다면 그를 영입할 생각은 꿈에도 하지 않았을 것입니다."⁴⁶ 트럼프 대통령 편에 서서 자주 발언했던 선거대책본부장 켈리앤 콘웨이 Kellyanne Conway 는 이렇게 설명했다. "스티브 배넌은 조지타운대와 하버드대 경영학 석사 출신이고, 전직 해군 장교이며, 골드만삭스에서 부회장을 역임했습니다. 뛰어

● 극단적 백인 우월주의를 기반으로 형성된 미국 온라인 보수 세력

난 전술가로서 선거 캠페인 현장을 총지휘해 성공적으로 이끌었으며 도널드 트럼프 후임 대통령을 매우 잘 보좌하고 있습니다."[47] 하지만 트럼프는 더 이상 스티브 배넌을 좋아하지 않았으므로 7개월 후에 해고하면서 이렇게 언급했다. "스티브는 해고되었을 때 직업뿐 아니라 제정신도 함께 잃었습니다. 이제 그는 홀로 서야 하고, 승리는 내 덕분에 수월해 보인 것과 달리 쉽게 얻어지지 않는다는 사실을 배우고 있습니다. (중략) 스티브는 공화당이 30년 넘게 지켜온 앨라배마주 상원의원 자리 하나를 잃은 것에 대해 전적으로 책임을 져야 합니다. 그는 내 지지기반을 대변하지 않고, 오직 자신만을 위해 행동했을 뿐입니다."[48] 트럼프 대통령은 2018년 4월 자신이 신임하는 존 볼턴 John Bolton을 국가안전보장담당 대통령 보좌관으로 임명하면서 "볼턴은 아주 멋진 사람입니다"라고 언급했고, 1년 후에는 "존 볼턴은 일을 매우 잘하고 있습니다"라고 말했다. 하지만 5개월이 지나 더 이상 볼턴을 신임하지 않자 자기 행정부를 위협한다고 비난하기 시작했고, 트위터에서 "군부 매파"라고 지칭하며 볼턴의 평판을 깎아내리고 곧 출간될 그의 책을 언급하며 "비열하고 거짓투성이"라고 주장했다.[49] 그리고 오마로사 매니골트 Omarosa Manigault를 여전히 총애해서 대외협력국 공보국장직에 임명하면서 이렇게 말했다. "오마로사는 실제로 매우 좋은 사람입니다. 대단히 훌륭한 사람이고 목사입니다." 하지만 오마로사가 트럼프 행정부 시절을 다룬 책을 발표하자 트럼프는 더 이상 그녀를 총애하지 않고 "역겹고 더러운 입"을 가졌고,

책을 써서 "푼돈 몇 푼"을 벌려 한다며 비난했다. 그러면서 이렇게 트윗을 달았다. "나는 비밀유지 협정 위반을 근거로 여러 사람을 고소하고 있다. (중략) 오마로사가 모든 사람에게 미움을 받고 있는데도 나는 그녀에게 모든 기회를 주었다. (중략) 내가 그렇게 기회를 준 사람은 그녀 말고도 많다!"[50]

트럼프 대통령의 캐릭터 구축과 저격 전술은 진정한 증거에 뿌리를 내리고 있지 않은 탓에 간단하게 사용할 수 있다. 트럼프는 특정 인물을 좋아하는 경우에는 그들의 인격을 선전하고, 최고의 단어를 사용해 긍정적으로 언급한다.[51] 하지만 같은 사람이라도 더 이상 자신이 좋아하지 않고, 자신의 정책이나 방법을 반대했기 때문에 해고한 경우에는 절대 호의적으로 말하지 않는다.

이와 관련해 개소리꾼은 '허수아비 기법 straw man technique'을 사용해 비판자의 "입장"을 간접적으로 공격한다. 허수아비 기법은 상대방의 주장이나 입장을 왜곡하거나 지나치게 단순화한 방식으로 잘못 묘사한 다음에 그 잘못된 묘사를 강하게 공격하는 것이다.[52] 정치 개소리꾼들이 "일부 사람들의 말을 들어 보면"이라며 말을 시작할 때는 거의 틀림없이 미사여구를 써서 응수하려는 것이다. 이 방법은 대개 "반대편 정당"을 비난할 때 사용한다. 다른 사람들이 옹호하는 개념을 서술하는 경우에 정치 개소리꾼은 중요하고 미묘한 의미 차이를 자주 생략하거나, 상대방의 실제적인 입장과 다른 극단적인 입장으로 대체한다. 그러고 난 후에 "글쎄요, 나는 강력하게 반대합니다"라고 말하면서 자신이 만든 비동등한 명제, 즉 허수아비를 자기 편의에 맞게 쓰러뜨린다. 예를 들어, 조지 부시 대통령은 테러리스트들과 싸우게 되자 "내게는 테러리스트들과 협상할 수 없다는 사실을 이해하는 의회 의원들이 필요합니다"라고 말했고, 당시 존 케리John Kerry 상원의원의 입장을 왜곡해 공격하면서 알카에다와 대화하는 정책을 민주당이 지지한다고 암시했다. 이와 비슷한 예로 버락 오바마 대통령은 자신이 가장 내세우고 싶어 하는 두 허수아비인 워싱턴 정계와 월스트리트를 거론하며 이렇게 말했다. "워싱턴과 월스트리트에서 활동하는 일부 인사들이 위정자인 우리가 당면 문제들을 해결하는 데 집중해야 한다고 강조하는 것을 알고 있습니다. 내가 어떤 문제를 언제 직면할지 선택할 수만 있다면 얼마나 좋겠습니까. 그렇다면 이렇게 말하는 것도 가능하겠지요. '글쎄요, 지금 당장은 아프가니스탄 전쟁 문제를 다루고 싶지 않습니다. 당장은 기후 변화에 대처하지 않는 쪽을 선택하고 싶습니다. 의료보험이 없더라도 버틸 수 있다면 그냥 기다려주세요. 처리해야 할 다른 일이 있으니까요.'"[53]

　나는 허수아비 기법이 개소리꾼에게 언제나 성공을 가져다주는 것은 아니라는 사실을 깨닫고 마음에 위안을 받는다. 사회심리학자인 조지 바이저George Bizer와 동료들은 사람들이 일련의 논쟁에 대해 깊이 생각할 수 없거나 그러려 하지 않을 때 허수아비 기법이 효과를 발휘할 수 있다고 밝혔다. 하지만 사람들이 깊이 생각할 수 있거나 기꺼이 그러려 할 때 허수아비

기법은 실패하거나 심지어 역풍을 맞을 수 있다.[54]

호감을 쌓아 특별하게 다가가기

랜스 머피Lance Murphy를 만난 사람은 5분도 채 지나기 전에 그가 타고난 의사소통자라고 생각할 것이다.[55] 그는 카리스마가 있고, 유쾌하고, 낙천적이고, 현실적이며, 진지하게 말한다. 머피가 작은 대학 농구 팀을 이끌고 전국 대회 결승전까지 진출했던 전직 포인트 가드였다는 소리를 듣더라도 그럴 만하다고 납득할 것이다. 3점 슛을 능숙하게 넣었던 머피는 선수 생활을 접은 후에는 볼리프토클랙스Boliftoclax에서 국내 종양학과 바이오 의약품의 복제약을 담당하는 국내영업 이사로 일하며 많은 시간을 의사들과 대화하는 데 보낸다. 약물 판매 담당자로서 머피가 맡은 업무는 급속도로 발전하는 제약 산업의 새로운 발달상에 대해 의사를 포함한 의료 전문 인력을 교육하는 것이다. 따라서 환자들에게 최첨단 치료를 제공하는 데 필요한 지식, 약물, 치료법을 의사들에게 연결시켜준다. 머피는 머크Merck와 일라이릴리Eli Lilly 같은 대기업을 포함해 제약 산업에서 20년 이상 경험을 쌓으며 고객관리 분야에서 폭넓게 활약하고 있다.

나는 머피에게 어떤 일을 하고 있는지 물었다. 머피는 이렇게 대답했다. "간단하게 말해서 내가 하는 일은 의료 전문가들과 관계를 형성하고 관리하는 것입니다. 그것이 전부예요. 그렇다고 누구나 할 수 있는 일은 아닙니다. 내가 의사에게 말하는 사항이나 말하지 않는 사항 모두 사람들의 삶에 필연적으로 영향을 미칩니다."

홍보 전문가로 훈련을 받은 머피는 반드시 진실은 아니더라도 신념이 성공에 중요하다는 데 동의한다. 머피는 이렇게 설명한다. "나는 종양학자가 아닙니다. 종양과 암 치료에 대해 알아야 하는 사항을 모두 알지도 못하죠. 따라서 내가 일하는 동안 종양과 암 치료에 대해 하는 말은 개소리로 불릴 수도 있을 거예요. 하지만 나는 그것을 수준 높은 의사소통 기술이라고 생각합니다."

머피는 의사들에게 극도로 조심스러운 태도를 취하며 말해야 한다. 효과적인 영업 기법과 잠재적인 법적 문제를 가르는 매우 미묘한 경계를 따라가며 말하기 때문이다. "내가 오프라벨off-label• 약물을 홍보한다는 인식을 심어주어서는 안 됩니다. 예를 들어, 특정 약이 유방암 치료제로 FDA 승인을 받지는 못했지만 폐 질환 치료에는 효과가 있다고 밝혀졌다는 얘기를 할 수 없거든요. 의사들에게 '그 약에 관한 연구 결과를 직접 확인해보시죠'라고 말할 수도 없어요. 요령껏 의사들을 납득시키면서 전문 내용을 너무 깊이 들어가지 않는 화법이 필요해요. 의사들에게는 내가 그저 부풀려 말하고 있을 뿐이라는 인상을 주어야 하죠. 나는 의과대학을 다닌 적은 없지만, 의사들이 사

• 적합한 약이 없거나 시간을 다투는 환자를 치료하기 위해 FDA 승인을 거치지 않은 약을 처방하는 행위

용하는 언어를 써서 무엇에 관해서든 대화할 수 있습니다."

하지만 대안이 수십 가지 있는데도 의사들이 머피가 권하는 제품을 사용한다면 왜일까? 왜 의사들은 일반 약물이 아니라 머피가 판매하는 복제약을 처방할까? 제약회사 영업사원들은 윤리적 지침과 법적 문제에 발목을 잡혀 있으므로, 동료이자 경쟁자인 다른 의사들이 환자에게 어떤 제품을 사용하여 효과를 보는지 의사들에게 알릴 수 없다. 따라서 비윤리적인 모래밭에 발을 들여놓지 않으면서 경계에 얼마나 가깝게 다가갈 수 있느냐가 관건이다. "나는 존스 박사에게 직접적으로 '스미스 박사는 환자에게 이 약을 처방하고 있습니다'라고 말할 수 없어요. 하지만 완전히 관련이 없는 이야기를 꺼냈다가 스미스 박사의 이름을 넌지시 흘릴 수는 있죠. 이렇게 말입니다. '존스 박사님, 박사님은 언제쯤 널찍한 고급 사무실을 쓰실 수 있을까요? 어제 스미스 박사님을 만나 이야기를 나눴는데 사무실이 편하고 좋더군요.' 이제 존스 박사는 내 추천을 받아서 새로운 치료약을 고르더라도 사기를 당하지 않으리라고 생각하겠죠. 세계적 명성을 쌓은 외과의사이면서 다른 사람들과 거의 대화하는 법이 없는 스미스 박사가 실제로 나를 사무실에 들여놓았다는 것을 알았기 때문이에요. 게다가 존스 박사는 스미스 박사가 환자들에게 어떤 처방을 내리는지 누구보다 간절하게 알고 싶어 할 겁니다."

머피가 판매에 성공하는 비결은 결국 다른 판매사원이 아닌 자신이 판매하는 약을 환자들에게 추천하고 처방하도록 의사들을 설득하는 것이다.

"내가 가장 유용하다고 깨달은 방법은 관계에 초점을 맞추는 것입니다. 대인관계가 좋아서, 다시 말해 신뢰가 형성되어서 무엇에 대해서든 자유롭게 대화할 수 있다면 물론 개소리를 좀 더 많이 할 수는 있겠죠. 또 의사들은 내가 의과대학을 다니지 않았다는 사실을 매우 잘 알고 있어서, 내가 아무것도 모르면서 떠든다고 생각하는 경향이 있어요. 한마디로 내가 뭔가 안다고 여기지도, 나를 신뢰하지도 않는 사람을 일대일로 상대해야 하죠. 데이터가 정말 있는지 없는지 확실치 않을 때 《미국의학협회학회지》에 이 약물에 관한 데이터가 실려 있습니다'라고 말해서 상황을 모면하는 게 불가능해요." 물론 대부분의 사람들은 자신이 개소리꾼이라고 말하지 않겠지만 머피가 개소리를 많이 하는 것은 사실이다.

"의사들은 최소한 사전 지식을 갖고 자신들을 개소리로 당황하게 만들 것 같지 않은 영업사원이 자신의 사무실에 드나드는 것을 흥미롭게 생각하고 자랑스러워합니다. 심지어 자신과 자신이 몸담고 있는 분야에 대한 예의라고 생각하는 경우도 많아요. 이것이 바로 내가 성공할 수 있는 열쇠죠. 개소리를 하고 있는 것처럼 들려서는 안 돼요. 마치 외국에서 그 나라 말을 구사하는 것과 비슷합니다. 베트남에 간 미국인이 베트남어를 배워 사용하면 더 많은 존경을 받을 겁니다. 언어를 배우지 않았다면 절대 열리지 않을 문이 열려요. 내가 대화하고 싶어 하는 의사는 하루에 환자 50명을 진료하느라 바쁠 수도 있고, 그를 다시 만날 기회를 잡지 못할 수도 있기 때문에 최대한 내 존재를 부각시킬 방법을 궁리하고 여기에 집중합니다. 다른 영업 사원이 훨씬 좋은 제품을 구매하라고 밀어붙일 수 있지만 어떤 식으로든 특별한 점이 없으면 내가 게임에서 이긴 것입니다."

달리 말해서 판매 계약을 성사시키려면 대인관계가 그 무엇보다 중요하다. 이때 개소리가 유용하게 작용한다. "인간적인 차원에서 관계를 형성하지 못하면 제품을 판매할 수 있는 문은 열리지 않아요. 이때 개소리가 놀랍게 작용할 수 있죠. 나는 판매할 때 좀 더 인간적인 측면에 관심을 보여서 벽에 걸린 가족사진을 언급합니다. '이곳은 페블 비치Pebble Beach인가요?' 이 밖에도 공통 화제가 될 수 있는 도시, 주, 학교, 특정 지역에 있는 멋진 골프장, 스포츠, 아이들 등에 관해 대화해요. 그래서 의사들의 사무실을 나오기 전에 내가 홍보하는 브랜드, 볼리프토 클랙스, 종양학에 관한 모든 사항 사이에 강한 연결 고리를 만들어놓으려고 노력합니다. 그렇더라도 의사들이 나를 좋아하지 않으면 제품을 판매할 수 있는 문은 결코 열리지 않아요. 좋아하지 않는 사람보다 좋아하는 사람에게 거절하기가 훨씬 어려운 법입니다."

의사들은 치료 약물에 대한 많은 사실을 판매 담당자들에게 들어서 알고 있다. 머피는 능숙한 솜씨를 발휘하며 제품을 홍보하겠지만, 그렇다고 제품에 대해 모든 사항을 알아야 할 필요는 없다. 단지 자신이 판매하는 제품이 시장에서 다른 기업의 제품보다 어떻게 더 좋은지만 알면 된다. 머피는 이러한 기회를 잡기 위해 효과적인 홍보 방법을 익힌다고 인정했다. 의사들이 연구 데이터에 대해 질문할 경우를 대비해 완벽한 대답을 미리 외워둔다. 하지만 자신이 판매하는 제품이 제공할 수 있는 효능 이상은 결코 약속하지 않는다. 자사 제품이 아무리 환상적으로 좋더라도 머피가 의사들과 대인관계를 효과적으로 발전시킬 수 없으면 기업은 사업을 오랫동안 지속할 수 없을 것이다. 그리고 대인관계를 발전시키기 위해서는 개소리 기술이 유용하게 쓰일 수 있다.

    업무를 추진하기 위해 탄탄한 우정과 상호 호감을 구축해 이용하는 사람은 머피만이 아니다. 개소리가 자신들이 좋아하고 신뢰하는 사람들에게서 나오는 경우에 사람들은 개소리에 영향을 많이 받는다.[56] 개소리꾼이 친근하고 호감 가는 사람이라면 개소리를 탐지하고 배척하기가 훨씬 힘들다. 개소리를 탐지하려면 평가를 해야 하는데 친구를 정확하게 평가하기란 쉽지 않기 때문이다. 친구에게 개소리를 들으면 이해가 충돌하기는 하지만 그래도 개소리는 개소리이다. 우리가 친구들을 좋아한다고 해서 친구들이 우리에게 개소리를 하지 않으리라는 뜻은 아니다.

5장
'왜' 대신 '어떻게'라고 물어라

: 사회심리학이 알려주는
개소리 탐지법

좋은 작가가 필수적으로 갖춰야 하는 재능은
타고난 개소리 탐지 기능이다. 이것은 작가가 보유한
레이더로서, 위대한 작가라면 누구에게나 있다.
- 어니스트 헤밍웨이(Ernest Hemingway)

유튜브에서 매일 수백만 명이 시청하는 테드 강연은 전문가들이 지식을 나누는 창의적이고 영향력 있는 프로그램이다. 테드 강연은 "가치 있는 생각"을 공유한다는 훌륭한 목표 아래 사람들에게 영감을 주고, 누구나 들을 수 있는 최고의 교육으로 홍보되면서 큰 사랑을 받고 있다. 강연은 발표자가 전문 지식을 쌓아온 이력을 간단하게 소개하며 시작한다. 시청자는 전문가를 신뢰하는 경향이 있으므로 강연 내용을 사실로 받아들이는 경우가 많다. 하지만 실제로 테드 강연은 상당한 개소리를 심심치 않게 퍼뜨린다.[1]

테드 강연 중에서 나는 신시아 설로Cynthia Thurlow가 했던 '간헐적 단식: 변형의 기술Intermittent Fasting: Transformational Technique'에 주목했다. 설로의 강연은 2019년 5월 온라인에 최초로 게시되었다. 강연 동영상은 게시 첫 달에 200만 회 가까운 조회수를 기록했고 누적 조회수 700만 회를 넘겼다. 테드 강연자에게는 꿈이 실현되었다고 봐도 무방할 기록이다. 내가 개소리를 주제로 실시한 테드 강연의 같은 기간 누적 조회수가 2만 5000건에 불과한 사실에 미루어 보아도 확실하다.

매력적인 외모에 몸매가 탄탄한 설로는 전문가처럼 말하기도 하고 그렇게 보이기도 한다. 그녀를 따라다니는 소개 글은 이렇다.

여성의 호르몬 건강에 열정을 쏟는 숙련된 간호사이자 기능 영양사이다. 음식과 영양에 내재된 힘이 인간의 건강과 행복을 좌우할 최고의 자산이라고 믿는다. 그녀는 여성 호르몬 건강을 증진할 목적으로 6주 시그니처 프로그램인 '통합 청사진Wholistic Blueprint'을 만들어 고객을 일대일로 돕고 있다. 또 팟캐스트 〈에브리데이 웰니스〉를 공동 진행하며, 워싱턴 D.C. 소재 ABC 계열사에서 기고가로 활동하고 있다.[2]

설로는 두 가지 질문을 던지면서 강연을 시작한다. "아침식사가 하루 세 끼 중 가장 중요하다는 기존의 주장이 사실 잘못된 정보라면 어떠신가요? 무엇을 먹느냐보다 언제 먹느냐가 더 중요하다면요?" 설로는 식사 시간과 식사 횟수가 체중을 줄이고, 수면의 질을 높이고, 노화 속도를 늦추는 데 가장 중요하다고 주장한다. 또 운동과 일상 활동으로 칼로리를 소모하는 데 초점을 맞추는 방식은 시대에 뒤떨어질 뿐 아니라 그리 효과적이지 않다고 강조한다. 이러한 독단적인 주장을 들으면

"울고 싶어진다"고도 덧붙인다.

설로는 사람들에게 보조제, 물약, 선식, 뱀 기름, 임시변통의 즉효약에 돈을 낭비하지 말라고 경고하면서 체중 감량에 효과적인 장기 해결책은 따로 있다고 주장한다. "내게 더 좋은 생각이 있습니다. 내가 여성 환자들을 상대로 사용한 많은 전략 중 간헐적 단식이 가장 효과적이었습니다. 간헐적 단식은 다른 이점이 많을뿐더러 지방을 태워 없애는 데도 유용합니다. (중략) 또 대인관계와 자존감을 향상시킬 수 있습니다. (중략) 많은 여성에게 간헐적 단식은 과거의 자신으로 돌아가게 해주는 마법의 해결책입니다."

설로는 간헐적 단식을 일정 기간 동안 음식을 제한하는 방식이라고 정의하면서 "자유롭고 유연하고 간단한 방법"이라고 적극 추천한다. 그녀는 지방을 태우는 "16대 8" 처방을 내리는데, 16시간 동안 단식하고 8시간 동안 식사한다는 뜻이다. 설로는 이렇게 주장한다. "간헐적 단식은 인슐린 수치를 낮추기 때문에 정신을 한층 맑게 해줍니다. (중략) 성장호르몬을 증가시켜 군살을 줄이는 데 도움을 줍니다. (중략) 인슐린 수치와 혈압을 낮추므로 콜레스테롤 수치를 개선하고, 암과 알츠하이머에 걸릴 위험을 줄일 수 있습니다."

강연에서 설로는 '자가포식autophagy'이라는 단어를 사용하는데, 세포를 대청소하는 작용에 가깝고 단식할 때만 일어난다고 설명한다. 자가포식은 간헐적 단식이 효과를 발휘하게 해주는 주요 메커니즘으로 여겨진다. 결론적으로 설로는 환자들과 간헐적 단식에 대해 논의하라고 의료진에게 촉구한다.

테드 강연의 헛소리들

설로의 강연을 들으면서 나는 몇 가지 의문이 들었다.

첫째, 설로의 주장은 명확히 규명되어야 한다. 그녀는 식사 시간 조절이 수면의 질과 노화 속도에 영향을 미친다고 주장한다. 간헐적 단식이 체중 감소에 유용할 뿐 아니라 온갖 종류의 신체적·정신적 이익을 안겨준다고 강조한다. 그렇다면 설로의 주장을 믿을 만한 타당한 근거가 있을까?

둘째, 설로는 칼로리 섭취량과 연소량을 계산하는 방식이 시대에 뒤떨어졌다고 주장한다. 물론 과거의 과학적 결론이 틀리거나 뒤집힐 수는 있지만, 누구에게나 통하는 다이어트에는 한 가지 매우 중요하고 단순한 규칙이 있다. 누구든 연소하는 양보다 많은 칼로리를 섭취하면 체중이 증가하고, 연소하는 양보다 적은 칼로리를 섭취하면 체중이 감소한다는 것이다. 여기에 풀리지 않는 의문점이 있다. 설로는 어떻게 체중 증감에 칼로리 개념이 더 이상 유용하지 않다는 놀라운 결론을 내리게 되었을까?

이 질문에 대한 답을 찾으려면 과학적 실험을 통해 간헐적 단식이 과연 설로가 주장하는 결과를 낳는지 확인하는 과정이 절대적으로 필요하다. 간헐적 단식이 암, 알츠하이머, 대인관계, 자존감 등에 영향을 미치는지 시험하려면 시간이 오래 걸리겠지만, 일반적인 다이어트 계획보다 체중 감소에 더욱 효과적인지 시험하는 것은 상대적으로 쉽고 시간도 적게 걸린다.

시카고 소재 일리노이대학교에서 신체운동학과 영양학 교수로 재직 중인 크리스타 바라디Krista Varady가 어느 정도 명확한 기준을 제시한다. 바라디는 피험자 수백 명을 대상으로 체중 감소와 단식에 관한 임상시험을 수십 건 실시했다. 바라디가 수집한 데이터에 따르면 사람들은 간헐적 단식을 실시해서 체중이 줄었다.[3] 하지만 이때 체중이 감소한 원인은 설로의 주장처럼 신체가 지방 연소 모드로 진입하기 때문이 아니다. 오히려 적게 먹어서, 다시 말해 칼로리 섭취량을 줄이기 때문에 체중이 감소한다.

셋째, 설로가 설명하듯 간헐적 단식의 '인과 효과causal effects'는 믿기지 않을 정도로 훌륭하게 들린다. 간헐적 단식은 자존감과 대인관계를 개선하고, 정신을 더욱 맑게 해주고, 근육을 키우고, 인슐린 분비를 개선하고, 혈압과 콜레스테롤 수치를 낮추고, 암과 알츠하이머에 걸릴 위험성을 감소시킨다. 낮 12시~오후 8시 시간대에 식사를 하면 이 모든 효과를 누릴 수 있다는 것이다.

하지만 설로는 강연 내내 이러한 주장을 뒷받침할 만한 진짜 증거를 전혀 제시하지 않았다. 나는 펍메드와 사이크인포PsycINFO 등 의학과 심리학 분야에서 발행하는 학술지를 포함한 데이터베이스를 검색했지만 간헐적 단식이 몸에서 지방을 더 빨리 연소시키거나 설로가 주장한 훌륭한 작용들을 한다는 증거를 전혀 찾을 수 없었다.

넷째, 설로는 강연에서 자가포식에 대해 전혀 설명하지 않고, 간헐적 단식을 건강에 이롭게 하는 주요 메커니즘이라고만 덧붙였다. 흥미롭게도 자가포식은 세포가 새 세포를 만들기 위해 자신을 재활용하는 과정의 일부이다. 이 과정은 오래되고 손상된 세포의 구성 요소를 새로 교체함으로써 세포와 조직의 건강을 보존한다. 자가포식은 사람들이 굶을 때 에너지를 생성하는 내부 영양 공급원을 제공한다. 자가포식이 퇴행성 질병을 예방할 수 있다고 제안하는 연구가 있기는 하지만 암을 예방한다는 증거는 전혀 없다.[4] 설로는 강연에서 간헐적 단식이 자가포식을 "증가시켜" 더 많은 지방 세포를 제거하고, 수명을 연장하고, 암을 예방할 수 있다고 믿게 한다. 다시 강조하지만 설로의 생각은 틀렸다. 간헐적 단식이 자가포식을 증가시킨다는 주장을 뒷받침하는 연구는 쥐를 대상으로 실시한 것들뿐이다. 즉 사람을 대상으로 칼로리 제한이나 금식이 수명을 연장하는 데 직접적으로 작용한다고 시사하는 연구는 전혀 없었다. 게다가 자가포식과 암 예방 사이에 연관성이 있다고 암시하는 연구는 아직 준비 단계에 머물러 있다. 실제로 사람에게 일어나는 자가포식 변화를 측정할 수 있는 과학적 방법도 아직 없다.[5]

내가 설로에게 몇 가지 질문을 할 수 있었다면 이렇게 물었을 것이다. "당신의 이론은 매우 흥미진진하게 들립니다. 그런데 간헐적 단식이 그 모든 이익을 안겨준다는 것을 어떻게 알았나요? 당신이 내린 결론은 어떤 종류의 증거로 뒷받침되나요? 간헐적 단식의 효과들은 통제된 무작위 임상시험을 거쳤나요? 데이터를 보여주시죠!"

간헐적 단식은 시도에 따르는 위험성이 아마도 크지 않을 것이고, 얼마간 체중을 줄이는 데도 유용할 것이다. 하지만 설로의 주장처럼 만병통치약이 되리라 기대하는 것은 매우 위험하다. 그래서 나는 설로의 개소리가 '개소리에 꾀는 파리 지수'에서 적어도 파리 두 마리 이상에 해당한다고 확신한다.

내가 분석한 결과에 따르면, 설로의 강연은 개소리일 뿐 아니라 전문가의 의견도 아니다. 자신이 활동하는 전문 분야에서 쉽게 입수할 수 있는 증거와 진실에 관심이 없는 사람들은 전문가 자격이 없는 개소리꾼이다. 설로의 주장에 대해 사실 확인을 하느라 내가 소비한 2시간은 설로가 간헐적 단식에 대해 진실을 구하느라 소비한 시간보다 많을 것이므로, 나는 설로의 주장을 개소리라 부를 권리가 있다.

우리는 이러한 터무니없는 주장에 놀라지 말아야 한다. 결국 개소리, 엉터리 주장, 사이비 과학, 괴짜 과학, 철저한 사기는 어디에나 있기 마련이고, 지금처럼 잘못된 정보와 가짜 뉴스가 판치는 세상에 받아들여질 수 있으며, 심지어 설득력이 있다고 여겨지기까지 한다. 우리는 비판적인 질문을 하지 않는 한 설로 같은 개소리꾼에게서 잘못된 정보를 계속 소비할 것이다.

개소리를 탐지할 수 있는 유일한 조건은 오랫동안 지속된 '상식'이라고 믿는 사람이 많다. 그렇게 믿고 싶은 유혹을 느끼는 것은 이해할 만하다. 하지만 상식이 그렇게 유용했다면 모순된 상식이 그토록 많이 존재하지 않을 것이다(예를 들어, '서두르면 일을 망친다' 대 '시간은 사람을 기다려주지 않는다', '배울 수 없을 만큼 늙은 경우는 없다' 대 '늙은 개에게 새로운 재주를 가르치기는 어렵다', '돌다리도 두드려보고 건너라' 대 '망설이다가는 기회를 놓친다'). 만약 상식이 개소리에 대항하는 유일한 도구라면 개소리가 발휘하는 달갑지 않은 효과를 피하기 어려울 것이다. 개소리를 더욱 잘 탐지하고 정보를 더욱 비판적으로 소비하고 싶다면, '상식만으로 충분하지 않다'는 사실을 먼저 이해해야 한다. 상식이 신뢰할 만한 추론 방법이라면 과학이나 비판적 사고가 필요하지 않기 때문이다.

무언가를 학습하는 데 매력을 못 느끼거나, 권위자와 전문가를 비판하기를 꺼려 하면 개소리를 탐지할 수 없다. 자신의 생각이 때로 틀리다는 사실을 강경하게 거부하거나, 자신의 신념과 행동을 사실과 추론으로 뒷받침하는 데 무심해도 마찬가지다. 자신이 내린 추론을 다른 사람들에게 지적으로 설명하려는 욕구를 느끼지 않거나, 세부 사항에 초점을 맞추는 데 관심이 없어도 그렇다. 개소리를 탐지하려면 '비판적으로 사고'해야 한다.

비판적 사고는 정보를 이해하고 적절하게 평가해서 무엇을 믿고 무엇을 할지 결정하기 위해 숙고, 사실 조사, 자기 성찰을 거치는 학습된 과정이다. 비판적 사고는 증거를 합리적이고 공정하게 검토해서 판단과 결정을 자율적으로 규제할 목적으로 설계된 광범위한 기술과 태도를 포함한다. 비판적 사고에 능숙한 사람들은 개소리에 노출되었다고 의심하거나, 자신의 신념과 행동이 개소리에 근거할 가능성이 있을 때 다섯 가지 유형의 질문을 자신에게 던진다.

- 데이터 수집: 나는 주장을 이해하고 평가할 수 있도록 올바른 유형·분량·수준의 정보를 획득하고 검토했는가?
- 편견 인식: 증거를 평가하기 전에 내 감정적 반응을 근거로 진실인지 거짓인지 추측하는 태도를 자제하면서 주장이나 주장에 함축된 뜻을 객관적으로 살폈는가?
- 편견 최소화: 나는 모든 가정이 합리적이거나 잘못되었거나 부당한 정도와 주장의 입장·논거·결론을 정확하게 식별했는가? 주장을 거스르는 증거와 뒷받침하는 증거를 공정하게 평가했는가?
- 결론의 타당성 평가: 다각적이고 독립적인 관점이나 출처를 갖춘 증거가 제공한 논리적이고 타당한 결론을 검토했는가?
- 구상과 적용: 나는 비판적 사고를 하는 다른 사람들에게 정보에 근거하고, 제대로 추론하고, 합리적으로 도출한 결론을 설득력 있는 논거로 제시할 수 있는가?

비판적 질문은 증거에 근거한 추론과 최적의 의사결정을

내리는 데 반드시 필요하다. 비판적으로 사고하는 사람들은 쟁점과 문제에 대해 객관적 판단을 내리고, 합리적으로 대응할 가능성이 크다. 그래서 정말 중요한 사항을 인식하게 된다. 그들은 "최종 인쇄물"에 적힌 조건에 동의하기 전에 요구 사항, 용어, 조건을 정확하게 해석할 가능성이 크다. 또 자신과 타인을 위해 스스로 내리는 결정의 결과를 인식한다. 그들은 근본적으로 개소리꾼과 정반대로 생각하고 행동한다.

    진실을 직시하고 바람직한 결정을 내리고 싶다면 비판적으로 사고할 수 있어야 한다. 그리고 비판적 사고를 하려면 두 가지 중요한 습관, 즉 '회의적인 태도'와 '질문하기'를 발달시켜야 한다.

정중한 의심과 질문

선박에서 조타실은 배를 조종하는 타륜이 있는 곳으로 선장이 머무는 곳이자 선박의 사령실 역할을 한다. 조타실과 마찬가지로 효과적인 '개소리 탐지 조타실'은 우리를 개소리에서 보호하고, 우리가 질문하고 생각하고 의사결정을 내리도록 안내할 것이다.

    개소리 탐지 조타실에서 꼭 필요한 두 가지 도구는 '회의적인 태도'와 '질문하기'이다. 개소리를 탐지하는 과정에서 회의적인 사고를 품는 것은 자신의 마음이 좁다거나 새로운 아이디어를 받아들이지 않는다는 뜻이 아니다. 회의적인 태도는 주장을 거스르거나 뒷받침하는 증거를 평가할 때 '정중한 의심'이라는 건강한 요소를 도입한다는 뜻이다. 설득력 있는 진짜 증거로 입증될 때까지 판단을 유보하고 특별한 주장을 뒷받침할 특별한 증거를 확인하겠다는 뜻이다.

나는 외계인이 존재한다는 주장이 일리가 있다고 인정한다. 하지만 그 전에 우주선을 보여주고, 우주선을 검사하게 해주고, 전문가의 의견을 들려주고, 몇 가지 질문을 하도록 허용하고, 외계인 시체를 보여주고, 해부 장면을 참관할 수 있도록 허용해달라!

세계에서 가장 유서 깊은 과학학회인 왕립학회Royal Society는 350년 전 '누구의 말도 믿지 마라'를 뜻하는 "nullius in verba"를 표어로 채택했다. 우리도 이 표어를 내걸어야 한다. 과학자와 철학자가 과학의 진정한 가치로 오랫동안 인정해온 특별한 속성은 입증 가능해야 한다는 것이다. 개소리를 성공적으로 탐지하는 것은 개소리인지 아닌지를 입증하는 과정에 달려 있다.

회의적인 태도와 질문하기는 다음 네 가지 가정을 염두에 둘 때 가장 효과적으로 기능한다.

1. 개인은 상대방에게 영향을 행사하도록 동기를 부여받을 때 특히 개소리를 자주 할 것이다.
2. 개인은 자신이 개소리하고 있는 현상이나 시스템의 복잡성을 거의 인식하지 못한다.

3. 개인은 자신의 주장을 입증하기 위해 필요한 시간과 노력을 항상 쏟는 것은 아니다.
4. 주장이 증거에 근거하는지 개소리에 근거하는지 확인하려면 질문을 해야 한다. 즉 아이디어를 사실이 아닌 아이디어 그 자체로 다뤄야 한다.

개소리를 탐지하려면 개소리 신호에 민감해야 한다. 개소리를 듣고 있다는 의심이 들 경우에는 비판적인 질문을 던지고 눈과 귀를 열어서 개소리 신호를 포착해야 한다. 개인의 주장이 참이든 거짓이든 입증하려고 구태여 노력하지 않는다면 개소리를 하고 있는 것이다.

비판적인 질문을 하려면 훈련이 필요하다. 누군가가 자신에게 개소리를 하고 있다는 의심이 들 때마다 다음 질문을 모두 던질 필요는 없다. 그저 한두 가지만 물어봐도 충분히 개소리 여부를 판단할 수 있고 추가 질문을 이끌어낼 수 있을 것이다.

주장의 뜻을 분명히 밝힌다
- 주장의 내용은 정확하게 무엇인가?
- 주장은 기본적인 가정에 뿌리를 내리고 있는가, 아니면 특정 집단이나 특정 상황에만 적용되는가?[6]
- 부당한 비교를 하고 있는가?
- 주장이 특별한가? 그렇다면 주장을 뒷받침할 특별한 증거가

있는가?
- 주장이 진실이라기에는 지나치게 좋게 들리는가, 아니면 지나치게 나쁘게 들리는가?
- 개인이 자신의 주장을 위해 여러 방식 중 이러한 방식을 선택한 이유는 무엇인가?

주장하는 사람을 파악한다
- 개인은 얼마나 신뢰할 수 있는 주장을 하고 있는가? 해당 분야에서 그들의 전문 지식은 무엇인가?
- 개인은 자신의 주장을 뒷받침하는 증거에 관심을 기울이고, 자신의 주장에 반하는 증거를 부당하게 부정하지 않으면서 비판적인 대화에 참여할 의향이 있어 보이는가?
- 개인은 이 사항을 어떻게 알고 있는가?
- 개인이 해당 주장을 나와 공유하려는 동기는 무엇인가? 개소리할 이유가 있는가?
- 개인은 개소리를 나타내는 다음과 같은 수사적 신호를 사용하고 있는가? 예를 들어, "~라고 말하는 사람들이 있습니다", "어디에선가 읽었습니다"라고 말하는가? 뜻을 명확하게 설명해 달라는 요청을 받았을 때 '의미론적 골대'를 옮기는가? 상충하는 주장·설명·논점을 부정확하게 표현하는가? 동의어를 반복하는 추론을 사용하는가(본질적으로 뜻이 같은 다른 단어를 사용해 아이디어나 진술을 반복하는가)? 가짜 심오함을 구사하는가?
- 개인은 질문을 받았을 때 어떻게 반응하는가? (개인의 방어적 대

응을 진단하라. 여러 이유로 개인은 화를 내거나 방어적으로 말하는 것처럼 들릴 수 있다. 자신이 하는 개소리가 들통났다는 사실을 감지하거나, 자신이 개소리하고 있다는 사실을 깨닫고 마음이 불편하거나, 상대방이 자신의 주장을 이해하는 것 같지 않아 좌절할 수 있다.)

주장을 뒷받침하는 증거를 평가한다

- 주장을 펼치는 타당한 이유는 정확히 무엇인가? 수학 법칙이나 과학 법칙, 의미론적 지식이나 경험적 지식 같은 일반적인 지식에 모순되는 이유가 있는가?
- 관련 증거는 얼마나 강력한가, 또는 얼마나 설득력이 있는가?
- 주장에는 어떤 문제가 있는가? 주장이 설명하지 못하는 점은 무엇인가?
- 어떤 유의미한 정보가 생략되었는가? 통계나 통계 표시 방식이 기만적인가? 단순한 논거나 일화적 증거가 진짜 증거로 여겨지고 있는가?
- 주장을 시험하기 위해 간단한 사고 실험을 실시할 수 있는가?
- 입수 가능한 증거와 확립된 지식을 고려할 때 가장 합리적인 결론은 무엇인가?

나의 판단을 점검한다

- 주장에 대해 내가 내린 결론은 진정한 증거에 근거하는가?
- 내게 주어진 정보 이외의 정보를 구한 적이 있는가? 사실 여부를 확인하며 주장을 철저하게 검토했다고 자신할 수 있는가?

- 주장과 주장을 뒷받침하는 실체적 증거 이외의 사항을 고려할 요소가 상대에게 있는가(예를 들어, 매력, 호감, 비호감 등)?
- 나는 증거를 평가할 때 객관적인 관점을 취했는가? 다른 관점에서 생각해본 적이 있는가? 주장의 반대가 진실일 가능성을 고려한 적이 있는가? 아니면 성급히 결론을 내리고 있는가?
- 주장을 사실로 받아들이거나 거절한다면 내가 품은 다른 신념 중에 무엇을 바꿔야 하는가? 이러한 가능성이 주장의 타당성이나 증거에 대한 내 평가에 영향을 미치는가?

'왜' 대신 '어떻게'라고 묻기

타인과 대화할 때 개소리를 탐지할 수 있는 열쇠는 '무엇을?, 어떻게(왜가 아니라)?, 생각해본 적 있나요?' 같은 일반적인 질문 구조를 고수하는 것이다. "무슨 뜻이죠?" 혹은 "정확히 무슨 말씀을 하시는 거죠?"라고 물으면, 개소리를 하는 사람에게 그렇게 주장하는 근거를 밝히고, 타당하지 않은 부분들을 해명할 기회를 제공하는 셈이 된다. '왜?'라고 묻지 말아야 한다. 어째서 그렇게 믿느냐는 질문을 받으면 개소리꾼들은 이론적이거나 철학적인 논거를 제시하면서 증거를 누락시키는 경향을 보이기 때문이다. 따라서 어떻게 그런 결론에 도달했는지 묻는 편이 항상 더 바람직하다. '어떻게' 그렇게 믿게 되었는지 대답하기 위해 개소리꾼들은 자신의 주장을 뒷받침할 증거를 끌어모으려는 동기를 갖는다.[7] 또 개소리꾼에게 본인의 주장에 대한 대안을 고려해보았는지 물어보면 본인의 추론에 내재한(또는 그 추론에 결여된) 정교함과 복잡성을 깨닫게 하는 데 유용하다.

비교할 '통제 데이터'가 있으면 후속 질문은 더더욱 진단에 가까워진다. 즉 개인에 맞는 행동 기준선을 설정할 수 있으면 개소리 단서를 탐지하는 데 더욱 유리할 것이다. 개인은 보통 어떻게 의사소통할까? 질문에는 보통 어떻게 반응할까? 지금 개인의 행동은 평소와 다를까? 그 개인이 순수하게 사실을 묻는 질문에 어떻게 대답하는 편인지 안다면 개인의 언어적·비언어적 개소리 행동을 식별하기에 좋은 위치에 서 있는 것이다.

근거를 명확히 밝혀달라고 요청했을 때 대답으로 훨씬 심한 개소리를 듣더라도 놀라지 마라. 사람들이 품는 신념의 토대는 대개 인식론적 근거나 경험적 근거보다는 도덕이나 동기 부여 같은 이유이다.[8] 개소리에 의문을 제기했다고 해서 더없이 합리적이고 논리적인 결과가 나오리라 기대해서는 안 된다. 우리가 추구해야 하는 목표는 추론에서 이해 가능한 오류를 밝히는 것이다. 이렇게 하면 비난하는 것보다 더욱 효율적으로 진실에 도달할 수 있다.

다음처럼 온화한 표현을 써서 질문해보자. "나는 매우 흥미롭게 생각하고 있어요. 다만 당신의 생각을 명쾌하게 이해하고 싶습니다."

주장의 뜻을 명쾌하게 밝힌다

- ____은 무슨 뜻인가요?
- ____은 언제 어디서 일어날 가능성이 큰가요?
- ____의 실례를 들어줄 수 있나요?
- ____은 어떤 조건에서 사실에 부합하나요? 그리고 어떤 조건에서 사실에 부합하지 않나요?

증거를 평가한다

- ____이 사실인지 어떻게 확인할 수 있나요?
- ____에 대한 결론을 뒷받침하는 것은 어떤 종류의 증거인가요?
- ____을 가장 잘 뒷받침하는 단일 증거는 무엇인가요?
- 실험을 실시해서 증거를 확인한 사람이 있나요?
- 실험에서 도출한 결과는 무엇이었나요?
- 이러한 실험들에서 사용한 방법에 대해 말해줄 수 있나요?
- 데이터는 어떻게 수집했나요?
- 타당한 결론을 도출하기 위해 올바른 지표를 사용했나요?

꼼꼼하게 질문한다

- ____이 틀릴 가능성은 없나요? ("당신의 생각이 틀린 거라면요?"라고 묻지 않는다. 주장에만 초점을 맞춰야 한다.)
- ____이 항상 진실이려면 무슨 조건이 필요한가요?
- 주장을 수정해야 할 증거가 있다면 어떤 것이 있을까요?
- B나 C 같은 대안을 고려해본 적이 있나요?

- ____을 시험하고 입증하는 데 실패했다고 치죠. 실패한 이유는 무엇인가요?
- ____에 대한 믿음은 입수 가능한 증거를 토대로 정당화될 수 있나요?
- 입수 가능한 증거로 결론을 도출할 수 있나요?
- 실행 가능한 선택적 가설을 고려하거나 배제했나요?

숫자는 어떻게 진실을 감추는가

개소리꾼이 수치와 통계를 사용하는 흔하지 않은 경우에, 그들은 증거에 입각한 추론은 무시한 채 입맛대로 수치와 통계를 써먹는 경향이 있다. 수치와 통계는 사실에 근거할 때조차도 여러 가지 방식으로 해석될 수 있다는 점을 기억해야 한다.

누군가 수치와 통계를 들먹이며 개소리를 하려 들 때, 자신에게 물어야 할 네 가지 기본적인 질문이 있다.

- 수치는 믿을 만한가?
- 빈도, 평균, 백분율, 도표 같은 '서술적 통계'가 주장과 일치하는가?
- 수치는 어떻게 수집되었는가? 수집되었지만 보고되지 않은 수치는 무엇인가?
- 보고된 수치의 '개연성'은 무엇인가? 수치는 실체를 정확하게

묘사하고 있는가? 주장은 무엇을 암시하는가?

어떤 말이 그럴듯하게 들린다고 해서 사실인 건 아니다. '타당성 검사 plausibility check'를 해보지 않은 상태에서 주장을 무턱대고 사실로 받아들여서는 안 된다. 주장의 타당성은 논리와 수치 환산 방식을 통해 점검할 수 있다. 체육관에서 5분 동안 턱걸이를 300개 할 수 있다는 말을 들었다고 치자. 그것이 불가능하다고 깨닫기 전까지는 깊은 인상을 받을 수 있다. 300초 동안 턱걸이를 300개 하려면 조금도 쉬지 않고 1초에 1개씩 해야 한다. 이것이 불가능하다는 것은 굳이 체육관에 가서 실험해보지 않아도 알 수 있다.

때로 주장과 통계는 그럴듯해서 타당성 검사도 통과할 수 있지만 핵심을 전달하기에는 적절하지 않다. 예를 들어, 파이어리츠 Pirates의 월드시리즈 승률은 71.5퍼센트인 반면에 양키스는 67.5퍼센트에 불과하므로 역사적으로 피츠버그 파이어리츠가 뉴욕 양키스보다 실력 있는 야구 팀이라는 주장은 얼핏 그럴싸하게 들린다. 이 주장은 데이터로 뒷받침되는 것 같지만 사실과 다르다.[9] 양키스는 월드시리즈에 40번 진출해 27번 우승했지만, 파이어리츠는 단 7번 진출해 5번 우승했을 뿐이다. 따라서 데이터로 제시되더라도 관련 자료를 검토하고 나서 해당 주장의 사실 여부를 판단해야 한다. 역사적으로 파이어리츠는 양키스보다 나은 팀이 아니다.

개소리꾼은 어느 정도 관련은 있지만 정확성은 떨어지는

데이터를 이용해 사실을 모호하게 만들고 싶어 한다. 예를 들면, 내 친구는 코로나바이러스감염증이 미국을 강타하기 전에 역사상 그 어느 때보다 취업자 수가 늘었다고 주장했다. 그러면서 팬데믹 직전에 고용된 총 미국인 취업자 수가 역대 최고치라는 개소리꾼들의 주장을 지지했다. 하지만 총 미국인 취업자 수에는 당시 미국 인구수가 사상 최다였다는 사실이 반영되지 않았다. 고용을 훨씬 정확하게 진단하는 지표는 고용된 노동자의 비율, 즉 고용률이다. 미국 역사상 최고 고용률은 2000년 4월 거의 65퍼센트였던 반면에 코로나바이러스감염증이 미국을 강타하기 직전에는 이보다 낮은 61퍼센트였다.

연구에서 '서술적 통계'는 데이터의 기본 특징을 서술하고 빈도·평균·백분율을 사용해 표본을 요약한다. 개소리꾼은 자신의 주장을 뒷받침하는 통계를 제시하고 그렇지 않은 데이터는 무시하면서 관련 데이터의 일부만 언급한다. 서술적 통계만으로는 어떤 것도 입증할 수 없다. 서술적 통계가 현실을 정확하게 묘사하고 주장을 뒷받침하는지 판단하는 최고의 방법은 미가공 데이터를 조사하는 것이다.

데이터의 분포를 살펴보자. '평균'처럼 단도직입적인 척도는 때로 현실을 전혀 묘사하지 못한다. 미국인의 평균 체중이 83킬로그램이라고 치자. 사실 미국인의 체중은 최고점이 2개인 양봉 분포를 보여서, 여성의 평균 체중인 77킬로그램과 남성의 평균 체중인 90킬로그램의 빈도가 훨씬 더 크다. 하지만 체중 분포를 주의 깊게 살펴보지 않으면 평균의 함정에 속아 넘어갈 때가 많다.

개소리꾼은 한 가지 현상이 다른 현상을 유발한다는 주장을 뒷받침하기 위해 상관관계, 즉 둘 사이에 형성된 관계의 강도와 방향을 측정하는 통계를 자주 사용한다. 하지만 상관관계는 인과관계를 암시하지 않는다. 예를 들어, 자외선 차단제와 아이스크림콘의 판매는 비슷한 비율로 증가하고 감소하는 경향이 있으므로 상당히 긍정적인 상관관계를 보인다. 하지만 상관관계가 있더라도 자외선 차단제의 판매에서 발생하는 변수가 아이스크림의 판매에 변동을 일으킨다는 뜻은 아니다.

특히 빈번하게 발생하면서 성가신 형태의 개소리는 데이터 표시 방법을 조작해서 데이터가 주장을 뒷받침하는 것처럼 보이게 만든 것이다. 예를 들어, 초콜릿 아이스크림을 좋아하는 정도를 1에서 7까지 척도로 표시하라는 요청을 받았을 때 남성은 평균 5.37을, 여성은 평균 5.47을 보고해서 남녀의 점수 차이는 0.10에 불과했다. 이것은 큰 차이일까, 작은 차이일까? 실제 수치를 5.00~6.00의 범위에 놓고 생각하면 0.10의 차이가 엄청나게 큰 것 같지만, 전체 범위(1.00~7.00)에 놓고 생각하면 남녀는 거의 같은 정도로 초콜릿 아이스크림을 좋아한다. 이 차이의 적합성을 확인하는 유일한 방법은 의사전달자가 보이고 싶어 하는 측정 척도가 아니라 데이터 수집에 실제로 사용되는 측정 척도를 찾는 것이다.

데이터 수집 방식은 수치와 통계를 증거로 제시하는 주장을 판단할 때 아주 중요하다. 누가 또는 무엇이 표본으로 추출되었는가? 누가 또는 무엇이 표본을 추출했는가? 과학자처럼 질문하는 방식이 데이터에 가려진 사실을 드러낼 수 있다는 사실을 기억해야 한다.[10] 과학자들은 어떻게 데이터의 표본을 추출하는지, 어떤 측정 도구를 사용하는지 매우 엄격한 규칙을 적용한다.

① 시각적 데이터를 사용한다

어떤 주장을 평가하기 위해서는 주장이 제시하거나 암시하는 수치의 가능성을 알아야 한다. 가능성을 대략적으로 추정하는 최고의 도구는 주장의 '표본공간sample space'을 그리는 것이다. 즉 주장이 포함하는 가능성과 포함하지 않는 가능성을 모두 나타내는 그림이나 도식을 그리는 것이다.

쉬운 예로 수치를 제시하지 않은 주장을 생각해보자.

잭은 앤을 보고 있지만 앤은 조지를 보고 있다.
잭은 결혼을 했지만 조지는 결혼하지 않았다.
내 주장: 결혼한 사람은 결혼하지 않은 사람을 보고 있지 않다.

아마도 사람들은 대부분 내 주장이 옳다고 생각할 것이다. 하지만 내 주장은 틀렸다. 이유를 금세 알아차리지 못하더라도 실망하지 마라. 많은 아이비리그 학생들도 금세 깨닫지 못했으니까.《지능의 함정Intelligence Trap》을 쓴 데이비드 롭슨David Robson

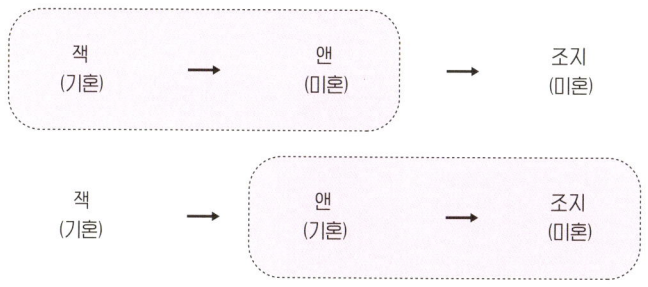

은 이 테스트를 발표하고 나서, 정답이 잘못됐다고 주장하는 편지를 무수히 받았다.[11] 하지만 표본공간을 그려보면 내 주장이 틀렸다는 사실을 분명히 알 수 있다.

앤이 기혼인지 미혼인지 여부에 상관없이 결혼한 사람은 결혼하지 않은 사람을 보고 있을 것이다. 여기서 관건은 모든 발생 가능한 각본, 즉 표본공간을 생각해보는 것이고, 그래야만 내 주장이 틀렸다는 사실을 쉽게 알 수 있다.

이제 수치가 있는 주장을 생각해보자. 게임 쇼에 출연한 사람 앞에 문 3개가 있다고 치자. 1개의 문 뒤에는 차가, 나머지 2개의 문 뒤에는 염소가 있다. 게임 쇼 진행자가 문 하나를 고르라고 말하자 출연자는 문 1을 고른다. 진행자는 어느 문 뒤에 차가 있는지 알고 있다. 쇼를 좀 더 흥미롭게 진행하기 위해 진행자는 예외 없이 출연자가 선택하지 않은 문 뒤에 있는 염소를 보여주므로, 이 쇼에서는 문 2를 열어 염소를 보여준다. 그러고 나서 출연자에게 처음에 선택한 문 1을 고수할지 문 3으

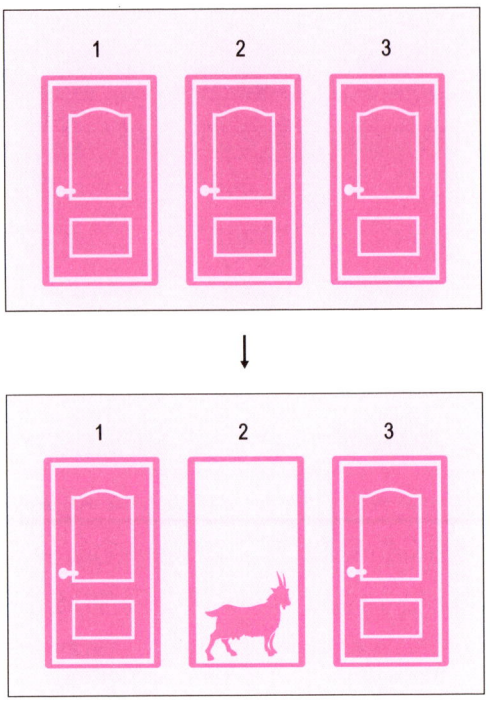

로 바꿀지 최종적으로 결정하라고 촉구한다. 내 주장은 차에 당첨될 확률이 어차피 반반이므로 최초 결정을 고수하든 바꾸든 상관없다는 것이다.

당신이라면 어떻게 하겠는가? 만약 문 3개 중 하나를 골라야 하는 상황을 맞게 된다면 부디 결정을 바꾸기 바란다! 번복할 기회가 생기면 그때마다 결정을 바꾸는 게 유리하다.[12] 결정을 고수하든 바꾸든 상관없다는 내 주장은 완전히 개소리이며,

각 경우에 최초로 문 1을 선택하고 나서 최초 결정을 고수하거나 바꾸었을 때 도출될 수 있는 모든 결과.

문 뒤			진행자가 문 뒤에 있는 염소를 보여준다	문 1을 고수한 결과	남아 있는 문으로 바꾼 결과
1	2	3			
염소	염소	차	2	염소 당첨	**차 당첨**
염소	차	염소	3	염소 당첨	**차 당첨**
차	염소	염소	2 또는 3	**차 당첨**	염소 당첨

'개소리에 꾀는 파리 지수'로 따지면 최소한 파리 두 마리에 해당한다. 표본공간을 그려보면 결정을 고수하든 바꾸든 상관없다는 내 주장이 왜 개소리인지 쉽게 알 수 있다.[13]

게임 쇼 초반에 출연자가 차를 선택할 확률은 33퍼센트이고 염소를 선택할 확률은 67퍼센트였다. 출연자가 처음 선택을 한 후에 진행자가 다른 문을 열어 염소를 보여주고 나면 출연자는 남아 있는 문에 대해 더 많은 정보를 확보하지만 원래 선택한 문에 대해서는 더 이상 새로운 정보를 얻지 못한다. 처음 선택한 문 뒤에 차가 있을 확률은 여전히 33퍼센트이지만, 남아 있는 닫힌 문 뒤에 차가 있을 확률은 67퍼센트이다. 처음에 정확한 문을 선택했을 위험성이 있기는 하지만, 남아 있는 문으로 선택을 바꾸면 당첨 확률이 2배로 뛴다. 다시 말해, 전환 전략이 곧 성공 전략인 셈이다. 첫 시도에서 잘못된 문을 선택했다면 출연자가 알든 모르든 67퍼센트의 확률이 발생했을 것이다. 사람들은 대부분 최초 결정을 고수하든 바꾸든 상관없다고 생각한다. 하지만 최초 결정을 고수할지 바꿀지는 매우 중요하다. 문 100개가 있고, 문 뒤에 염소 99마리와 차 1대가 있다고 치자. 출연자가 문 32를 선택한다. 진행자는 문 32와 문 78을 제외하고 문 98개를 열어서 문 뒤에 있는 염소를 보여준다. 그래도 문 32를 고수하겠는가? 이 경우에 문 32 뒤에 차가 있을 확률은 1퍼센트에 불과하지만 문 78 뒤에 차가 있을 확률은 99퍼센트이다.

② 페르미 추정을 사용한다

노벨상 수상자 엔리코 페르미 Enrico Fermi는 세계 최초로 원자로를 만들어서 원자폭탄 설계자로 인정을 받고 있다. 이론물리학과 실험물리학에서 탁월한 능력을 발휘한 페르미는 컴퓨터 없이 정확하게 결정하기 어렵거나 거의 불가능한 양을 신속하면서 비교적 정확하게 추정한 것으로 알려졌다.

　예를 들어, 지구의 둘레는 얼마일까? 두께가 0.1밀리미터인 커다란 종이 한 장을 절반씩 100번 접으면 두께는 얼마일까?[14] 이러한 질문에 대한 페르미식 접근법은 일련의 논리적 가정, 대략적인 추정치, 약간의 상식을 동원해 값을 추정하는 것이다. '페르미 추정'은 개소리꾼이 부적절할 것 같은 큰 수치나 대략적인 추정치를 내밀어 다른 사람들을 혼동시킬 목적으로 진짜 증거에 관심을 쏟는 척 가장할 때 사용하는 도구이다.

2016년 12월 〈폭스앤프렌즈〉는 미국에서 푸드스탬프 food stamp* 사기 때문에 그 해만 해도 7000만 달러의 손실이 발생했고, 사기 규모가 워낙 크기 때문에 푸드스탬프 프로그램을 폐지해야 한다고 주장하는 기사를 발표했다(푸드스탬프는 현재 보충적 영양 보조 프로그램Supplemental Nutrition Assist Program, SNAP으로 알려져 있다).[15] 사기로 7000만 달러를 잃었다면 정말 많은 돈을 낭비한 것처럼 들린다. 하지만 푸드스탬프 프로그램의 규모를 감안할 때 7000만 달러가 실질적으로 큰 금액일까?

비교점이나 기준점을 세우면 사기로 7000만 달러를 잃은 것이 큰 손실인지 아닌지를 놓고 증거에 입각해 판단하는 데 유용하다. 이때 페르미 추정이 편리하게 쓰일 수 있다. 첫째, 푸드스탬프 프로그램에 들어가는 비용을 정확히는 파악하지 못하더라도 꽤나 신속하게 계산할 수 있다. 미국인의 약 15퍼센트가 푸드스탬프를 받는다고 치자. 둘째, 미국 인구는 약 3억 2500만 명이다. 따라서 푸드스탬프 수급자는 약 4875만 명이다. 이제 페르미 추정치를 구하기 위해 필요한 정보는 딱 한 가지 남았다. 미국 푸드스탬프 프로그램이 수급자에게 지급하는 연평균 혜택은 얼마일까? 수급자에게 분배되는 SNAP 지원액이 매달 125달러, 연간 1500달러라면 합리적이라고 생각

● 미국에서 저소득층에게 식품 구입용으로 제공하는 식비지원제도

할 것이다. 미국인 수급자 수(4875만 명)와 해당 금액을 곱하면 731억 달러가 산출된다. 페르미 추정에 따르면 미국의 손실액은 SNAP에 투입한 돈의 1퍼센트 미만이다.

> 미국인의 15퍼센트가 푸드스탬프를 받는다.
> 미국 총 인구는 3억 2500만 명이다.
> 3억 2500만 명 × 0.15 = 약 4875만 명이 푸드스탬프를 받는다.
> 수급자 한 사람에게 연간 지불하는 평균 혜택은 1500달러이다.
> 4875만 명 × 1인당 1500달러 = 731억 2500만 달러
> 7000만 달러 / 731억 2500만 달러 = 약 0.001 = 1퍼센트의 10분의 1

이로써 우리는 〈폭스앤드프렌즈〉가 제기한 논쟁에 무엇이 잘못되었는지 파악할 만한 정보를 확보했다. 페르미 추정치는 상당히 정확했던 것으로 밝혀지고 있다.[16] 피해액 7000만 달러는 큰 금액처럼 들리지만 프로그램에 투입된 총액에 견줄 때 7000만 달러가 상당히 크다는 주장은 개소리다. 당신 지갑에 100달러가 있다고 가정해보자. SNAP가 1년 동안 사기로 잃은 금액과 같은 비율을 적용하면 당신이 잃을 돈의 액수는 10센트에 불과하다.

미국농무부US Department of Agriculture, USDA로부터 비판을 받고 나서 〈폭스앤드프렌즈〉는 푸드스탬프 사기에 관련한 보도 내용을 수정하면서, 2009~2011년 미국농무부의 정보를 근거로 계산한 결과 3년 동안 사기로 인해 발생한 피해액은 총 지출액

의 1.3퍼센트에 해당하는 8억 5300만 달러라고 밝혔다. 전국적으로 푸드스탬프 거래는 감소 추세였다.[17] 〈폭스앤드프렌즈〉는 페르미 추정을 사용해 몇 가지 재측정을 시도했었던 것으로 보인다.

헛소리를 감지하는 단어와 구절

언어 연구를 추적해보면 사람들은 진실과 증거에 관심이 없을 때 전반적으로 더 많은 단어를 사용하고 감각 관련 단어(예를 들어, 보고 만지고 듣는)에 의존하는 경향을 보인다.[18] 또 자기중심적인 대명사(나, 나 자신, 나를)의 사용을 줄여서 자신에게서 초점을 옮기고, 타인 중심적인 대명사(당신)와 3인칭 식별자(그, 그녀, 그것, 그들, 그를, 그녀의 것, 그들, 그들의, 그의, 그것의, 그들의)의 사용을 늘려 다른 사람에게 초점을 맞추는 경향을 보인다.

 진실에 관심이 없을 때는 원인을 나타내는 단어(왜냐하면, 그러므로 등)의 사용을 피하고, 부정적 뜻을 담은 단어(아니다, 없다 등)와 부정적 감정을 담은 단어(미워하다, 쓸모없다 등)를 더 많이 쓰는 경향을 보인다. 또 동작을 나타내는 동사(걷다, 움직이다 등)의 사용을 늘리고, 배제를 뜻하는 단어(하지만, ~ 없이 등)의 사용을 줄이면서 더욱 단순한 용어로 개소리를 표현하는 경향을 보인다.

 사람들이 개소리에 반응하는 방식을 살펴보자. 속임수가

목적인 대화를 나누는 동안 사람들은 자기가 속고 있다는 사실을 알지 못하면서도 자기도 모르게 행동을 바꾸는 경향이 있다. 또한 사람들은 개소리를 듣고 있을 때 더 짧은 문장을 사용해 더 많은 질문을 하고, 개소리꾼의 언어 유형에 맞추는 경향을 보인다.

개소리를 감지할 수 있는 단어와 구절을 아래에 열거했다. 이러한 단어와 구절은 단독으로 개소리를 나타내지 않지만 몇 개가 결합해서 개소리가 된다.

- "내가 추측하기로는 ____ 입니다."
- "내 직관을 따르면 ____ 입니다."
- "나는 ____ 라는 것을 그냥 알아요."
- "이 사실을 모르는 사람이 많습니다만 ____"
- "당신은 아마 믿지 않겠지만, ____"
- "정말 대단하지 않아요?"
- "나를 믿으세요."
- "내가 아는 전부는 ____ 입니다."
- "이봐요, 내가 그런 게 아니에요."
- "나는 척 보면 압니다."
- "내가 당신에게 ____ 라고 말한다면 어떡하겠어요?" (테드 강연에 출연하는 개소리꾼들이 즐겨 사용하는 표현이다.)
- "당신한테 정말 잘 어울려요." (아무 근거도 대지 않으면서)
- "그가 제안한 계획은 경제를 마비시킬 것입니다."

- "이곳은 엉망이군요." (아무 근거도 대지 않으면서)
- "모두", "매번", "어디나", "누구나 그렇게 합니다." (증거에 근거한 이유를 대지 않고, 포괄적인 일반화를 시도하거나 성급하게 결정을 내린다.)
- "그들이 ＿＿＿라고 말합니다." 또는 "외부에서 ＿＿＿라고 입방아를 찧습니다." (그들은 누구인가? 어디에 있는가? 몇 명인가?)
- "그것이 바로 그들이 당신 마음을 사로잡는 방법입니다." (그들은 누구인가? 그들은 정확하게 어떻게 당신 마음을 사로잡는가?)

과학은 정말 정직한가

저녁 뉴스를 시청하거나 잡지를 펼치면 과학이라는 단어가 얼마나 흔해졌는지 목격할 것이다. "새로운 연구 결과"라며 전개되는 이야기들은 '오늘의 점성술' 바로 앞에 전파를 타거나 수록되어 있다.

"베이컨을 먹으면 수명을 연장시킬 수 있다는 새로운 연구 결과가 나왔습니다."
"최신 연구 결과에 따르면 개를 포옹하는 것이 개에게 좋지 않을 수 있다고 합니다."
"최신 연구 결과에 따르면 적포도주 한 잔을 마시는 것이 헬스장에서 1시간 동안 운동하는 것만큼 건강에 이롭다고 합니다."

과학으로 가장한 개소리가 이야기를 퍼뜨리고 소비재 판매를 부추긴다. 수십억 달러 매출을 올리는 에센셜 오일을 예로 들어보자. 수백만 명의 사람들이 라벤더, 카모마일, 장미, 우슬초, 백단, 유칼립투스 오일을 사용한 아로마 테라피가 스트레스를 완화하고, 에너지를 북돋우고, 소화를 돕고, 신경을 진정시키고, 피부 상태를 개선한다고 믿는다. 하지만 에센셜 오일의 이런 효과에 대한 과학적 연구는 방법론적 오류투성이다. 에센셜 오일을 주제로 출간된 연구 논문 201건을 체계적으로 검토해보면 방법의 질이 허용 가능한 것은 10건뿐이고, 심지어 이 10건조차도 과학적 기준에서 보면 여전히 취약했다. 논문 저자들은 고혈압, 우울증, 불안, 통증, 치매를 경감시키는 아로마 테라피의 효능을 검토하고 나서 증거에 설득력이 없다는 결론을 내렸다.[19]

엑스터의과대학교 의학전문대학원의 의학자들은 "미토콘드리아 표적 황화수소 공여자인 트리페닐포스포늄 브롬화물의 합성과 기능적 평가The synthesis and functional evaluation of a mitochondria-targeted hydrogen sulfide donor, (10-oxo-10-(4-(3-thioxo-3H-1,2-dithiol-5-yl)-phenoxy)decyl) triphenylphosphonium bromide(AP39)"라는 제목으로 2014년 《의화학커뮤니케이션Medical Chemistry Communication》에 논문을 발표했다.[20] 그런데 엑스터대학교에 몸담은 누군가가 논문 내용을 잘못 판단하고 '썩은 달걀 가스가 의료 치료의 열쇠를 쥐고 있다'라는 제목으로 보도자료를 발표했다.[21] 이 발표를 근거로 〈타임〉과 방송 매체 수십 군데가 '과학자는 방귀 냄새가 암을 예방할 가능성이 있다고 주장한다', '파트너의 방귀 냄새를 맡으면 질병을 퇴치하는 데 유용할 수 있다' 같은 자극적인 제목으로 기사를 내보냈다.[22]

최초 논문의 저자들은 냄새 나는 장내가스가 의학적 이익을 안긴다고 주장한 적이 없었다. 실제 논문은 실험실에서 실험했을 때 화합물 AP39가 유력 세포 집단인 미토콘드리아에 매우 소량의 황화수소를 전달한다고 서술했을 뿐이다. 따라서 방귀를 흡입하면 건강에 이롭다고 주장하는 의학 연구는 존재하지 않는다.

대중이 과학을 오해할 때 자주 따르는 경로가 있다. 과학자가 실험을 실시하고 초기 이론을 세운다("셀러리를 먹고 소화시킬 때 칼로리 소모량은 섭취량보다 많다"). → 기자들이 이론을 지나치게 일반화하고 독자의 관심을 끌기 위해 참신한 제목을 붙인다("셀러리, 경이로운 신세계 식품"). → 부정확하거나 오해의 소지가 있는 해석을 대중이 소비한다. → 과학자들은 그 후 20년 동안 잘못된 해석을 수정하려고 시도한다. → 대중은 전체 맥락을 파악하지 못하고, 부정확하거나 오해의 소지가 있는 해석을 머릿속에 떠올린다. → 대중은 과학자가 말을 바꾸고 "개소리"를 한다고 느껴서, 대중 자신의 이념이나 이익에 반하는 과학자의 후속 주장을 무시하고 불신한다.

과학으로 가장한 개소리와 과학을 구별하는 것은 어렵다. 자신이 달성한 많은 성과를 거론하는 과학자들은 불행하게도 과학에 대한 대중의 인식에 거의 영향을 미치지 못하고 있다.

과학자들과 과학 옹호자들은 어째서 우리가 인식 가능한 현상을 파악하는 방식으로 과학을 믿어야 하는지 대중에게 인식시키는 편이 더 나을 것이다. 그리고 우리는 과학 보고서를 판매 부수나 클릭 수를 늘리기 위해 선정적으로 고쳐 쓴 기사가 아니라 있는 그대로 받아들이는 편이 더 나을 것이다.

과학적 방법(예를 들어 질문, 배경 조사, 가설 구성, 실험을 통한 가설 시험, 데이터 분석, 결론 도출, 결과 전달)은 그 자체로는 아무것도 입증하지 못한다. 과학적 방법은 어떤 증거가 개념을 뒷받침하는지 아니면 거스르는지 말해줄 수 있을 뿐이다. 어떤 결론에 이르려면 증거를 해석해야 한다. 다시 한 번 강조하자면, 증거에 근거한 해석이 진실에 가까워지려면 반드시 비판적 질문이 따라야 한다.

어떤 사람이 자기 주장이 과학이나 실험, 새로운 연구로 뒷받침된다고 역설하면 이렇게 물어보자.

- 연구 결과는 실제로 무엇인가요?
- 과학 논문은 어디에 게재되었나요?
- 과학 논문의 저자는 누구였나요? 저자의 전문 분야는 무엇인가요? 상충하는 이해관계가 있나요?
- 보고서나 주장은 정말 과학의 결과인가요? (모든 과학 연구는 똑같이 생성되지 않을 뿐 아니라 많은 "과학적" 주장은 우리가 기대하는 만큼 정당하지 않다고 믿을 만한 몇 가지 이유가 있다.)
- 연구 결과의 타당성은 무엇인가요? 가설은 얼마나 엄격한 테

스트를 거쳤나요?

- 해당 분야에서 첫 보고서인가요? 아니면 연구 결과의 타당성과 관련해 다른 보고서가 있나요? 다른 보고서가 있다면 몇 개인가요? 그 보고서들이 도출한 결론은 무엇인가요?

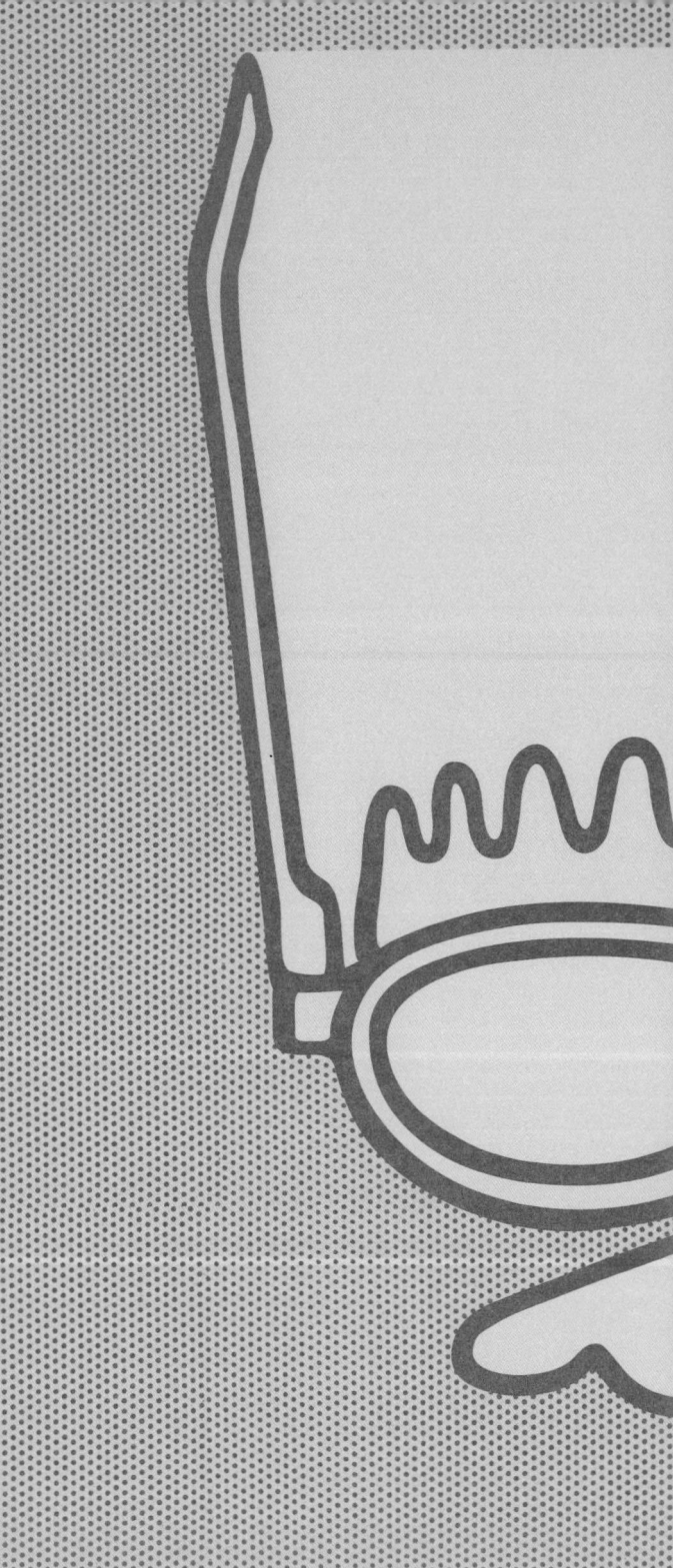

6장
우리는 더 현명해질 수 있다

: 의심하고 경계하고
의문을 제기하기

몇몇 사람을 영원히 속일 수 있고,
모두를 얼마간 속일 수는 있어도,
모두를 영원히 속일 수는 없다.
- 에이브러햄 링컨(Abraham Lincoln)

에이브러햄 링컨의 말이 옳다면 개소리에 넘어가지 않는 사람이 있어야 한다. 그들은 어떤 사람들일까? 비판적인 사고과정은 언제 실패하고, 이러한 실패를 극복하려면 어떻게 해야 할까? 개소리에 잘 속아 넘어가지 않는 사람들이 있다면 혹시 그들에게 도움을 받을 수 있을까?

 개소리에 대한 연구를 수행하면서 나는 주변에 개소리를 식별하는 데 도가 튼 사람들이 의외로 많다는 걸 확신할 수 있었다. 전문가들은 수년간 종사하는 직업군과 산업군에서 온갖 개소리를 들어왔다. 그들은 고도의 전문 지식을 보유하고 있으므로, 잘 알지도 못하면서 개소리를 해대는 사람들을 간파할 수 있다. 우리는 이 전문가들에게 배울 점이 많다. 그래서 나는 개소리 탐지 전문가들의 행동이 다른 사람들과 어떻게 다른지 파악하기 위해 현장으로 나갔다.

커티스 베이커와 중고차 딜러

자동차광인 커티스 베이커Curtis Baker는 대부분의 시간을 오래된 차에 매달려 지낸다. 나는 베이커가 5600제곱미터 넓이의 창고에서 1995년형 포르쉐 911 카레라 카브리올레Porsche 911 Carrera Cabriolet를 수리하는 광경을 지켜보았다. 베이커는 자동차 판매사이트 카구르스닷컴CarGurus.com에서 이 차를 발견하고는 텍사스주 댈러스로 날아갔다가 노스캐롤라이나주 샬롯에 있는 집까지 손수 운전해왔다. 나는 베이커처럼 공구 작업과 용접 작업을 하면서 대화와 미트볼 스파게티 먹기까지 동시에 하는 사람을 본 적이 없다. 베이커는 자동차 구매자들이 중고차 딜러의 개소리에 쉽게 속는 이유를 알려줄 수 있는 완벽한 사람이다.

"나는 사람들이 판매자들이 하는 개소리에 그토록 많이 속아 넘어간다고는 생각하지 않아요. 그보다는 판매자들이 공유하지 않는 사실 때문에 더 많이 속죠. 판매자들은 차를 정말 팔고 싶어 하지 않는 경우에만 잠재 구매자에게 그 차를 기피해야 할 점을 말해줄 겁니다. 주행거리가 8만 킬로미터이고 모양이 잘 빠진 2006년형 메르세데스 벤츠 SL 500을 판매하는 딜러는 조만간 3500~5000달러를 들여서 유압 서스펜션을 교체해야 한다는 말을 하지 않겠죠. 이처럼 딜러는 정보를 누락하는 방식으로 개소리를 합니다."

베이커는 정보 누락이 판매자와 구매자 양쪽에서 이루어

진다고 믿는다. 판매자는 정보를 제대로 밝히지 않고, 구매자는 올바른 질문을 하지 않음으로써 정보 누락에 가담한다. 구매자가 질문을 통해 스스로 지식을 갖추고 있다는 사실을 판매자에게 입증한다면 판매자가 개소리할 여지를 훨씬 줄일 수 있다.

베이커는 자동차를 구입하고 싶을 때 자신과 판매자에게 어떤 질문을 할까?

베이커는 이렇게 설명한다. "나는 이 차를 산다면 앞으로 2~3년 동안 추가 비용 없이 몰 수 있을지 자신에게 묻습니다." 그는 나중에 이윤을 남기고 팔 수 없다고 생각하는 차는 결코 사지 않는다. 그러면서 작년에 1만 6000달러를 주고 구입한 2010년형 토요타 FJ 크루저Toyota FJ Cruiser를 예로 들었다. "나는 그 차를 2년 동안 탈 생각이고, 그러면 주행거리가 늘어나겠죠. 그래도 유지비를 크게 들이지 않으면서 2만 달러에 팔 겁니다. 어떻게 그럴 수 있느냐고요? 내가 토요타 FJ 크루저에 대해 공부를 했기 때문에 가능한 일이에요. 이 차는 휘발유를 많이 소비하는 차가 아니고 2014년에 생산이 중단되었습니다. 따라서 도로에 돌아다니는 크루저의 수는 점점 줄어들고 있으며, 내가 팔려고 생각할 즈음에는 훨씬 줄어들겠죠. 그런데 소비자는 이 SUV를 매우 좋아하므로 수요는 꾸준히 유지되는 반면 공급은 계속 줄어들 겁니다."

베이커는 차마다 공짜로 탈 수 있는 가격이 있다고 확신한다. "판매자의 개소리에 속아서 자신이 원하지 않는 차를 사지 않으려면 공부를 해야 합니다. 거의 모든 차 모델마다 무료로 확인할 수 있는 온라인 포럼이 있어요. 2001년형 BMW X5에 관심이 있다고 칩시다. 온라인 포럼에 접속해 해당 모델의 차를 운전하는 사람들이 어떤 점을 불평하는지 살펴보세요. 어떤 모델에 형편없는 부품이 들어 있는지, 문제가 언제 발생할 가능성이 있는지 정말 빨리 파악할 수 있죠. 또 공부를 하면 더욱 유리한 입장에 서서 강력한 BATNA_{Best Alternative to a Negotiated Agreement}를 개발할 수 있어요. 딜러가 '이렇게까지 까다롭게 따질 필요는 없어요'라고 말할 때야말로 차를 싸게 살 수 있다는 뜻이에요."

　BATNA는 협상 합의가 불가할 때 최선의 대안을 가리키는 말로, 강력한 BATNA를 갖춘 쪽이 협상에서 승리한다.[1] 만약 공부를 해서 차종과 모델에 대해 모든 사항을 파악하고 여러 대안을 세웠다면 협상을 유리하게 이끌 공산이 크다. 기본적으로 BATNA를 갖춘다는 것은 실행 가능한 플랜 B를 구비한다는 뜻이다.

　딜러들이 당신에게 맞는 차는 딱 하나라고 믿게 하려고 내뱉는 개소리를 용납하지 말아야 한다. 구매자에게는 협상할 수 있는 딜러가 여럿 있고 고를 수 있는 차도 여럿이다. 또 카구루스, 오토트레이더_{Autotrader}, 이베이 등에서 즉시 손에 넣을 수 있는 대안을 포함해 구매자가 선택할 수 있는 차는 수천은 아니더라도 수백 대에 이른다. 베이커는 좋은 BATNA를 개발하는 가장 손쉬운 방법은 여러 자동차 딜러들을 접촉해 적어도 두 대나 최대한 많은 차에 "푹 빠지는" 것이라고 조언한다. 특별한

한 사람에게 푹 빠지는 것은 좋지만, 자동차와 재산의 경우는 다르다. 베이커는 이렇게 설명한다. "차 한 대, 집 한 채, 직장 하나에 푹 빠지면 거의 틀림없이 속임수에 걸려든다고 봐야 합니다. 왜냐고요? 물건 하나에 완전히 빠지면 딜러가 제시하는 세세한 거래 조건을 받아들일 수밖에 없거든요."

딜러에게 다른 판매점에 있는 다른 차에 푹 빠졌다는 착각을 줄 수 있다면 BATNA로 사용할 수 있는 수단을 갖춘 것이다. 이 경우에는 최초에 형성한 더 높은 가격의 거래를 조금 더 마음 편하게 취소할 수 있다. 적어도 공부를 하고 나면 자신이 원하는 차의 시장에 대해 파악하고 있으므로, 자신이 알고 말하는 것처럼 행동할 때 자신감으로 무장할 수 있다.

베이커는 눈에 들어오는 자동차가 생기면 그 차의 진짜 가치를 발견하기 위해 공부한다. 즉 꼭 해야 하는 수리, 위험, 지급 이자, 보험료, 모델의 감가상각을 감안한 전체 비용은 얼마일까? 팔 준비가 되었을 때 얼마를 받을 수 있을까? 많은 자동차 구매자들은 주로 융자를 받아서 4년 내지 6년 심지어 7년 동안 자동차 대금을 지불한다. 매달 지불하는 할부 금액에는 지나치게 신경을 쓰면서, 정작 자동차의 진정한 가치와 비용에는 충분히 관심을 기울이지 않는다. 하지만 베이커는 '이 자동차에 관한 객관적 사실은 무엇인가? 카팩스 보고서에는 어떻게 적혀 있는가?'라고 물어야 한다고 강조하면서 이렇게 덧붙인다. "카팩스 보고서에 충돌 이력이 적힌 차는 사고 싶지 않을 것입니다. 앞으로 10년 동안 그 차를 몰 생각이라면 모를까, 충돌 이력이라는 붉은 깃발을 달고 있는 차를 팔기는 힘들 테니까요. 파손된 적이 없고, 주행거리도 1만 6000킬로미터에 불과하고, 출시된 지 5년 밖에 되지 않았지만 주인이 일곱 번이나 바뀐 차는 어떨까요? 역시 사고 싶지 않을 겁니다. 뜨거운 돌을 두 손으로 쥐는 위험을 감수하고 싶지 않을 테니까요."

베이커가 자동차의 성능을 파악하고 싶어 하는 사람에게 추천하는 매우 유용한 방법은 판매자나 딜러에게 가까운 공인 자동차 딜러에게 자동차를 가져가서 '사전구매 검사'를 받아달라고 요청하는 것이다. 사전구매 검사비용은 약 350달러인데 그만한 비용을 들일 가치가 있다. 검사를 담당하는 딜러가 모든 부품을 면밀히 살펴보고 발견한 문제를 알려줄 것이다. 자동차에 문제가 없으면 다행이고, 문제가 있다면 훨씬 다행이다. 검사를 통해 공식적으로 확인된 문제를 판매자와 협상할 때 도구로 사용할 수 있기 때문이다. 공신력 있는 딜러에게 자동차를 구매할 때는 사전구매 검사를 요청하는 게 지나친가 싶겠지만, 중고차를 구입할 때는 이러한 수준까지 조사하고 질문하는 과정이 필요하다. 베이커는 이렇게 설명한다. "주행거리가 5만 6000킬로미터에 불과한 2001년형 BMW X5에서 트랜스미션 오일이 떨어지는 광경을 본 적이 있어요. 자동차 아래에 기름이 떨어져 있다면 딜러는 그저 오일을 교체하다가 약간 흘렸을 뿐이라고 말할 겁니다. 개소리죠. 그러니 사전구매 검사를 받아야 해요. 나중에 나한테 고맙다고 할 겁니다."

베이커는 딜러나 은행이 어떤 종류의 압박을 받고 있는지를 외부 사람은 결코 알지 못한다고 강조한다. "구매자가 딜러에게 터무니없는 제안을 해서 구매에 성공할 확률은 5퍼센트에 지나지 않지만, 제안 100건마다 5건을 성공시킬 수 있다는 뜻이므로 그만큼 돈을 아낄 수 있습니다. 나는 사람들이 어째서 이런 제안과 협상을 하지 않는지 항상 궁금합니다. 구매자가 차에 대해 공부하고 꽤 지식이 있는 것처럼 말할 수 있다면, 해당 차가 어째서 팔기 어려운지 딜러에게 각인시킬 수 있거든요. 사륜구동 캐딜락 에스컬레이드Cadillac Escalade에서 타이어 하나만 펑크 나도 최소 1000달러를 들여 타이어 4개를 모두 교체해야 한다는 말을 꺼내면, 적어도 구매 가격에서 1000달러를 깎을 수 있습니다."

마지막으로 베이커는 이렇게 덧붙인다. "나는 자신에게 '지금 감정적 구매를 하려 하는가? 이것은 충동적인 결정인가?'라고 묻습니다. 무슨 일이 있어도 충동구매를 하지 않으려고 주의하죠. 감정이 아니라 사실과 이성에 근거해 결정을 내려야 하거든요. 내가 자동차를 사서 손해를 보았던 유일한 경우는 감정에 흔들려 구매했을 때였습니다. 나는 1994년형 폰티악 트랜스 앰Pontiac Trans Am을 꾸준히 좋아했습니다. 하얀색 핸들이 돋보이는 그 차를 꼭 사야만 했어요. 하지만 자동차를 파는 시점이 왔을 때 처분하느라 지독하게 고생했죠. 딜러들은 사람들이 감정적인 이유로 자동차를 구매한다는 사실을 매우 잘 알고 있어요. 잠재 구매자에게 시운전을 권하는 것도 이 때문이죠. '지붕을 열고 달리면 어떤 기분이 들지 확인해보세요. 마력을 느껴보세요. 가죽의 냄새를 맡아보세요. 오늘 이 자동차를 내 것으로 만들어 타고 나간다고 상상해보세요.' 딜러는 구매자가 시운전한 자동차에 푹 빠지기를 원합니다. 딜러가 제아무리 고객 판매 컨설턴트, 최우수 팀 담당자, 판매왕, 계약 고수를 자칭한다 하더라도 결국 자동차 딜러이고, 자동차를 최대한 많이 판매하는 것에 생계가 걸려 있습니다. 그 점을 항상 기억해야 합니다."

팀 테리와 보석 소매상

2005년, 가난한 대학원생 시절에 나는 열렬하게 사랑에 빠졌다. 어느 날 개소리의 소용돌이에 휩싸이면서 비싼 물건을 사려고 시장에 나갔다. 다행히 개소리 탐지 전문가를 우연히 만나 도움을 받을 수 있었다. 내가 사려던 것은 바로 다이아몬드가 박힌 약혼반지였고 전문가는 팀 테리Tim Terry였다.

테리가 내게 해준 첫 조언은 이랬다. "다이아몬드 약혼반지를 사려면 약혼자를 데려가지 마세요." 그때 테리의 말을 들었어야 했다.

테리는 보석 소매상들이 두 사람 중 한 사람에게 초점을 맞춰 개소리를 한다고 설명했다. 이성적인 보석상이라면 제품을 사는 사람이 아니라 착용하는 사람에게 초점을 맞출 것이다. "약혼자는 무엇을 좋아하나요? 약혼자에겐 무엇이 어울리나요?" 보석상은 남녀가 함께 쇼핑하는 경우를 선호한다.

테리는 이렇게 경고한다. "보석 가게에 약혼자를 데려가면서 2000달러짜리 반지를 구매하리라 기대하면 오산이에요. 약혼자가 매장에 있는 제품들을 꼼꼼하게 살펴보고 반지들을 비교하기 시작할 테니까요. 그때부터 남자는 4000달러짜리 반지를 살 가능성을 고려하게 됩니다. 약혼자가 정말 원하는 반지는 4000달러짜리라는 것을 알기 때문이죠."

나는 오랜 친구이면서 보석 전문 제조업자인 테리를 인디애나주 블루밍턴에서 만났다. 뉴욕주 엔디콧에, 지금은 블루밍턴에 보석 가게를 하나 더 운영하는 테리는 40년 넘게 보석 소매업에 종사해왔다. 그는 주로 자연에서 영감을 받아 정교한 디자인을 하는 재주를 지녔고, 고객이 원하는 모양에 맞추어 보석을 제작한다. 예술적 기술도 뛰어나지만 내가 테리에게 특히 경탄하는 점은 보석 산업에 대한 지식의 폭과 깊이, 보석에 대해 개소리를 하지 않는 솔직한 태도이다.

"드비어스 다이아몬드 신디케이트 De Beers Diamond Syndicate, 제럴드 M. 록 Gerold M. Lauck, 광고대행사인 N.W. 에이어 N.W. Ayer가 실시한 최초 조사를 보면, 남성이 다이아몬드 시장의 열쇠를 쥐고 있다고 해요. 결국 약혼반지를 구매하는 고객 대부분은 남성이니까요. 따라서 약혼자가 함께 가지 않더라도 제대로 된 보석상이라면 남성 고객이 특별한 반지를 찾고 있다는 사실을 알 테고, 자신의 매장에서만 그 특별한 반지를 살 수 있다는 인식을 심어주려 하겠죠. 다이아몬드가 사랑의 선물이라는 개념을 보석 사업이 주장하는 것도 바로 이 때문이에요. 다이아몬드가 클

수록, 품질이 좋을수록, 희귀할수록 표현하는 사랑의 정도는 커지기 마련입니다. 일부 여성들도 같은 생각이라고 테리는 강조한다. 여성들은 거의 한 세기 동안 다이아몬드를 낭만적인 구애의 수단이자 자신들의 지위와 자존감을 높이는 필수품으로 인식하도록 부추김을 받아왔습니다. 물론 개소리죠."

미국에서는 여성의 80퍼센트 이상이 다이아몬드 반지로 청혼을 받는다(다이아몬드 반지는 매장을 떠나는 순간 가치가 50퍼센트 이상 하락한다). 어째서 하필 다이아몬드일까? 제럴드 M. 록과 광고대행사인 N.W. 에이어가 주도하는 탁월한 마케팅은 물론 국제적인 다이아몬드 탐색, 채굴, 소매, 무역, 제조기업인 드비어스 다이아몬드 신디케이트가 그렇다고 말했기 때문이다. 1941년대 초반 이후로 드비어스 다이아몬드 신디케이트는 다이아몬드가 희귀하다는 환상을 꾸며내고 공급을 제한해(드비어스는 모든 다이아몬드 광산을 사들이려고 노력하고 있다) 높은 가격을 정당화하고 있다. 하지만 현실에서 다이아몬드는 대부분의 소비자가 생각하는 것처럼 희귀하지 않다.

자연에서 채굴한 다이아몬드와 사실상 구분할 수 없으면서 종종 미적으로도 결함이 없는 합성 다이아몬드lab-grown diamond가 등장했기 때문이다. 연방거래위원회Federal Trade Commission, FTC는 합성 다이아몬드 제조사에게 합성 다이아몬드를 "자연에서 나지 않은 인공 보석"으로 명확히 구별하는 용어를 사용하도록 요구한다. 하지만 연방거래위원회가 내건 조건은 개소리를 포장한 것에 불과하다. 천연 다이아몬드와 합성 다이아몬드는 화학적으로든 시각적으로든 똑같기 때문이다. 사실상 둘은 기원이 다를 뿐 육안으로는 차이를 식별할 수 없다. 소비자가 시장에서 색상과 컷이 우수한 다이아몬드를 찾는다면 아마도 합성 다이아몬드를 구하게 될 가능성이 크다. 완벽한 다이아몬드를 찾는 것보다는 만드는 편이 훨씬 수월하기 때문이다. 현실이 이런데도 보석상들은 천연 다이아몬드의 가격을 합성 다이아몬드보다 30퍼센트 높게 책정한다. A급 0.75캐럿 천연 다이아몬드를 사려면 2000~3000달러를 지불해야 하지만, 합성 다이아몬드 1캐럿은 1600달러 정도만 지불하면 된다.

테리는 1982년 에드워드 엡스타인Edward Epstein이 〈애틀랜틱먼슬리〉에 발표한 오래되고 낡은 기사 스크랩을 꺼냈다. 이 기사에서 엡스타인은 다이아몬드 반지를 처분할 때 왜 구매 가격에 못 미치는 금액만 받고 팔 수밖에 없는지를 설명한다.[2]

보석 소매상들은 고객에게 다이아몬드를 되사들이지 않으려 한다. 자신들이 제시할 인수 가격이 터무니없이 낮다고 여겨질 공산이 크기 때문이다. 다이아몬드와 세팅의 원가를 제외한 이윤은 100~200퍼센트일 수 있다. 그러나 고객에게서 다이아몬드를 되살 때는 도매가로 거래해야 한다. 따라서 보석 소매상들은 대개 고객에게 다이아몬드를 "소매"로 구입하는 전문회사를 이용하라고 권한다.

보석 소매상들은 다이아몬드의 등급을 결정하는 네 가지

기준 4C인 컷Cut, 색상Color, 투명도Clarity, 캐럿 무게Carat가 구매자를 유인하기에 충분하지 않을 때 다이아몬드는 투자 수단으로 좋다는 개소리를 해댄다. 하지만 정작 다이아몬드업계에 종사하는 어느 누구도 이러한 개념을 믿지 않는다. 현실은 정반대다. 엡스타인은 이렇게 설명했다.

> 다이아몬드의 막대한 이윤폭 때문에 다이아몬드를 소매로 사고 실질적으로 소매로 되파는 개인들은 막대한 손해를 입을 때가 많다. 엠파이어Empire 다이아몬드 대표인 잭 브로드는 소매 보석 매장에서 2000달러에 판매되는 0.5캐럿 다이아몬드 반지가 엠파이어에서는 단돈 600달러에 거래된다고 추정했다.

보석상이 엄청난 불확실성을 수반하는 물건을 취급한다는 사실에 고객들은 좀 더 주의를 기울여야 한다고 테리는 조언한다. 보석상은 4C라는 복잡한 기준을 고려해야 하는데, 사과도 아닌 다이아몬드끼리 비교하기는 애초에 힘들기 때문에 많은 경우 임의로 가격을 책정한다.[3]

테리는 이렇게 설명한다. "다이아몬드 같은 보석은 모두 허깨비입니다. 1600달러짜리 합성 다이아몬드도 허깨비이기는 매한가지예요. 합성 다이아몬드의 가격은 100달러를 넘지 않아야 해요. 천연 다이아몬드 가격에는 지하 파이프나 해상 광산에서 킴벌라이트 수 톤을 옮기는 비용이 포함됩니다. 이것이 천연 다이아몬드 가격이 비싼 부분적인 이유죠. 하지만 천연 다이아몬드가 희귀하고, 좋은 투자 대상이고, 고귀한 신분을 상징한다는 주장은 완전히 개소리일 뿐 아니라 잘못되었습니다. 게다가 다이아몬드가 그토록 귀하다면 어째서 다이아몬드 한 개쯤은 너 나 할 것 없이 가지고 있겠습니까?"

테리는 무언가 특별하고 독특하고 진정으로 희귀한 무언가를 원한다면 선물할 가치가 있는 맞춤형 제품의 제작자를 찾아야 한다고 믿는다. 그리고 다이아몬드는 지위의 상징이 아니라 사랑, 헌신, 단결의 상징으로 사야 한다. 만약 다이아몬드 한 개로 이 모든 목표를 달성하려고 한다면 당신은 스스로에게 개소리를 하는 것이다. 나 또한 테리의 믿음을 따르고 싶어지는데, 합성 다이아몬드가 1500퍼센트나 뻥튀기된 가격에 판매된다는 테리의 주장이 사실이라면, 더더욱 그렇다.

"사람들은 자신이 낀 다이아몬드 반지가 완전히 새 것이라고 믿고 싶어 합니다. 하지만 우리가 소유한 다이아몬드가 실제로 어디에서 왔는지는 아무도 모른다는 게 엄연한 현실이에요. 비양심적인 보석상은 보석을 바꿔치기하는 것으로 악명 높고, 특정 다이아몬드의 출처는 논란의 대상입니다. 어떤 보석상은 전당포에서 다이아몬드를 입수했을 거예요. 나라도 친구에게 전당포에 가서 다이아몬드를 구해보라고 조언할 것입니다. 전당포에 가면 다이아몬드를 도매가격의 4분의 1만 주고 살 수 있고, 이렇게 구매한 다이아몬드는 어느 '새 다이아몬드'보다 품질이 좋을 수도 있거든요."

테리는 정보를 근거로 판단하는 고객이 최고의 소비자라

고 믿는다. 그러면서 공정한 거래를 하려면 좀 더 호기심을 갖고 질문하라고 제안한다. 올바른 질문을 하지 못하고, 보석의 진정한 가치를 드러내는 핵심 요소에 초점을 맞추지 못하기 때문에 계속해서 보석 관련 개소리에 속아 넘어가는 것이다. 테리는 이렇게 설명한다. "고객은 가격을 거의 비교하지 않아요. 가격에 대한 질문을 자신이 피해야 하는 신성한 영역처럼 생각하죠. 하지만 좋은 거래를 하고 싶으면 질문을 해야 합니다. 이 물건에 이 가격을 붙인 이유는 무엇인가요? 이 물건은 다른 물건과 어떤 점이 다른가요? 가격을 비교한 결과를 찾아볼 방법이 있나요? 기름을 묻혀 보석의 결함을 임시로 위장한다는 얘기가 맞나요? 바보 같은 질문이란 있을 수 없습니다. 그냥 물어보는 게 상책이에요."

크리스티나 프라이스와 부동산 중개업

노스캐롤라이나주 샬럿의 북쪽에 있는 노먼 호수 지역에서 25년 이상 경험을 쌓고 16회 오성 부동산 중개사상Five Star Real Estate Agent Award을 수상한 크리스티나 프라이스Christina Pryce는 지식이 풍부하고 신뢰할 수 있는 부동산 중개업자이다.[4] 또 개소리 탐지 전문가이기도 하다. 나는 매수자 입장은 물론 매도자 입장에 서면서 이 사실을 실감할 수 있었다. 프라이스가 개소리를 하지 않고 부동산 중개에 임한 덕분에 나는 수천 달러를 절약할 수 있었다.

내가 프라이스에게 감탄한 점은 한 번에 단 5~6개의 매물만 확보하고, 집 한 채 매매에 수십 명씩 몰려드는 잠재 고객에게 결코 휘둘리지 않는다는 것이다. 프라이스는 광고도 하지 않고 웹 존재감도 없이 오로지 입소문만으로 소개를 받아 계약을 성사시킨다. 이러한 접근 방법을 사용하기 때문에 시장을 연구하고 판매 기법을 갈고닦을 시간을 벌 수 있다. 프라이스는 이렇게 강조한다. "나는 부동산 감정사가 아니지만 감정평가 강좌를 세 번 수강했습니다. 부동산업계에서는 시간 경과에 따라 상황이 계속 바뀌니까요." 프라이스는 지역지구제 법을 파악하고 있으며 감정사들을 "돕기" 위해 적절하게 비교할 수 있는 집을 물색하는 방법을 알고 있다. "이 지역 사람은 보통 노먼 호숫가에서 살고 싶어 합니다. 주택 구매자들이 집 앞에 보트 부두를 설치할 수 있는지 물으면 대다수 부동산 중개업자는 '그럼요, 가능합니다'라고 대답할 거예요. 하지만 제대로 알지 못하고 대답하는 경우가 태반이죠. 노먼 호수는 듀크에너지Duke Energy가 원자력 발전소에 서비스를 제공하기 위해 건설한 인공 호수입니다. 따라서 부두를 설치하려면 먼저 듀크에너지의 승인을 받아야 하는데 그들의 규칙은 끊임없이 바뀝니다. 호숫가에 있는 집을 구매했는데 집에 부두를 설치할 수 없다는 사실을 나중에 알면 얼마나 기가 막히겠어요? 나는 고객에게 개소리를 하기보다는 공부를 해서 이러한 상황을 피합니다."

프라이스에게 있는 '예리한 감각'은 개소리의 영향이 대부분의 사람들이 생각하는 것보다 훨씬 크다는 인식에 뿌리를 내리고 있다. 그녀는 주택을 감정하는 작업이 예술의 가치를 평가하는 작업만큼 주관적일 수 있다고 생각한다. 한 흥미로운 연구에서 인지심리학자인 조너선 퓨겔생Jonathan Fugelsang과 동료들은 화가나 컴퓨터가 그린 추상화 140점 이상을 사람들에게 보여주고 각 그림이 얼마나 심오한지 평가하라고 요청했다. 몇몇 그림에는 국제 미술 영어International Art English, IAE로 알려진 미술 큐레이터 언어로 꼬리표를 붙였다.[5] IAE는 화가와 큐레이터가 예술작품을 논의할 때 흔히 사용하는 의사소통 양식이다.[6] IAE는 명확하고 간결한 언어를 사용하는 대신에 동사를 변형하고, 형용사를 명사로 바꾸고(예를 들어, 잠재적인potential을 잠재적 가능성potentiality으로), 비슷한 용어를 짝짓고(예를 들어, 내면 심리internal psychology와 외면 현실external reality), 머릿속에 그리기 힘든 공간적 은유(예를 들어, 작은 기교 여럿이 모여 그 정점에서 신비한 균형을 이룬다)를 선호한다.

퓨겔생이 실시한 연구에서, 추상화에는 "병리학적 인테리어The Pathological Interior"나 "고통의 불분명한 특이성Undefined Singularity of Pain"처럼 IAE로 제목을 붙이거나, "캔버스 8호Canvas No 8"나 "색상 혼합Color Mixing"처럼 평범한 제목을 붙이거나, 아무 제목도 붙이지 않았다. 제목은 현격한 효과를 발휘했다. IAE로 제목을 붙인 그림들은 평범한 제목이나 무제인 그림보다 더욱 심오하다는 평가를 받았다.

언어를 통해 인식에 영향을 미치려는 시도는 부동산 분야에서도 찾아볼 수 있다. 노련한 부동산 중개업자들은 자신들이 매물로 확보한 집에 대해 부정적인 의미를 전달할 가능성이 있는 단어를 절대 사용하지 않는다. '아늑한 집', '인형의 집', '오두막집' 등은 귀엽고 개성있게 들릴 수 있지만 보통은 "매우 작다"는 뜻이다. '맞춤형'이라거나 '독특하다'는 단어는 집에 대한 자부심을 드러낼 수 있지만 구매자들은 "별난 구석", "값싼 색상", "유별난 증축" 등을 떠올리는 경향이 있다. '현대적'이거나 '빈티지'하거나 '소박하다'는 단어는 과거의 정취를 느끼게 하지만 구매자들은 "구식"이라는 뜻으로 듣는다. '애정 어린 보살핌이 필요'하다거나 '애정 어린 손길로 유지보수'했다는 표현은 판매자에게는 집에 상당히 많은 "잠재 가치"가 있다는 뜻일 수 있지만 구매자에게는 집을 심각하게 수리할 필요가 있다는 신호이다. 최악의 단어는 '허가증 확인 요망'인데 "허가 없이 증축하거나 개조했다"는 뜻이다. 이 밖에도 부동산 중개업자는 '아름다운 외관', '입주 준비 완료', '널찍한 공간', '천국처럼 펼쳐진 뒤뜰', 거실과 주방을 한 공간으로 튼 '오픈 플로어 구조', '완벽함 추구', '스위트룸' 등 암호 같은 단어를 사용한다. 모든 부동산 중개업자는 부동산 광고를 작성할 때 구매자의 관심을 확실하게 끄는 방식은 "스테이크가 아니라 스테이크를 구울 때 나는 지글거림"을 파는 것이라는 점을 알고 있으며, 이때 개소리가 자주 등장한다.

    부동산업계에서는 코드 언어를 정확하게 사용해야 한다. 프라이스는 이렇게 설명한다. "나는 매물 목록을 묘사하는 방식을 놓고 담합하지 않습니다. 내가 매물을 설명한 내용을 읽고 다른 중개업자가 나름대로 기대를 품은 구매자를 데리고 나타났는데 정작 매물이 기대와 다르면 내 평판이 다치거든요. 자신이 활동하는 지역에서 부동산 중개업자들 사이에 형성된 평판은 부동산 사업에서 생존하고 번창하는 데 절대적으로 중요합니다."

내가 2014년 여름에 집을 팔았을 때였다. 집을 매물로 내놓은 지 2주가 지난 시점에 에어컨이 고장 나서 수리 견적으로 2500달러가 나왔다. 그런데 그 전에 프라이스가 내 집을 판매자주택보증에 등록해놓아서 등록비 50달러, 서비스 요금 100달러를 지불했으므로 모두 2350달러를 절약할 수 있었다. 프라이스는 이렇게 설명한다. "나는 어떤 매도인과 거래하든 주택보증 절차를 자동적으로 밟습니다. 새 집이든 헌 집이든 예상하지 못한 상황이 발생할 수 있거든요. 판매자들은 30년 묵은 집에 살고 있더라도 자기 집이 얼마나 새 집처럼 보이는지 부풀려 말하고, 집의 실제 가치가 적어도 2만 달러 이상이라고 강조합니다. 하지만 이 말은 사실이 아니죠. 집을 지은 지 30년이 지났으니 가치는 생각보다 작은 2만 달러인 겁니다. 30년 되었는데 새 집처럼 보이는 집은 없어요. 팔리기 전에 어딘가 망가질 가능성은 언제나 있죠."

프라이스가 직면하는 가장 곤혹스러운 상황은 구매자들이 자신의 구매 능력을 부풀려 말하는 것이다. "매물을 보면서 잠재 구매자는 '아, 이 집은 내가 지금 살고 있는 곳보다 작네요. 이 정도 집이라면 현금으로 살 수 있을 거예요'라고 말합니다. 하지만 일주일 후에 말을 바꿔서 '이자율이 워낙 낮아서 담보대출을 받을 생각입니다'라고 말한다면, 실제로는 현금으로 살 여력이 없는 경우가 많아요. 매도인과 마찬가지로 매수인도 어떤 이유에서든 내게 개소리를 하려고 합니다."

또 프라이스는 부동산 중개업자들이 자기 자격에 대해 허풍을 떠는 행태를 싫어한다. "부동산 사업에서는 평판이 전부입니다. 가격이 40만 달러 이하인 집에는 제안이 여럿 들어오겠죠. 이때 어떤 구매자와 거래할지 결정하는 것은 집 판매자지만 이 결정에 부동산 중개업자가 필연적으로 영향을 미칠 수 있어요. 그런데 집 판매자 편에서 일하는 중개업자는 미숙한 중개업자와 거래하고 싶어 하지 않겠죠? 아무래도 경험이 더 많은 중개업자가 '모든 업무'를 처리하리라는 기대를 받을 테니 누가 이러한 상황에 놓이고 싶겠어요? 그러다보니 남는 것은 해당 지역에서 활동한 지 얼마 되지 않고, 제대로 알지 못하면서 말하고, 자신의 경험과 성공 사례를 과장하는 중개업자들입니다. 내가 만났던 한 중개업자는 매우 좋은 실적을 거두고 있어서 한 해에만 2000만 달러에 상당하는 계약을 성사시킬 예정이라고 말하더군요. 당시가 9월이었어요. 나는 속으로 이렇게 생각했죠. '당신은 마지막 분기 동안 대단히 유능한 중개업자를 상대편으로 맞아야겠군요. 내가 이미 여러 매물 목록을 찾아봤는데, 올해 당신 실적은 500만 달러에 불과하니까 말이죠.' 자신과 거래할 사람에게 사실을 말하고 투명하게 행동하는 편이 훨씬 좋습니다."

또 프라이스는 매매 과정에서 고객에게 명확하고 현실적인 태도를 취해야 한다고 강조한다. "나는 초반에 '이 집을 어떤 방식으로 구매할 생각입니까?'라고 묻습니다. 사실 집을 구매할 조건을 갖추지 못한 사람이 많거든요. 자신들은 준비가 되어 있다고 생각하지만 실제로는 그렇지 않아요. 나는 아무에게나 노먼 호수를 보여주고 집을 구경시켜주고 싶지 않습니다. 일단 집을 구매할 능력을 갖췄는지 확인한 후라야 거래를 시작할 수 있죠. 그 다음에는 고객이 정말 원하는 것이 무엇인지 파악하려고 합니다. 앞으로 5~10년 동안 거주할 집을 원하나요? 수익을 거둘 집을 찾고 있나요? 어떤 계획을 세우고 집을 구매하려 하나요?"

고객이 집을 사겠다고 결정하더라도 어떤 집을 살지 결정하기는 벅찰 수 있다. 이 과정을 돕기 위해 프라이스는 엑셀 스프레드시트를 사용하라고 제안한다. 스프레드시트의 첫 칸에는 자신이 구매하고 싶은 집의 다양한 특징을 나열한다. 여기에는 가격, 위치, 주방, 화장실, 안방 크기, 바닥, 천정, 조경, 이웃, 학군, 직장까지 거리, 심지어 충분히 설명하기 힘들지만 반드시 필요한 요소까지도 포함시킨다. 고객에게 중요한 특징이 25가지라고 치자. 우선 자신에게 가장 중요하고 가장 중요하지 않은 특징을 결정하고 중요도 순서로 나열한다. 그런 다음 각 특징이 최종 결정에 영향을 미치는 정도를 판단해 0.00에서 1.00까지 가중치를 부여하고 두 번째 칸에 기록한다. 이때 가중치의 합은 1.00에 맞춘다. 그리고 후보 목록에 있는 각 집에 해당하는 칸을 추가한다. 고객은 구매 결정에 반영하고 싶은 각 특징에 대해 매물마다 1~5점으로 점수를 매긴다. 그 후 각각 점수와 특징의 가중치를 곱해 합산 점수가 가장 높은 집을 고른다.[7] 의사결정 전문가들이 '가중치 가산 모델weighted additive model'이라고 부르는 이 방법을 사용하면 여러 대안과 특징이 있는 경우에 효과적으로 의사를 결정할 수 있다. 나는 자신에게 돌아올 이익에만 급급해 고객을 어느 한 방향으로 몰지 않는 부동산 중개업자들이 있어서 다행이라 생각한다. 하지만 개소리를 탐지하려는 사회심리학자 입장에 서서 엑셀 스프레드시트를 계속 사용할 것이다.

●

내가 개소리와 개소리하기에 관한 질적 연구를 실시하고 발견한 중요한 사실이 있다. 13년간 공교육을 받았다고 해서 모두가 노련한 학생이 되지 않듯 속임수가 판치는 업계에서 수십 년간 경력을 쌓았다고 해서 모두가 진정한 개소리 전문가가 되는 것은 아니다. 실제로 높은 성과를 거두는 전문가는 풍부한 경험을 뽐내는 직업인과 두 가지 측면에서 구별된다.

첫째, 전문가는 '표본공간'의 복잡성을 이해한다. 앞에서 살펴보았듯 수학과 인간의 문제 해결에 관한 연구에서 어떤 문제의 표본공간은 광범위한 변수의 가능한 모든 값이다.[8] 예를 들어, 정육면체 주사위 한 쌍을 굴려서 7을 얻을 확률을 계산하려면 '1과 6, 2와 5, 3과 4, 4와 3, 5와 2, 6과 1'이 나오는 여섯 가지 경우를 고려해야 한다. 주사위 한 쌍을 한 번 굴려서 나올 수 있는 결과를 모두 통틀어 합이 7이 나올 가능성이 가장 크다. 소비자에게 제품이나 서비스를 제공하는 것 역시 표본공간 개념을 적용할 수 있다. 예를 들어, 내 차의 수리를 맡은 숙련된 자동차 정비사는 자동차 엔진에 어떤 현상이 생겼는지 이해할 것이다. 내 차를 다시 가동시킬 방법을 알고 있을 뿐 아니라 엔진의 물리학과 기계학, 효율성 증가를 위해 엔진을 수리하는 방법도 알고 있다. 자동차에서 휘발유가 샌다면 고객은 새는 원인을 알기 위해 단순히 경험이 쌓인 자동차 정비사가 아니라 숙련된, 소위 전문가를 만나고 싶어 한다. 휘발유가 새는 데는 정말 수십 가지 기술적 원인이 있기 때문이다. 전문 자동차 정비사는 문제를 일으키는 갖가지 원인을 잘 이해하고 있으므로, 누출 원인을 정확히 찾아 수리할 수 있다.[9]

둘째, 전문가는 자신의 활동 영역에서 일어나는 일을 흡사 조사관이나 과학자처럼 들여다본다. 자신의 전문 영역에 대해 비판적으로 생각하는 법을 알고 있고, 문제를 해결하고 최적의 의사결정을 내리는 데 필요한 정보를 얻으려면 어떤 질문을 해야 할지 또한 알고 있다. 지적 겸손을 갖추고 섣불리 추측하지 않으려고 조심하면서, 근거 없는 주장을 명확히 밝혀내고 불확실성을 줄이려 한다. 또 설득력 있는 증거를 확보할 때까지는 섣불리 결론 내리는 것을 삼간다.

이제 전문가들이 개소리를 걸러내는 데 사용하는 사고 기술을 살펴보자.

형사 콜롬보식 사고방식

내가 이상적이라고 생각하는 개소리 탐지 전문가는 1970년대 텔레비전 드라마 〈콜롬보〉에서 피터 포크가 연기한 형사 프랭크 콜롬보Frank Columbo이다. 강력계 형사인 콜롬보는 용의자들에게 "딱 한 가지만 더 물어볼게요"라고 질문을 던져서 복잡한 미스터리를 해결하는 것으로 유명했다. 마지막 질문은 언제나 사건을 해결하는 열쇠가 되었다. 비판적 사고 기술에 관한 경험적 연구를 분석하면 비판적 사고자와 콜롬보 사이에는 많은 공통점이 있다.

콜롬보식 사고방식을 가동하려면 정확하게 어떤 조건이 필요할까? 유감스럽게도 이러한 질문에 대해 확실한 증거를 기반으로 대답할 방법은 아직 없지만, 네 가지 사고 기술을 꼽을 수는 있다. 바로 탐구적인 진실 추구, 열린 마음, 체계적인 분석, 자신감 있고 현명한 추론이다.[10]

'탐구하며 진실을 추구하는 사람'들은 5장에 열거한 사람들과 마찬가지로 비판적인 질문을 던져서, 지능적 속임수를 방지하고 가장 정확하고 타당한 지식을 용감하고 적극적으로 추구한다. 무관심한 태도를 취하지 않고 좋은 정보를 수집하고자 하며, 곧바로 써먹을 수 있는 지식인지 아닌지 명확하지 않은 경우라도 새로운 정보를 습득하려고 노력한다. 데이터를 기반으로 상대적 위험을 표현한 주장을 예로 들어보자. "미시건주에서 표준 타이어 폭발 때문에 발생하는 운전자 1인당 연간 부상 위험은 평균 수준이지만, 품질을 개선한 비싼 타이어를 장착했을 때 1인당 연간 부상 위험은 표준 타이어의 절반으로 줄어든다." 탐구심 강한 진실 추구자들은 이러한 주장을 액면 그대로 받아들이지 않는다. 오히려 표준 타이어의 폭발로 심각한 부상이 발생할 개연성(예를 들어 0.0000060) 같은 절대 위험률을 찾아내고, 질을 개선한 타이어의 폭발로 심각한 부상이 발생할 개연성(예를 들어 0.0000030)과 비교한다.[11]

'열린 마음'의 소유자들은 반대 의견을 포용함으로써 자기 편견이 결론을 형성할 가능성에 민감하게 대처한다. 개인은 대개 자신과 관련이 있으면서도 신기한 것에 관심을 기울이기 마련이다.[12] 하지만 열린 마음의 소유자들이 자신과 무관한 정보가 자기 사고에 미치는 영향력에 저항할 때면 이러한 근본적인 경향이 뒤집히기도 한다. 예를 들어, 전 세계 활화산이 20개 이상인지 이하인지 묻는 질문을 받으면 사람들은 마음이 열려 있든 닫혀 있든 상관없이 20개 이상이라 대답할 것이다. 하지만 열린 마음의 소유자는 제공받은 정보(20개) 때문에 자신에게 편견이 생길 수 있다는 사실을 인식하므로, 닫힌 마음의 소유자보다 정확한 대답(1500개)에 더 가깝게 최종 추정치를 조절할 가능성이 더 크다.[13]

'체계적이고 분석적인 사람'들은 문제에 기민하게 반응하는 동시에 사건, 의사결정, 행동의 장단기 결과를 예측하려 한다. 체계가 없는 상태와 혼란을 경멸하고, 문제를 파악하고 해결하기 위해 조직적이고 철저한 접근 방식을 사용한다. 가장 바람직한 형태로 질문을 던지고, 문제를 해결하고, 학습하는 접근 방식을 질서 정연하고 집중적이고 일관성 있게 구사한다. 또 결정을 내리기 전에 스프레드시트를 사용해 정보를 조직하고, 가짜로 심오한 개소리를 정말로 심오하다고 생각하지 않는다.[14]

'확신을 갖고 현명하게 추론하는 사람'들은 좀 더 나은 정보에 접근하면 좀 더 나은 추론을 할 수 있다고 여겨서 비판적인 사고 과정을 신뢰한다. 이런 사람들은 문제에 부딪혔을 때 여러 가지 해결책을 모색한다. 그들은 대부분의 문제가 흑백 논리에 좌우되지 않고, 때때로 결정은 불확실성과 공존한다는 점을 이해하는 지적 성숙도를 지녔다.

비교 표준·참조점·기준점을 활용하기

개소리 탐지 전문가는 다른 관점에서 상황을 보고, 사람들이 잘 모르는 사항도 일찍이 파악해둔다. 구체적으로 말하면 다른 비교 표준, 참조점, 기준점의 유용성을 인식하고 있다. 예를 들어, 정치 지도자에 대해 어떻게 생각하는지 묻고 빌 클린턴, 조지 W. 부시, 버락 오바마를 평가해달라는 요청을 하면 사람들은 부정적인 평가를 내릴지 모른다. 하지만 아돌프 히틀러, 베니토 무솔리니, 사담 후세인 등 공포정치를 일삼은 지도자들에 대해 생각해보고 클린턴, 부시, 오바마를 평가해달라는 요청을 받으면 좀 더 긍정적인 평가를 내릴 수 있다. 이처럼 판단은 비교 표준과 참조점에 따라 달라진다.

    베이커는 자동차를 구입하기 전에 사양과 구입 자금 조달에 초점을 맞추지 않고, 나중에 자동차를 되팔 때 더 큰 이익을 남기게 할 요소가 무엇인지에 초점을 맞춘다. 테리는 보석의 가치를 판단할 때 다이아몬드 크기보다는 제품을 만들 때 투입되는 요소, 소비자가 거의 관심을 기울이지 않는 한층 더 섬세한 사항을 고려한다. 프라이스는 주택 매매 고객을 상대할 때, 고객에게 본인의 주관적 선호를 객관적 관점에서 평가하지 말고 가중치 가산 모델을 세우라고 권한다. 전문가는 일반인들이 추구하는 대상에 초점을 맞추지 않는다. 그들은 자신이 속한 전문 분야 안에서 신중하고 비판적인 사고를 하며 이러한 과정은 저절로 습득되지 않는다.

    D박사가 지금껏 발견되지 않은 지하수를 기적적으로 찾아낼 수 있다고 주장한다고 치자. 값비싼 과학 기구 없이 옷걸이 크기의 L자 모양 금속 막대 2개를 사용해 수맥을 찾을 수 있다고 주장한다면 당신은 D박사에게 비용을 지불하고 서비스를 받겠는가? 그럴 사람도 있을 것이다. 사실 다우징dowsing으로 더 잘 알려진 이 방법으로 지하수를 찾기 위해 사람들은 돈을 지불한다. D박사의 주장은 귀담아들을 만한 가치가 있을까? 아니

면 개소리일까?

　　개소리 탐지 전문가는 주장과 주장 이면에 숨은 진실을 추론을 통해 민감하게 파악한다. D박사는 땅속 수맥을 나뭇가지 하나로 찾을 수 있다고 주장하면서 세 가지 논거를 제시한다.[15]

　　첫째, D박사는 금속 막대 같은 천연 재료로 제작된 물체가 다른 물체에서 발산하는 물리적인 힘에 주파수를 맞출 수 있으므로, 의식적인 자아에 있는 영적인 힘을 조정하여 수맥과 "연결"될 수 있다고 말한다. D박사는 모든 의문과 그 밖의 터무니없는 횡설수설에 대한 답을 잠재의식이 이미 "알고" 있다고도 강조한다. 물론 이러한 주장들은 전부 엉터리다. 개소리 탐지 전문가라면 D박사의 주장을 개소리라고 선언할 것이다.

　　둘째, D박사 같은 수맥 탐지가들은 막대를 쥔 손을 전혀 움직이지 않았음에도 막대 스스로 초감각적인 힘에 영향을 받아 움직임이 발생한다고 말한다. 개소리 탐지 전문가라면 이 현상을 예리하게 관찰할 것이다. 그렇다고 수맥 탐지가들이 이러한 상황을 조작하는 것은 아니다. 사실 디팩 초프라의 다림추 줄plumb bob string* 시연과 마찬가지로 다우징 행동은 관념운동 효과ideomotor effect로 설명할 수 있다. 추에 줄을 단 도구나 실리콘 윤활유를 도포한 얇은 금속 도구처럼 매우 예민한 물체를 사용할 때, 사용자가 전혀 움직이지 않았다고 굳게 믿더라도 도구는 약간의 움직임에도 반응해 따라 움직일 것이다.

● 수직인지 알아보기 위해 추에 실 등을 매어 늘어뜨린 도구

셋째, 다우징이 수맥을 찾는데 유용한지 알고 싶다면 적절한 참조점을 기준으로 방법을 평가하는 것이 중요하다. 우선 수맥을 우연히 발견할 수 있는 확률을 알아야 한다. 즉 들판에서 특정 지점을 무작위로 선택해 3~90미터 깊이로 파서 물을 발견할 확률은 얼마일까? 수맥 탐지가들이 조사하는 땅의 특징을 고려하면, 그들이 보유한 수맥 파악 능력을 평가할 수 있는 적절한 비교 표준이 드러날 것이다.

좁은 지하 강에서 물을 끌어올릴 수 있다는 잘못된 개념이 널리 퍼져 있기는 하지만, 지하수는 커다란 호수와 좀 더 비슷하고, 깊이가 다양하기는 하지만 미국에서는 지표면 아래 거의 모든 곳에서 발견할 수 있다. 사실 풍부한 음용 지하수가 미국 인구의 약 절반에 물을 제공하고 있다.[16] 따라서 수맥 탐지가들이 유리한 지형을 찾아 우연히 수맥을 발견할 가능성이 크다. 지하수가 있기만 하다면 쉽게 찾을 수 있다는 뜻이다. 지하수를 발견할 가능성이 이미 높은 상황에서, 실제로 수맥 탐지 방법이 효과적이라는 사실을 입증하려면 기존보다 나은 결과를 산출해야 한다.

개소리 탐지 전문가들은 적절한 비교 표준을 식별하고 나서 시험을 실시할 것이다. 한 시험에서 실험자들은 번호를 매긴 용기 20개 중 1개에 물병을 숨기고 나머지는 빈 채로 두었다. D박사를 포함한 수맥 탐지가들은 수맥 탐지 막대기를 사용해 어떤 용기에 물병이 들어 있는지 탐지하라는 요청을 받았다. 독일 뮌헨에서 자칭 수맥 탐지가 50명을 대상으로 비슷한 시험을 실시했다.[17] 실험자들은 커다란 헛간 바닥에 너비를 따라 수도관을 설치하고, 수맥 탐지가들에게 2층에 올라가 자리를 잡고 수도관의 위치를 알아맞히라고 요청했다. 뮌헨 연구는 수천 회에 걸쳐 시험을 실시하고 나서 수맥 탐지가들이 수맥을 찾는 데 실패했다고 밝혔다. 실제로 많은 수맥 탐지가들이 수맥을 찾은 확률은 우연히 찾은 경우보다 현저하게 떨어졌다.

조금이라도 비판적 사고를 하고 신중하게 시험하면 어떤 개소리 탐지 전문가라도 대부분 진실을 쉽게 파악할 수 있다. 지하수를 "찾기" 위해 D박사를 포함한 수맥 탐지가에게 비용을 지불하는 것은 골프장에서 어떤 워터 해저드에 골프공이 들어 있는지 말해주는 사람에게 돈을 지불하는 것과 상당히 비슷할 것이다. 골프장의 거의 모든 워터 해저드에는 골프공이 수천은 아니더라도 수백 개 들어 있을 터이므로, 수면에서 보이지 않더라도 골프공을 찾는 것은 그다지 신기한 일이 아니다.

그간의 조사 결과에 따르면 수맥 탐지는 효과가 없는 것으로 밝혀졌다. 하지만 수맥 탐지가 사이비 과학 애호가들이나 하는, 사회에 아무 영향도 미치지 않는 일이라고 생각한다면 오산이다. 사실 수맥 탐지 같은 개소리를 믿는 태도는 알지 못하는 사이에 사회에 큰 영향을 미치고 있다.

2007년 이후 전 세계적으로 매년 발생한 테러 사건 수는 평균 1만 건 이상이고, 테러 사건에서 발생한 부상과 사망 건수는 각각 1만 5000건과 2만 건 이상이다. 대부분의 테러 공격은 미국 밖에 있는 시리아, 이라크, 나이지리아, 아프가니스탄, 파키스탄, 인도, 중국, 러시아 등의 지역에서 발생하고 있다. 불안한 현실은 테러리스트들의 공격이 세계 어디에서든 일어날 수 있고 실제로 일어나고 있다는 것이다. 그 결과 이러한 위협을 더욱 잘 탐지하기 위해 다양한 노력이 이루어지고 있다.[18]

고성능 폭탄 탐지기Advanced Detection Equipment인 ADE 651은 영국 기업인 'ATSCAdvanced Tactical Security and Communications'가 폭탄을 탐지하기 위해 고안한 휴대용 장치였다. 회전식 안테나가 장착되어 있고 플라스틱 손잡이가 달려 있으며, 정전기로 가동하므로 배터리가 필요하지 않았다. 다만 작업자가 몸에 장치를 직각으로 고정하고 몇 발자국 걸으면 "충전"할 수 있었고, 안테나가 사용자의 손에서 회전하면서 "주파수를 맞춰" 폭발물의 방향을 가리켰다.

획기적인 기술의 결과물인 ADE 651은 숨겨진 테러용 폭발물을 탐지하는 데 특효약으로 보였다. 이라크, 아프가니스탄, 중동과 아시아에 속한 20개국은 ADE의 잠재성에 크게 흥분해서 한 대당 최대 6만 달러를 주고 구입해서 군대에 공급하는 계약을 체결했다.[19] ATSC는 7000대 이상을 판매해 5000만 파운드의 이익을 거뒀는데, 이라크 정부만 보더라도 이 장비를 구입하느라 5200만 파운드를 사용한 것으로 추정된다.[20] ADE 651은 까다로운 문제를 단칼에 해결할 수단으로 부상하면서 폭탄 탐지 장치로 신속하게 채택되었다.

ADE 651에는 단 한 가지 문제가 있었다. ATSC의 설립자인 짐 매코믹Jim McCormick이 장담했던 성능을 발휘하지 못했던 것이다. 사실 ADE 651은 1990년대 미국 자동차 딜러이자 사업용 차량 운전자이며 보물 사냥꾼인 웨이드 쿼틀바움Wade Quattlebaum이 생산한 일종의 고물이었다. 쿼틀바움은 ADE 651을 생산하면서 원래 잃어버린 골프공을 찾기 위해 설계된 쿼드로 추적기Quadro Tracker라고 홍보했다. 산더미처럼 쌓인 골프공이 "증거"라고 강조하면서 사람들이 은닉한 마리화나, 폭발물, 무기처럼 다른 중요한 물건을 탐지하는 장치로도 쓸 수 있다고 주장했다.

쿼드로 추적기는 다우징 원리로 작동한다고 알려져 있었다. 하지만 ADE 651을 구입한 매코믹과 이라크군 지도자들은 다우징에 관해 조사하거나 제대로 파악하지 않았다. 틀림없이 형편없는 성능을 드러냈을 텐데도 아무도 ADE 651에 대해 간단한 진단 시험조차 실시하지 않았다.[21] 이라크 폭격부대 총사령관 지하드 알-자비리Jihad al-Jabiri는 이렇게 말했다. "마법이든 과학이든 상관없이 나는 ADE 651이 폭탄을 감지한다는 사실을 중요하게 생각했다." 자비리가 증거에 좀 더 신경을 썼더라면 나랏돈 수백만 파운드를 절약했을 것이다. 매코믹과 이라크군 지도자들은 추적기로 폭발물을 탐지할 수 있다는 신념을 성공적으로 조장했다.

ADE 651 이면에 있는 진실에 관심을 기울인 것은 FBI였다. 사실 1996년 FBI는 이미 다우징 장비가 가짜라고 발표하고 폭발물 탐지기로 제조되거나 판매되는 것을 영구적으로 금지했다.[22] FBI는 ADE 651를 비롯한 몇 가지 장치를 시험했지만, 어떤 장치의 성능도 무작위 확률보다 좋지 않았다. 하지만 이 점을 입증할 만한 증거가 충분하지 않았다. 2009년 거의 모든 경찰 검문소와 많은 이라크군 검문소에는 자체적으로 ADE 651이 비치되어 있었다.

군대가 ADE 651에 의존하고 있었으므로 자살 폭탄 테러범들은 2009년 10월 25일 폭발물 2톤을 바그다드 시내로 밀반입해 결국 155명의 생명을 빼앗고 3개 정부 부처를 파괴했다. 폭파범들이 한 군데 이상의 ADE 검문소를 통과했으리라는 사실이 비디오 감시를 통해 입증되었다. 불행하게도 그날의 인명 손실은 개소리에 투자하지 않았더라면 막을 수 있었던 인명 손실 수백 건 중 하나였다.[23]

사태가 진정되고 나서 매코믹은 세 건의 사기 혐의로 유죄 선고를 받고 징역 10년 형을 언도받았으며, 800만 파운드에 상당하는 현금과 자산을 몰수당했다. 하지만 매코믹의 개소리 때문에 치러야 했던 대가는 훨씬 컸다. 매코믹의 폭탄 탐지기가 작동하지 않는 바람에 무고한 사람들이 생명을 잃었다. 이러한 이유로, 나는 다우징과 ADE 651을 추천한 말들은 '개소리에 꾀는 파리 지수'에서 파리 세 마리에 해당한다고 생각한다.

하지만 다우징의 효과를 믿는 이들은 여전히 광범위하게 퍼져 있다. 어째서 사람들은 다우징이 효과가 있다고 끈질기게 믿으면서 "마법"을 부리라며 수맥 탐지가들에게 거금을 지불할까?

사람들은 무의미한 말들에서 유의미한 유형을 발견하는 경향이 있다.[24] 빗맞은 타구는 무시하면서 안타에만 신경을 쓰듯 사람들은 자신이 보고 싶은 것만 본다. 다우징에서 신봉자들이 "보는" 것은 텍사스 명사수의 오류Texas sharpshooter fallacy로 알려진 환상이다.[25] 텍사스 명사수의 오류는 총은 가지고 있지만 사격 기술이 없는 사람이 범하는 오류이다. 사수는 헛간 벽에 총알을 무수히 발사하고 나서 많은 총알구멍 주위로 과녁을 그리며 명사수를 자처한다. 이러한 방식의 렌즈를 통해 데이터를 검토하는 것은 유혹적이다. 상대적으로 작은 영역에서 커다란 사례 집단을 생성하면 인과관계의 환상을 만들어낼 수 있기 때문이다. 이때는 순전히 우연히 발생할 수 있는 모든 상관관계가 중요한 것으로 보일 수 있다.

수맥 탐지가도 비수맥 탐지가도 중요한 질문을 묻지 못하는 탓에 다우징 개념에 속아 넘어간다. 그들은 다우징의 가동 방식을 규명하는 데 실패한다. 다우징 방식을 정확하게 평가하기 위해 비교 표준을 식별하는 데 실패한다. 또 개소리라는 신호를 꽤나 노골적으로 보내는 터무니없는 주장을 적절하게 시험하는 데 실패한다.

나오며

·

개소리가 용인되지 않는
세상을 위해

개소리를 탐지하는 과학은 사회 자체를 근본적으로 변화시키지는 못하겠지만 저마다의 삶을 바꿀 수는 있다. 많은 사람이 개소리를 탐지하고 개소리의 경각심을 일깨우는 집단행동에 참여한다면 세상은 조금씩 달라질 것이다. 더 이상 아무것도 모르면서 개소리를 늘어놓는 사람들 말에 귀 기울일 필요가 없을 것이고, 근거 없는 논쟁에 휩쓸려 갈팡질팡하지 않아도 될 것이다. 중요한 계약을 할 때 무능한 사람들에게 의존할 필요도 없을 것이다. 모두 힘을 합해 증거에 근거한 의사소통과 추론으로 개소리를 대체하면, 그리고 개소리를 하는 사람에게 "그건 정말 개소리군요"라고 분명하게 지적하면 사실, 증거, 현실을 바탕으로 삶의 모든 순간에 합리적인 결정을 내릴 수 있다.

동료 압력과 행동 전염

누군가 개소리를 말할 때 개소리라고 지적하는 문화를 정착시키려면 개소리를 쉽게 용인하지 않는 태도가 뿌리를 내려야 한다. 이것은 사람들 사이에서 암묵적으로 지켜지는 규칙인 불문율, 즉 '사회 규범'을 바꿈으로써 달성할 수 있다.[1] 이러한 작용을 이해하기 위해서는 사회 규범이 행동을 이끄는 방식을 파악하는 것이 중요하다.

사람들이 다른 사람에게 받는 영향에는 두 가지가 있다. 첫째, '규범적 사회적 영향'이다. 이것은 다른 사람에게 관심과 인정을 받고 싶어 하는 사회적 욕구에서 비롯하고, 소속감과 동반자의 필요, 더불어 사회적 존재로 살아가고자 하는 인간 정체성에서 비롯한다. 우리는 관심과 인정을 받기 위해 단체활동에 참여하고, 다른 사람의 말과 행동이 반드시 옳지 않더라도 집단의 신념과 행동을 공개적으로 따를 때가 많다. 둘째, '정보적 사회적 영향'이다. 정보를 확보하려는 욕구와 집단의 신념과 행동을 따르려는 경향은 다른 사람의 말과 행동에 순응하는 결과를 낳는다. 이처럼 순응해야 한다는 압박은 개소리를 허용 가능한 의사소통 형식으로 받아들이게 만든다. 하지만 우리는 반대의 결과를 얻기 위해 이러한 압박을 사용할 수도 있다.

사람들은 대개 개인적인 가치와 규범에 이끌리지만 사회적 환경에서는 옳게 행동하려는 동기를 부여받는다. 이때 행동을 이끄는 주요 요인은, 자신이 속한 환경에서 어떤 행동이 받아들여지고, 어떤 행동에 사회적 가치가 있는지에 대한 인식(즉,

명령적 규범injunctive norm) 그리고 사람들의 보편적인 행동 방식에 대한 인식(즉, 서술적 규범descriptive norm)이다. 명령적 규범은 '해야 한다'고 생각되는 행동을 가리키는 반면, 서술적 규범은 대부분의 사람들이 '실제로 하리라' 여겨지는 행동을 가리킨다.[2]

사회적 행동은 대개 명령적 규범보다 서술적 규범에 더욱 이끌리는 경향을 보인다. 특히 명령적 규범이 불분명하거나 특정 상황에서 명령적 규범이 묵살된다고 여겨질 때 특히 그렇다. 사람들은 규범이 특히 강력하거나 상황 요소들(예를 들어, 금연 표시) 때문에 유발되는 경우에 명령적 규범을 따라 행동한다.[3]

개소리를 들었을 때 개소리라고 말하는 것은 현재 명령적 규범이며, 우리가 개소리에 노출되었을 때 지켜야 하는 규범이다. 개소리를 개소리라고 지적하는 것을 일상에서 아무렇지 않게 할 수 있으려면 명령적 규범에서 서술적 규범으로 바꾸거나, 명령적 규범이 우리 사회에 더욱 두드러진 특징으로 자리 잡아야 한다.

사회심리학자인 로버트 치알디니와 동료들은 서술적 규범을 명령적 규범으로 대체하는 경우에 쓰레기 투기 행동에 어떤 영향을 미치는지 연구했다. 실험을 위해 시립도서관 주차장에서 종이컵과 담배꽁초 등 쓰레기를 치우거나 버리는 방식으로 환경을 조작했다.[4] 도서관 이용자가 도서관을 나와 주차장까지 걸어가는 동안, 실험자는 이용자보다 앞서 걸으며 유도행동을 했다. 몇 번은 그냥 지나칠 뿐 눈에 띄는 행동을 하지 않았다. 다른 경우에는 빈 패스트푸드 봉지를 바닥에 떨어뜨리는 방식으로 서술적 규범을 형성하면서 '사람들은 이런 상황에서 이렇게 행동한다'고 넌지시 암시했다. 또 다른 경우에는 바닥에 버려진 패스트푸드 봉지를 줍는 방식으로 명령적 규범을 형성하면서 '쓰레기를 버리는 것은 잘못'이라고 넌지시 암시했다.

도서관 이용자들은 실험자가 유도한 행동에 어떤 영향을 받았을까? 자신의 차로 돌아온 이용자들은 운전석쪽 앞유리에 커다란 전단지가 놓인 것을 발견했다. 전단지는 실험자들이 주차장 내 모든 차량에 미리 꽂아놓은 것이었다. 이용자들은 전단지를 주차장 바닥에 버리거나 자동차 안에 넣어두었다가 나중에 버릴 수 있었다.

실험자가 서술적 규범도 명령적 규범도 형성하지 않았을 때 이용자가 쓰레기를 투기하는 기준 비율은 약 38퍼센트였다. 주변이 깨끗한지(37퍼센트) 지저분한지(38퍼센트)는 중요하지 않았다. 실험자가 쓰레기를 버림으로써 서술적 규범을 형성했을 때 주차장의 상태는 이용자에게 서로 다른 두 가지 메시지를 전달했다. 주차장이 지저분했을 때, 이용자들은 쓰레기를 버리는 실험자의 행동을 보면서 '사람들이 주차장에 쓰레기를 종종 버린다'고 상기했다. 실험자는 애당초 주차장을 지저분하게 만든 행동 유형에 한 가지 예를 보탰을 뿐이다. 이러한 상황에서 이용자가 쓰레기를 버린 경우는 약 30퍼센트였다. 하지만 주차장이 깨끗할 때 쓰레기를 버리는 실험자의 행동은 다른 메시지를 전달했다. 주차장에 쓰레기를 버리는 것은 유별난 행동으로 비쳤다. 주차장이 매우 깨끗해서 '사람들이 대부분 쓰레기를 버리지 않는다'는 사실을 이용자가 상기했기 때문이다. 이러한 상황에서 도서관 이용자가 쓰레기를 버린 경우는 약 11퍼센트였다.

하지만 다른 사람이 버린 쓰레기를 실험자가 줍는 광경을 보자 명령적 규범이 두드러지게 작용했다. 이용자들이 쓰레기 투기 행동은 잘못이라는 암시를 받은 후에 쓰레기를 버린 경우는 깨끗한 주차장(7퍼센트)에서도, 지저분한 주차장(4퍼센트)에서도 약 5퍼센트로 상당히 크게 감소했다.

친사회적 행동을 다룬 다른 연구에서 치알디니와 동료들은 캘리포니아주 인근 거주민에게 지역 사회의 에너지 사용량을 알려주었다.[5] 연구자들은 인근 가구들의 에너지 소비량을 이웃과 비교해 평균 이상인지 이하인지 구분했다. 그런 다음 일부 가구에는 일주일 동안 소비한 에너지량과 이웃이 사용한 평균 에너지량을 자세하게 기술하는 방식으로 서술적 규범을 강조하는 기본적인 엽서를 보냈다. 다른 가구들에는 에너지 소비량이 평균보다 적으면 웃는 얼굴을, 평균보다 많으면 슬픈 얼굴을 그려 넣어 서술적 규범과 명령적 규범을 둘 다 강조하는 좀 더 상세한 엽서를 보냈다.

치알디니와 동료들은 몇 주 후에 에너지 소비량을 다시 측정했다. 기본적인 엽서를 받은 가구들 중 평균보다 에너지 소비량이 많았던 가구는 소비량을 줄이고 에너지를 절약했지만, 평균보다 에너지 소비량이 적었던 가구는 소비량이 크게 늘었다. 반면 웃는 얼굴과 슬픈 얼굴이 그려진 좀 더 상세한 엽서를 받은 가구들은 평균보다 에너지 소비량이 많았던 경우에는 소비량을 줄이면서 에너지를 절약했고, 평균보다 소비량이 적었던 경우에도 소비량을 크게 늘리지 않았다. 웃는 얼굴을 보면서 에너지 절약에 동참하거나, 자신들이 이미 옳은 일을 하고 있고 계속 해야 한다는 사실을 상기한 것이다.[6]

치알디니가 수행한 연구에 따르면 우리가 해야 한다고 생각하는 행동(명령적 규범)은 우리가 통상적으로 하는 행동(서술적 규범)보다 강력한 영향을 미쳐서 더 바람직한 행동을 낳는다. 명령적 규범이 순응을 부추기고, 누군가가 규범에 따르는 모습을 보면 사회가 무엇을 허용하고 무엇에 반대하는지 상기할 수 있다는 점을 고려할 때, 이것은 그다지 놀라운 일이 아니다. 쓰레기를 버리는 모습을 다른 사람에게 들키면 자신이 이기적인 게으름쟁이처럼 보이므로 난처할 것이다.

개소리는 어떨까? 쓰레기를 버리는 행동이 나쁘다는 것은 모두가 인식하고 있지만, 개소리를 하는 게 나쁘다는 명령적 규범은 항상 존재하지도, 우리가 늘 인식하는 것도 아니다. 만약 명령적 규범을 강화함으로써 쓰레기 투기를 막고, 다른 사람이 버린 쓰레기를 치우게 하고, 에너지 사용량을 줄이게 하는 일이 가능하다면 개소리를 개소리라고 지적하는 태도를 장려하는 일도 가능할 것이다. 이러한 과정을 일단 시작하면 '행동 전염behavioral contagion' 즉 무의식적으로 다른 사람의 행동을 모방하려는 사회적 경향이 가동할 것이다. 다른 사람이 모방할 가치가 있는 참신한 행동을 할 경우, 행동 전염이 일어날 수 있다. 당신이 개소리를 들었을 때 개소리라고 말한다면, 그 광경을 보고 결과를 목격한 사람은 자신도 개소리를 들었을 때 개소리라고 말할 용기를 내게 될 것이다. 그러다 보면 어느새 모든 사람이 개소리를 들었을 때 개소리라고 말하게 될 것이다.[7]

당신이 개소리를 받아들이지 않겠다고 거부하면 비판적인 사고와 증거에 근거한 의사소통을 증진함으로써 개소리꾼은 더 이상 영향력을 행사할 수 없다. 그러면 입을 열기 전에 먼저 합리적인 사고부터 하라고 개소리꾼에게 강제할 수 있다.

과학적 사고라는 안전장치

코로나바이러스감염증에 대한 집단적 목표는 백신을 개발해 대량으로 배포할 수 있을 때까지 바이러스의 확산 속도를 둔화시키는 것이었다. 이때 유일하게 실천 가능한 처방은 마스크를 쓰고, 손을 자주 씻고, 사회적 거리를 두는 것이었다.

2020년 대통령 선거를 치르는 동안 마스크 착용과 사회적 거리두기가 정치적 문제로 떠올랐다. 방역 지침을 거스르고 사회적 거리두기를 하지 않겠다고 행동에 나선 사람들이 마치 억압을 거부하고 자유를 수호하는 투쟁의 상징이 된 것이다. 최고의 개소리였지만 수백만 명에 이르는 미국인이 마스크 착용과 사회적 거리두기가 더 이상 필요하지 않다는 주장을 줄기차게 지지하면서, 결과적으로 바이러스 확산을 몇 배나 증가시키고 말았다.[8] 개소리가 개인적인 판단과 의사결정을 흐리지 않았다면, 더욱 엄격하게 마스크를 착용하고 사회적 거리두기를 실천해서 바이러스 확산을 둔화시키고 사망자 수를 줄였을 것이다.

    우리는 세상의 실제 모습에 반응하지 않고, 스스로 그렇다고 믿는 세상의 모습에 반응한다. 데이터를 토대로 합리적인 의사결정을 하려면 현실 세계에 대해 제대로 인식하고 확신해야 한다. 그러려면 세상이 돌아가는 방식에 대한 환상, 즉 위안을 줄지는 모르나 궁극적으로는 현실 감각을 왜곡시킬 수 있는 환상을 내려놓아야 한다. 아무리 자신이 원하더라도 사실이 아닌 것은 결코 진실이 되지 않는다는 점을 직시해야 한다. 편견을 갖는 것이 인간의 본성이고, 이러한 편견에 맞서서 자신을 보호해줄 유일한 안전장치가 과학이라는 사실을 인식해야 한다. 그렇지 않으면 끔찍한 결과를 맞이할 것이다.

    진실을 찾고, 사실과 허구를 구별하고, 자신이 진실이기를 희망하는 메시지가 아니라 진실로 알고 있는 메시지를 전달하는 것이야말로 우리가 각자 이행해야 하는 책임이다. 개인 차원에서 개소리에 맞서 싸우는 것은 개소리 문화를 없애기 위해 벌이는 집단적 투쟁에도 기여한다. 이때 얻는 혜택에는 노력해서 쟁취할 만한 가치가 있다.

    전하는 말에 따르면, 플라톤은 자신이 아테네에 설립한 아카데미의 문에 "기하학을 모르는 사람은 어느 누구도 발을 들여놓지 못하게 하라"라고 새겼다. 아마도 기하학을 이해하는 것은 그 자체가 목적이 아니라 하나의 전제조건으로서, 학생들이 자기 수준의 합리적 경험을 초월하여 세상을 사색적으로 추론할 능력이 있음을 나타내는 지표였을 것이다.

같은 이유로, 나는 학생들이 비판적이고 과학적으로 생각하는 법을 배우지 않고서는 학교 문을 나서서는 안 된다고 제안하고 싶다. 정보와 사실을 토대로 상충하는 증거를 평가하고, 마음속에서 일어나는 내적 작용을 이해하는 기술을 습득할 수 있다면 개소리를 효과적으로 폐기할 수 있다. 이런 과학적인 사고 기술이야말로 '시민'이라면 반드시 갖춰야 할 요건이다. 《우리가 혹하는 이유》를 통해 더 많은 사람이 합리성의 길을 따라 더 멀리 여행하기를 희망한다.

미주

들어가며

1 bullshit은 (명사) 1. 어리석거나, 속이거나, 허풍을 떠는 말 2. 무가치하거나, 속임수를 쓰거나, 거짓인 것 3. 무례한 말이나 행동을 뜻한다. Editors of the American heritage dictionary(2009). *The American Heritage dictionary of the English language*(4th edition). Houghton Mifflin Harcourt.

2 Frye, C., & Jefferson, R.(Producers)(2017, February 17). "Kyrie Irving-DEEP in thought 30,000feet high above(7)[Audio podcast episode]." In *Road trippin' with RJ & Channing*. https://www.nba.com/cavaliers/features/road-trip-170217.

3 Nguyen, H.(2018, April 2). "Most flat Earthers consider themselves very religious." *YouGov*. https://today.yougov.com/topics/philosophy/articles-reports/2018/04/02/most-flat-earthers-consider-themselves-religious. 다음 조사 보고의 재분석 결과를 참조하라. Branch G., & Foster, C. A.(2018, October 24). "Yes, flat-Earthers really do exist: Despite some methodological flaws, a recent poll credibly indicates that flat-Earthery persists." *Scientific American*. https://blogs.scientificamerican.com/observations/yes-flat-earthers-really-do-exist/.

4 Matyszczyk, C.(2017, February 18). "NBA star Kyrie Irving believes Earth

is flat." CNET. https://www.cnet.com/news/nba-star-kyrie-irving-believes-earth-is-flat/; Ruff, R.(2017, February 17). "Kyrie Irving actually believes Earth is flat." Bleacher Report. https://bleacherreport.com/articles/2693635-kyrie-irving-actually-believes-earth-is-flat.

5   Boghossian, P., & Lindsay, J.(2019). *How to have impossible conversations: A very practical guide*. Lifelong Books; Randi, J.(1980). *Flim-flam! The truth about unicorns, parapsychology, and other delusions*. Lippincott & Crowell Publishers; Sagan, C.(1995). *The demon-haunted world: Science as a candle in the dark*. Random House; Shermer, M.(1997). *Why people believe weird things: Pseudoscience, superstition, and other confusions of our time*. W. H. Freeman and Company.

6   놀랍게도 에라토스테네스 역시 자신의 계산법을 사용해 전체 행성의 둘레가 약 4만 킬로미터라는 것을 확인했는데, 그가 사용한 방법을 감안할 때 인상적인 업적이었다.

7   마젤란은 여행을 결국 완수하지 못하고, 1521년 4월 27일 막탄 전투에서 숨을 거뒀다.

8   중국 만리장성에 대한 잘못된 정보는 1932년 〈리플리의 믿거나 말거나 Ripley's Believe It or Not!〉 만화까지 유래를 거슬러 올라간다. 만화에서는 만리장성이 달에서 육안으로 볼 수 있는 유일한 인공 구조물이라고 거론했다. 이러한 믿음은 1969년 닐 암스트롱이 달에 착륙했다가 돌아올 때까지 유지되었다. 암스트롱은 달에서 지구를 보았을 때 대륙, 호수, 푸른 바탕에 흰 얼룩은 보았지만 인공 구조물은 전혀 보이지 않았다고 보고했다. Hvistendahl, M.(2008, February 21). "Is China's great wall visible from space?" *Scientific American*. https://www.scientificamerican.com/article/is-chinas-great-wall-visible-from-space/

9   WebMD & Flowers, A.(2019, May 20). "How to figure out your dog's age." *Fetch by WebMD*. https://pets.webmd.com/dogs/how-to-calculate-your-dogs-age; Purina(2017, June 14). "Dog age calculator: Dog years to human years." https://www.purina.com/dog-age-calculator.

10 O'Connor, A. (2004, October 26). "The claim: You lose most of your body heat through your head." *New York Times.* https://www.nytimes.com/2004/10/26/health/the-claim-you-lose-most-of-your-body-heat-through-your-head.html; Pretorius, T., Bristow, G. K., Stein-man, A. M., & Giesbrecht, G. G. (2006). "Thermal effects of whole head submersion in cold water on non-shivering humans." *Journal of Applied Physiology, 101*, 669-675.

11 Hoover, D. W., & Milich, R. (1994). "Effects of sugar ingestion expectancies on mother-child interactions." *Journal of Abnormal Child Psychology, 22*, 501-15; Kinsbourne, M. (1994). "Sugar and the hyperactive child." *New England Journal of Medicine, 330*, 355-356; Krummel, D. A., Seligson, F. H., & Guthrie, H. A. (1996). "Hyperactivity: Is candy causal?" *Critical Reviews in Food Science and Nutrition, 36*, 31-47.

12 Hemilä, H., & Chalker, E. (2013). "Vitamin C for preventing and treating the common cold." *Cochrane Database of Systematic Reviews, 1*, CD000980.

13 Edevane, G. (2018, June 9). "Kyrie Irving flat Earth theory: Celtics point guard says he's happy to start a conversation." *Newsweek.* https://www.newsweek.com/kyrie-irving-flat-earth-theory-967934.

14 McIntyre, L. (2019). *The scientific attitude: Defending science from denial, fraud, and pseudoscience.* MIT Press.

15 Oreskes, N. (2019). *Why trust science.* Princeton University Press. 책 내용을 간략히 요약한 기사는 다음을 보라. Oreskes, N. (2019). "Put your faith in science." *TIME Magazine, 194(21)*, 23-24.

16 Frankfurt, H. J. (2005). *On bullshit.* Princeton University Press. https://bookauthority.org/book/On-Bullshit/0691122946.

17 개소리는 1986년 해리 프랑크푸르트가 쓴 20쪽짜리 논문으로 발표되었다가 지금은 일부 대중에게 고전으로 자리 잡은 《개소리에 대하여》의 출간을 계기로 연구 주제로 다뤄지기 시작했다. 해당 논문에서

프랑크푸르트는 "개소리"라는 단어를 오늘날 사용하는 뜻으로 정의했다. Frankfurt, H.(1986). "On bullshit." *Raritan Quarterly Review, 6*, 81-100; Petrocelli, J. V.(2018). "Antecedents of bullshitting." *Journal of Experimental Social Psychology, 76*, 249-258.

18 비록 개인의 신념이나 의견이 실제로 개소리에 근거할 수 있더라도, 이것을 단순히 말하는 것(예를 들어, "나는 미국의 피저리아Pizzeria 피자가 최고라고 생각한다!")은 개소리가 아니다. 이 진술이 개인의 신념과 의견을 반영한다는 점이 분명히 드러나기 때문이다. 반면에 검증 가능한 증거에 거의 관심이 없거나 전혀 관심이 없으면서 선언하거나(예를 들어, "미국의 피저리아 피자보다 맛있는 피자는 지구상에 없다.") 논거를 제시하는 것은 정의상 분명히 개소리다. 당신이 "내가 지금 읽고 있는 이 책은 지금까지 출간된 책 중에서 최고이므로 누구나 반드시 읽어야 한다"라고 말한다 치자. 이것은 의견일 수 있다. 하지만 이 진술의 타당성을 시험하는 방법은 다양하며, 사람들은 진술의 타당성을 판단하기 위해 당신이 책을 몇 권 읽었는지, 어떤 종류의 책을 읽었는지 알고 싶을 것이다. 이때 진술은 사실일 수 있으므로 당신은 거짓말을 하는 것이 아니다. 검증 가능한 증거에 근거해 자신의 신념을 설명한다면 개소리를 하고 있는 것이 아니다. 종종 사람들은 논거와 분명한 개소리를 신뢰하는데, 검증 가능한 증거를 확보하기 힘들 때는 괜찮을지 모른다. 다른 한편으로 주장을 내세울 때 논거는 증거로 채택되지 않는다. 개소리 주장과 이에 따른 결론을 피하기 위해 증거에는 더 높은 기준이 적용된다. 또 개소리는 사전적 정의가 암시하듯 단순한 난센스와 구별되지만, 적절한 의미나 진실을 내포하지 않는다.

- 개소리는 프로파간다propaganda와 스핀spin, 이익을 위해 사실을 조작하거나 비트는 활동—옮긴이하고도 구별된다. 프로파간다와 스핀은 커뮤니케이션의 형태로서 정치 운동가, 판매 대리인, 광고주를 포함해 사람들의 태도에 영향을 미치기 위해 활동하는 사람들이 주로 사용한다. 의제를 더욱 발전시키기 위해 사용되는 프로파간다는 합리적인 논거를 사용하기보다는 두려움, 대중의 욕구, 편견, 비합리적 희망에 호소함으로써 사람들

의 감정에 작용하며 왜곡된 세계관을 생성한다. 프로파간다를 사용하는 사람들은 거짓말쟁이와 비슷해서 진실을 인식하면서도, 다른 사람의 태도에 영향을 미침으로써 자신의 의제를 밀어붙이기 위해 진실을 개조하거나 왜곡한다. 반면에 개소리꾼은 진실에 관심을 기울이지 않고, 진실을 대중을 설득하는 도구로 사용하지 않는다. 사실 프랑크푸르트가 추측한 대로 사람들은 주위 사람들의 반응을 시험하거나, 개소리하면 어떨지 느끼기 위해 개소리를 하도록 때로 내몰린다. 프로파간다가 개소리를 포함할 가능성도 있지만 모든 개소리가 프로파간다는 아니다. Petty, R. E., Wells, G. L., & Brock, T. C.(1976). "Distraction can enhance or reduce yielding to propaganda: Thought disruption versus effort justification." *Journal of Personality and Social Psychology, 34*, 874-884; Pratkanis, A., & Aronson, E.(2001). *Age of propaganda: The everyday use and abuse of persuasion*(Rev. edition). W. H. Freeman; Sussman, G.(2011). "Introduction: The propaganda society." In G. Sussman(Ed.), *The propaganda society: Promotional culture and politics in global context*(pp. 1-21). Peter Lang.

- 개소리는 칼 세이건Carl Sagan이 정의한 대로 "허튼소리baloney"로 불리기도 한다. 하지만 개소리는 잘못된 정보, 사이비 심오함, 무의미한 말 등 흔히 사용되는 다른 유의어들과 구별된다. 다음을 참조하라. Sagan, C.(1995). *The demon-haunted world: Science as a candle in the dark*. Random House.

- 개소리꾼의 특징인 증거 무시를 반사회적 행동과 혼동하면 안 된다. 반사회적 인물은 일반적인 사회, 사회의 규칙과 법, 타인의 권리를 고려하지 않으며 행동한다. 또 죄책감을 느끼거나 자책하지 않고, 폭력적으로 행동하는 경향을 보인다. 반사회적 행동에는 어느 정도 개소리하기가 포함될 가능성이 크지만 개소리하는 행동 자체가 반사회적인 것은 아니다. Mealey, L.(1995). "The sociobiology of sociopathy: An integrated evolutionary model." *Behavioral and Brain Sciences, 18*, 523-599; Pemment, J.(2013). "Psychopathy versus sociopathy: Why the distinction has become crucial." *Aggression and Violent Behavior, 18*, 458-461.

19 Morgan, M., & Grube, J. W.(1991). "Closeness and peer group influence." *British Journal of Social Psychology, 30*, 159-169; Reis, H. T., Collins, W. A., & Berscheid, E.(2000). "The relationship context of human behavior and development." *Psychological Bulletin, 126*, 844-872; Smith, E. R., & Mackie, D. M.(2016). "Representation and incorporation of close others' responses: The RICOR model of social influence." *Personality and Social Psychology Review, 20*, 311-331.

20 WhiteHouse.gov.(2017, January 21). "Remarks by President Trump and Vice President Pence at CIA headquarters." *WhiteHouse.gov*. https://www.whitehouse.gov/briefings-statements/remarks-president-trump-vice-president-pence-cia-headquarters/.

21 Dale, D.(2019, June 2). "The first 5,276 false things Donald Trump said as U.S. president." *Toronto Star*. https://projects.thestar.com/donald-trump-fact-check/.

22 WhiteHouse.gov.(2017, January 21). "Remarks by President Trump and Vice President Pence at CIA headquarters." *WhiteHouse.gov*. https://www.whitehouse.gov/briefings-statements/remarks-president-trump-vice-president-pence-cia-headquarters/.

23 ABC News.(2017, January 25). 뉴스 제목은 다음과 같다. "ABC 뉴스 앵커 데이비드 뮤어David Muir가 2017년 1월 25일 트럼프 대통령을 인터뷰했다." *ABC News*. https://abcnews.go.com/Politics/transcript-abc-news-anchor-david-muir-interviews-president/story?id=45047602.

24 트럼프의 공보 비서관 숀 스파이서Sean Spicer가 트럼프 취임식에 비교적 적은 인파가 몰렸다고 정확하게 보도한 언론을 질타하자, 백악관 선임 고문인 켈리앤 콘웨이는 NBC의 〈미트더프레스〉에 출연해서 스파이서가 거짓말을 하지 않았으며 "대안적 사실alternative facts"을 거론했을 뿐이라고 말했다.

25 Dale, D.(2019, June 2). "The first 5,276 false things Donald Trump said as

U.S. president." *Toronto Star*. https://projects.thestar.com/donald-trump-fact-check/; 다음 항목도 참조하라. Wikipedia. "Inauguration of Donald Trump: Crowd size." https://en.wikipedia.org/wiki/Inauguration_of_Donald_Trump#Crowd_size.

26. WhiteHouse.gov.(2020, April 23). "Remarks by President Trump, Vice President Pence, and members of the Coronavirus Task Force in press briefing." *WhiteHouse.gov*. https://www.whitehouse.gov/briefings-statements/remarks-president-trump-vice-president-pence-members-coronavirus-task-force-press-briefing-31/.

27. Glatter, R.(2020, April 25). "Calls to poison centers spike after the president's comments about using disinfectants to treat coronavirus." *Forbes.com*. https://www.forbes.com/sites/robertglatter/2020/04/25/calls-to-poison-centers-spike-after-the-presidents-comments-about-using-disinfectants-to-treat-coronavirus/?sh=29ec84021157; Kluger, J.(2020, May 12). "Accidental poisonings increased after President Trump's disinfectant comments." *Time.com*. https://time.com/5835244/accidental-poisonings-trump/; Slotkin, J.(2020, April 25). "NYC Poison Control sees uptick in calls after Trump's disinfectant comments." *NPR.org*. https://www.npr.org/sections/coronavirus-live-updates/2020/04/25/845015236/nyc-poison-control-sees-uptick-in-calls-after-trumps-disinfectant-comments; 다음의 논문도 참조하라. Islam, S., et al.(2020). "COVID-19-related infodemic and its impact on public health: A global social media analysis." *American Journal of Tropical Medicine and Hygiene, 103*, 1621-1629.

28. WhiteHouse.gov.(2020, April 24). "Remarks by President Trump at a signing ceremony for H.R. 266, Paycheck Protection Program and Health Care Enhancement Act." *WhiteHouse.gov*. https://www.whitehouse.gov/briefings-statements/remarks-president-trump-signing-ceremony-h-r-266-paycheck-protection-program-health-care-enhancement-act/.

29. Ross, M., McFarland, C., & Fletcher, G. J.(1981). "The effect of attitude on

the recall of personal histories." *Journal of Personality and Social Psychology, 40*, 627-634.

30   McGuire, W. (1964). "Inducing resistance to persuasion: Some contemporary approaches." In L. Berkowitz(Ed.), *Advances in Experimental Social Psychology, Vol. 1*(pp. 191-229). Academic Press.

1장 우리는 자주 혹하고 기어이 속는다

1   Boone, V. (2017, March 1). "Jarvis 2012 Estate Grown Cave Fermented Reserve Merlot(Napa Valley)." *Wine Enthusiast*. https://www.winemag.com/buying-guide/jarvis-2012-estate-grown-cave-fermentedreserve-merlot-napa-valley/.

2   Krebiehl, A. (2020, March 1). "Pleil 2015 Ried Gerichtsberg Merlot(Niederösterreich)." *Wine Enthusiast*. https://www.winemag.com/buying-guide/pleil-2015-ried-gerichtsberg-merlot-niederosterreich/.

3   Boiling, C. (2019, October 8). "A simple way to boost wine sales." *InternationalWineChallenge.com*. https://www.internationalwinechallenge.com/Canopy-Articles/a-simple-way-to-boost-wine-sales.html; Caputo, T. (2007, October 1). "Marketing matters: Wine competitions that help you sell." *WinesVinesAnalytics.com*. https://winesvinesanalytics.com/columns/section/23/article/50637/Wine-Competitions-That-Help-You-Sell; USA Wine Ratings. (2018, September 14). "How to market your wine awards." *USA Wine Ratings*. https://usawineratings.com/en/blog/insights-1/how-to-market-your-wine-awards-112.htm.

4   Hodgson, R. T. (2008). "An examination of judge reliability at a major U.S. wine competition." *Journal of Wine Economics, 3*, 105-113.

5   Morrot, G., Brochet, F., and Dubourdieu, D. (2001). "The color of odors." *Brain and Language, 79*, 309-320.

6   Quandt, R. E. (2007). "On wine bullshit: Some new software?" *Journal of Wine Economics, 2*, 129-135.

7　Krumme, C.(2009, June 18-20). "A nose by any other name: Descriptors as signals for wine price." 해당 논문은 프랑스의 랭스에서 열린 제3회 미국 와인 경제학자 연례 회의the 3rd Annual Conference of the American Association of Wine Economists에서 발표되었다. 다음의 논문도 비슷한 결과를 보고됐다. Ramirez, C. D.(2010). "Do tasting notes add value? Evidence from Napa Wines." *Journal of Wine Economics, 5*, 143-163.

8　[(소매가격 - 도매가격) / 도매가격] × 100퍼센트. 소매가격은 소비자가 지불하는 판매 가격이고, 도매가는 판매자가 제품이나 서비스를 제공하기 위한 전체 비용이다.

9　Bond, R. L.(2008, May 25). "Finding the right price for your retail products." *Entrepreneur.com*. https://www.entrepreneur.com/article/193986. 각 제품의 마크업을 살펴보면, 크리스마스카드는 200퍼센트, 프린터 잉크는 300퍼센트, 가구는 400퍼센트, 호텔 미니 술집은 400퍼센트, 전화 충전기는 672퍼센트, 영화관 팝콘은 900퍼센트이다. 졸업식용 모자와 가운은 1011퍼센트, 안경테는 1329퍼센트, 뉴욕 양키스 게임의 입장권은 1567퍼센트, HDMI 케이블은 1900퍼센트, 커피전문점 커피는 2900퍼센트, 생수는 4000퍼센트, 우울증 치료제인 프로작은 4451퍼센트, 운명상담 전화는 9186퍼센트, 수정 요법은 249만 3828퍼센트이다. Cetron, A.(2019, August 25). "16 of the most outrageously overpriced products." *Money Talks News*. https://www.moneytalksnews.com/19-of-the-most-outrageously-overpriced-products/; Zhang, M.(2014, July 17). "37 products with crazy-high markups." *Business Insider*. https://www.businessinsider.com/personal-finance/products-high-markups-2014-7.

10　Federal Bureau of Investigation Internet Crime Complaint Center.(2014, December 31). "2014 Internet Crime Report." https://www.fbi.gov/news/news_blog/2014-ic3-annual-report.

11　Miller, R. L., & Balcetis, E.(2005). "Palm readers, stargazers, and scientists." *Skeptical Inquirer, 29(5)*, 44-49.

12　Gilbert, D. T.(1991). "How mental systems believe." *American Psychologist, 46*, 107; Gilbert, D. T., Krull, D. S., & Malone, P. S.(1990). "Unbelieving the unbelievable: Some problems in the rejection of false information." *Journal of Personality and Social Psychology, 59*, 601-613; Levine, T. R.(2014). "Truth-default theory(TDT): A theory of human deception and deception detection." *Journal of Language and Social Psychology, 33*, 378-392; Levine, T. R.(2019). *Duped: Truth-default theory and the social science of lying and deception*. University Alabama Press.

13　Gilbert, D. T., Tafarodi, R. W., & Malone, P. S.(1993). "You can't not believe everything you read." *Journal of Personality and Social Psychology, 65*, 221-233.

14　Dawes, R. M.(1975). "The mind, the model, and the task." In F. Restle, R. M. Shiffrin, N. J. Castellan, H. R. Lindman, & D. B. Pisoni(Eds.), *Cognitive theory, Vol. 1*(pp. 119-129). Erlbaum.

15　Nickerson, R. S.(1998). "Confirmation bias: A ubiquitous phenomenon in many guises." *Review of General Psychology, 2*, 175-220; Wason, P. C.(1960). "On the failure to eliminate hypotheses in a conceptual task." *Quarterly Journal of Experimental Psychology, 12*, 129-140; Wason, P. C.(1968). "Reasoning about a rule." *Quarterly Journal of Experimental Psychology, 20*, 273-281; Wason, P. C., & Johnson-Laird, P. N.(1972). *Psychology of reasoning: Structure and content*. Harvard University Press. 다음의 흥미로운 예외 사례를 참조하라. Cosmides, L.(1989). "The logic of social exchange: Has natural selection shaped how humans reason? Studies with the Wason selection task." *Cognition, 31*, 187-276; Cox, J. R., & Griggs, R. A.(1982). "The effects of experience on performance in Wason's selection task." *Memory and Cognition, 10*, 496-502; Gigerenzer, G., & Hug, K.(1992). "Domain-specific reasoning: Social contracts, cheating and perspective change." *Cognition, 43*, 127-171; Griggs, R. A., & Cox, J. R.(1982). "The elusive thematic-materials effect in Wason's selection task." *British Journal of Psychology, 73*, 407-420; Kirby, K. N.(1994). "Probabilities and utilities of fictional outcomes in Wason's four-card selection task." *Cognition, 51*, 1-28; Manktelow, K. I., & Over, D. E.(1991). "Social roles and utilities in reasoning with deontic conditionals." *Cognition, 39*, 85-105; Wagner-Egger, P.(2007). "Conditional reasoning and the Wason selection task: Biconditional interpretation instead of reasoning bias." *Thinking and Reasoning, 13*, 484-505.

16 Petrocelli, J. V., Martin, J. L., & Li, W. Y.(2010). "Shaping behavior through malleable self-perceptions: A test of the forced-agreement scale effect(FASE)." *Journal of Research in Personality, 44*, 213-221; Ross, L., Lepper, M. R., & Hubbard, M.(1975). "Perseverance in self-perception and social perception: Biased attribution processes in the debriefing paradigm." *Journal of Personality and Social Psychology, 32*, 880-892.

17 Bargh, J. A.(1994). "The four horsemen of automaticity: Awareness, efficiency, intention, and control in social cognition." In R. S. Wyer & T. K. Srull(Eds.), *Handbook of social cognition*(2nd ed., pp. 1-40). Erlbaum; Bargh, J. A., & Chartrand, T. L.(1999). "The unbearable automaticity of being." *American Psychologist, 54*, 462-479; Bargh, J. A., & Ferguson, M. J.(2000). "Beyond behaviorism: On the automaticity of higher mental processes." *Psychological Bulletin, 126*, 925-945; Greenwald, A. G., & Banaji, M. R.(1995). "Implicit social cognition: Attitudes, self-esteem, and stereotypes." *Psychological Review, 102*, 4-27.

18 Haidt, J.(2001). "The emotional dog and its rational tail: A social intuitionist approach to moral judgment." *Psychological Review, 108*, 814-834; Haidt, J.(2004). "The emotional dog gets mistaken for a possum." *Review of General Psychology, 8*, 283-290.

19 Sloman, S., & Fernbach, P.(2017). *The knowledge illusion: Why we never think alone*. Riverhead Books. 다음의 논문도 참조하라. Hemmatian, B., & Sloman, S. A.(2018). "Community appeal: Explanation without

information." *Journal of Experimental Psychology: General, 147*, 1677-1712; Lawson, R.(2006). "The science of cycology: Failures to understand how everyday objects work." *Memory and Cognition, 34*, 1667-1675; Rabb, N., Fernbach, P. M., & Sloman, S. A.(2019). "Individual representation in a community of knowledge." *Trends in Cognitive Sciences, 23*, 891-902; Rozenblit, L., & Keil, F.(2002). "The misunderstood limits of folk science: An illusion of explanatory depth." Cognitive Science, 26, 521-562.

20 Nisbett, R. E., & Wilson, T. D.(1977). "Telling more than we can know: Verbal reports on mental processes." *Psychological Review, 84*, 231-259.

21 Kuhn, D.(1991). *The skills of argument*. Cambridge University Press; Kunda, Z.(1990). "The case for motivated reasoning." *Psychological Bulletin, 108*, 480-498; Nisbett, R. E., & Wilson, T. D.(1977). "Telling more than we can know: Verbal reports on mental processes." *Psychological Review, 84*, 231-259; Perkins, D. N., Farady, M., & Bushey, B.(1991). "Everyday reasoning and the roots of intelligence." In J. F. Voss, D. N. Perkins, & J. W. Segal(Eds.), *Informal reasoning and education*(pp. 83-105). Erlbaum.

22 Rapaille, C.(2006). *The culture code: An ingenious way to understand why people around the world buy and live as they do*. Broadway Books; Wilson, T. D., Lisle, D. J., Schooler, J. W., Hodges, S. D., Klaaren, K.J., & Lafleur, S. J.(1993). "Introspecting about reasons can reduce post-choice satisfaction." *Personality and Social Psychology Bulletin, 19*, 331-339. 윌슨이 실시한 다른 연구에서는 연애 중인 대학생들에게 설문지를 주면서 "당신과 연애 상대의 관계가 순탄하게 진행 중이라고 생각할 수 있는 이유를 모두 적으라고" 요청한 다음에 그 이유를 자체적으로 분석해서 "설문지를 작성하라고" 지시했다. 이 과정을 거치면서 참가자들은 자신이 맺고 있는 관계가 어떻게 진행되고 있는지에 대해 생각을 바꿨다. 참가자는 긍정적인 이유를 적은 경우에는 좀 더 긍정적으로, 부정적인 이유를 적은 경우에는 좀 더 부정적으로 느끼는 경향을 보였다. 처음 느낌과 일치하지 않는 생각을 떠올리다 보면 태도가 바뀌는 경향이 있다.

자신이 맺고 있는 관계에 대해 상세한 질문에 대답하거나, 이유를 생각하다 보면 사람들이 관계를 해석하는 방식을 바꾸면서 결국 태도를 변화시킬 수 있다. 하지만 이유를 분석해 발생하는 효과는 시간이 지나면서 사라지는 경향을 보였다. 그래서 사람들이 원래 보였던 "설명하기 힘든" 태도가 살아난다. 따라서 남자 친구나 여자 친구와 헤어질지 말지 결정할 때처럼 이유를 분석한 직후에 중요한 결정을 내리면 나중에 후회할 수 있다. 이유를 분석한 직후에는 말로 표현하기 쉬운 사항(예를 들어, "나는 그 남자의 헤어스타일이 마음에 들어.")에 집중하고, 설명하기 힘든 감정(예를 들어, 특별한 교감)은 무시하는 경향이 있기 때문이다. 하지만 장기적으로 중요한 것은 개소리가 아니라, 다시 떠오르거나 처음에는 결코 없었던 설명하기 더욱 힘든 감정이다. Wilson, T. D., & Kraft, D.(1993). "Why do I love thee?: Effects of repeated introspections about a dating relationship on attitudes toward the relationship." *Personality and Social Psychology Bulletin, 19*, 409-418.

23 The Myers-Briggs Company.(2020, May 16). "ISTJ: MBTI® personality profile." https://eu.themyersbriggs.com/en/tools/MBTI/MBTI-personality-Types/ISTJ.

24 Grant, A.(2013). "Goodbye to MBTI, the fad that won't die." *Psychology Today*. https://www.psychologytoday.com/us/blog/give-and-take/201309/goodbye-mbti-the-fad-won-t-die.

25 Fleeson, W.(2004). "Moving personality beyond the person-situation debate: The challenge and the opportunity of within-person variability." *Current Directions in Psychological Science, 13*, 83-87; Sherman, S. J., & Fazio, R. H.(1983). "Parallels between attitudes and traits as predictors of behavior." *Journal of Personality, 51*, 308-345.

26 Liberman, V., Samuels, S. M., & Ross, L.(2004). "The name of the game: Predictive power of reputations versus situational labels in determining prisoner's dilemma game moves." *Personality and Social Psychology Bulletin, 30*, 1175-1185.

27 Paul, A. M.(2004). *The cult of personality: How personality tests are leading us to miseducate our children, mismanage our companies, and misunderstand ourselves.* Free Press.

28 개소리를 생산하고 탐지하고 폐기하려고 노력하는 과정에서 발생하는 불평등은 브란돌리니의 법칙Brandolini's Law 또는 이탈리아인 소프트웨어 개발 컨설턴트인 알베르토 브란돌리니Alberto Brandolini가 제안하듯 개소리 비대칭 원리Bullshit Asymmetry Principle로 더욱 잘 알려져 있다. "개소리를 생성할 때보다 개소리를 반박할 때 훨씬 큰 에너지가 필요하다." Brandolini, A.(@ziobrando).(2013, January 11). "The bullshit asimmetry[sic]." *Twitter.* https://twitter.com/ziobrando/status/289635060758507521.

29 Fazio, L. K., Brashier, N. M., Payne, B. K., & Marsh, E. J.(2015). "Knowledge does not protect against illusory truth." *Journal of Experimental Psychology: General, 144,* 993-1002.

30 Alcock, J. E.(2018). *Belief: What it means to believe and why our convictions are so compelling.* Prometheus Books.

31 Cook, T. D., & Flay, B. R.(1978). "The temporal persistence of experimentally induced attitude change: An evaluative review." In L. Berkowitz(Ed.), *Advances in experimental social psychology*(Vol. 11). Academic Press; Cook, T. D., Gruder, C. L., Hennigan, K. M., & Flay, B. R.(1979). "History of the sleeper effect: Some logical pitfalls in accepting the null hypothesis." *Psychological Bulletin, 86,* 662-679; Gruder, C. L., Cook, T. D., Hennigan, K. M., Flay, B. R., Alessis, C., & Halamaj, J.(1978). "Empirical tests of the absolute sleeper effect predicted from the discounting cue hypothesis." *Journal of Personality and Social Psychology, 36,* 1061-1074; Priester, J., Wegener, D., Petty, R., & Fabrigar, L.(1999). "Examining the psychological process underlying the sleeper effect: The elaboration likelihood model explanation." *Media Psychology, 1,* 27-48.

32 Petrocelli, J. V., Seta, C. E., & Seta, J. J.(2021). "When bullshitters are more persuasive than liars: Using the sleeper effect to test the insidious bullshit

hypothesis." 이것은 발표되지 않은 원자료이다.

33 Petty, R. E., & Cacioppo, J. T.(1986). *Communication and persuasion: Central and peripheral routes to attitude change.* Springer-Verlag.

34 Petrocelli, J. V.(2021). "Bullshitting and persuasion: The persuasiveness of a disregard for the truth." *British Journal of Social Psychology, 60*; 다음의 논문도 참조하라. Petrocelli, J. V., Watson, H. F., & Hirt, E. R.(2020). "Self-regulatory aspects of bullshitting and bullshit detection." *Social Psychology, 51,* 239-253.

35 1941~1945년 나치 독일과 부역자들은 유럽 전체 유대인 인구의 약 3분의 2에 해당하는 유대인 600여만 명을 체계적으로 살해했다.

36 Dali, L. Y.(1996). *Calamity and reform in China: State, rural society, and institutional change since the Great Leap Famine.* Stanford University Press; Dikötter, F.(2018). *Mao's great famine: The history of China's most devastating catastrophe, 1958-62.* Bloomsbury; Jisheng, Y.(2013). *Tombstone: The Great Chinese Famine, 1958-1962.* Farrar, Straus and Giroux; Shapiro, J. R.(2001). *Mao's war against nature: Politics and the environment in revolutionary China.* Cambridge University Press; Thaxton, R. A.(2008). *Catastrophe and contention in rural China: Mao's Great Leap Forward famine and the origins of righteous resistance in Da Fo Village.* Cambridge University Press.

37 Time Magazine.(1958). "Death to sparrows." *Time Magazine, 71(18),* 28.

38 Pantsov, A. V., & Levine, S. I.(2012). *Mao: The real story.* Simon & Schuster.

2장 미끼에 현혹되는 사람들

1 Greenspan, S.(2009). *Annals of gullibility: Why we get duped and how to avoid it.* Praeger; Greenspan, S.(2009). "Foolish action in adults with intellectual disabilities: The forgotten problem of risk-unawareness." In L.M. Glidden(Ed.), *International review of research in mental*

retardation(Vol. 36, pp. 145-194). Elsevier; Greenspan, S., Loughlin, G., & Black, R.(2001). "Credulity and gullibility in people with developmental disorders: A framework for future research." *International Review of Research in Mental Retardation, 24*, 101-135.

2   Rotter, J. B.(1980). "Interpersonal trust, trustworthiness, and gullibility." *American Psychologist, 35*, 1-7; Teunisse, A. K., Case, T. I., Fitness, J., & Sweller, N.(2020). "I should have known better: Development of a self-report measure of gullibility." *Personality and Social Psychology Bulletin, 46*, 408-423.

3   Markopolos, H.(2010). *No one would listen: A true financial thriller*. John Wiley & Sons.

4   Gregoriou, G. N., & Lhabitant, F.-S.(2009). "Madoff: A flock of red flags." *Journal of Wealth Management, 12*, 89-97.

5   투자 손실을 입은 투자자의 긴 목록에는 다음 기업들이 포함되었다. Fairfield Sentry-Fairfield Greenwich Group, Banco Santander, Kingate Management, Rye Investment Management-Tremont Group, Bank Medici of Austria, Ascot Partners, Access International Advisors, Fortis Bank Nederland, Thema International Fund, HSBC, Genevalor Benbassat & Cie, Aurelia Finance, Union Bancaire Privée, Natixis, Royal Bank of Scotland, Sterling Equities, Elie Wiesel, the Elie Wiesel Foundation for Humanity.

6   Greenspan, S.(2009). "Fooled by Ponzi: How Bernard Madoff made off with my money, or why even an expert on gullibility can get gulled." *Skeptic, 14(4)*, 20-25.

7   Chew, R.(2008, December 15). "How I got screwed by Bernie Madoff." *Time*. http://content.time.com/time/business/article /0,8599,1866398,00.html.

8   Forer, B. R.(1949). "The fallacy of personal validation: A classroom demonstration of gullibility." *Journal of Abnormal and Social Psychology, 44*,

118-123; Petty, R. E., & Brock, T. C.(1979). "Effects of Barnum personality assessments on cognitive behavior." *Journal of Consulting and Clinical Psychology, 47*, 201-203; Stajano, F., & Wilson, P.(2011). "Understanding scam victims." *Communications of the ACM, 54*, 70.

9 P. T. 바넘이 실제로 이 말을 하지 않았다고 결론을 내린 출처가 많다.

10 Petrocelli, J. V., Martin, J. L., & Li, W. Y.(2010). "Shaping behavior through malleable self-perceptions: A test of the forced-agreement scale effect(FASE)." *Journal of Research in Personality, 44*, 213-221; Sherman, S. J.(1980). "On the self-erasing nature of errors of prediction." *Journal of Personality and Social Psychology, 39*, 211-221.

11 Costa, P. T., & McCrae, R. R.(1991). "Facet scales for agreeableness and conscientiousness: A revision of the NEO personality inventory." *Personality and Individual Differences, 12*, 887-898; Lee, K., & Ashton, M.C.(2004). "Psychometric properties of the HEXACO Personality Inventory." *Multivariate Behavioral Research, 39*, 329-358.

12 Bègue, L., Beauvois, J.-L., Courbet, D., Oberlé, D., Lepage, J., & Duke, A. A.(2015). "Personality predicts obedience in a Milgram Paradigm." *Journal of Personality, 83*, 299-306.

13 Milgram, S.(1963). "Behavioral study of obedience." *Journal of Abnormal and Social Psychology, 67*, 371-378; Milgram, S.(1974). *Obedience to authority: An experimental view*. Harper & Row.

14 Carter, N. L., & Weber, J. M.(2010). "Not Pollyannas: Higher generalized trust predicts lie detection ability." *Social Psychological and Personality Science, 1*, 274-279.

15 Yamagishi, T., Kikuchi, M., & Kosugi, M.(1999). "Trust, gullibility, and social intelligence." *Asian Journal of Social Psychology, 2*, 145-161; Yamagishi, T., & Yamagishi, M.(1994). "Trust and commitment in the United States and Japan." *Motivation and Emotion, 18*, 129-166.

16 Haney, C., & Zimbardo, P. G.(1998). "The past and future of U.S.

prison policy: Twenty-five years after the Stanford Prison Experiment." *American Psychologist, 53*, 709-727; Zimbardo, P. G.(1971, October 25). "The power and pathology of imprisonment[Congressional record](Serial No. 15)." Hearings before Subcommittee No. 3 of the Committee on the Judiciary, House of Representatives, Ninety-Second Congress, First Session on Corrections, Part II, Prisons, Prison Reform and Prisoner's Rights: California. US Government Printing Office.

17 짐바르도가 실시한 스탠퍼드 교도소 실험에서 도출된 일부 논의에 따르면, 교도관이 보인 잔인한 행동은 역할을 수행한 결과가 아니라 실험자가 자극하고 선동한 결과이다. 최고의 논의들은 다음에서 찾아볼 수 있다. Haslam, S. A., Reicher, S. D., & Van Bavel, J. J.(2019). "Rethinking the nature of cruelty: The role of identity leadership in the Stanford Prison Experiment." *American Psychologist, 74*, 809-822; Reicher, S., & Haslam, S. A.(2006). "Rethinking the psychology of tyranny: The BBC Prison Study." *British Journal of Social Psychology, 45*, 1-40; Zimbardo, P. G., & Haney, C.(2020). "Continuing to acknowledge the power of dehumanizing environments: Comment on Haslam et al.(2019) and Le Texier(2019)." *American Psychologist, 75*, 400-402.

18 Nisbett, R. E., & Wilson, T. D.(1977). "Telling more than we can know: Verbal reports on mental processes." *Psychological Review, 84*, 231-259.

19 Langer, E. J., Blank, A., & Chanowitz, B.(1978). "The mindlessness of ostensibly thoughtful action: The role of 'placebic' information in interpersonal interaction." Journal of Personality and Social Psychology, 36, 635-642.

20 Cialdini, R. B.(2006). *Influence: The psychology of persuasion.* New York: Harper Business.

21 Kuhn, D.(1991). *The skills of argument.* Cambridge: Cambridge University Press.

22 Glassner, A., Weinstock, M., & Neuman, Y.(2005). "Pupils' evaluation and

generation of evidence and explanation in argumentation." *British Journal of Educational Psychology, 75*, 105-118.

23 Borgida, E., & Nisbett, R. E.(1977). "The differential impact of abstract vs. concrete information on decisions." *Journal of Applied Social Psychology, 7*, 258-271; Reyes, R. M., Thompson, W. C., & Bower, G. H.(1980). "Judgmental biases resulting from differing availabilities of arguments." *Journal of Personality and Social Psychology, 39*, 2-12.

24 Tootsie Roll Inc. FAQs. https://tootsie.com/faqs; Aaseng, N.(2005). *Business builders in sweets & treats*. Oliver Press.

25 Jacoby, L. L., Kelley, C., Brown, J., & Jasechko, J.(1989). "Becoming famous overnight: Limits on the ability to avoid unconscious influences of the past." *Journal of Personality and Social Psychology, 56*, 326-338; Jacoby, L. L., Woloshyn, V., & Kelley, C.(1989). "Becoming famous without being recognized: Unconscious influences of memory produced by dividing attention." *Journal of Experimental Psychology: General, 118*, 115-125.

26 Frederick, S.(2005). "Cognitive reflection and decision making." *Journal of Economic Perspectives, 19*, 25-42.

27 Bronstein, M. V., Pennycook, G., Bear, A., Rand, D. G., & Cannon, T. D.(2019). "Belief in fake news is associated with delusionality, dogmatism, religious fundamentalism, and reduced analytic thinking." *Journal of Applied Research in Memory and Cognition, 8*, 108-117; Pennycook, G., Cannon, T. D., & Rand, D. G.(2018). "Prior exposure increases perceived accuracy of fake news." *Journal of Experimental Psychology: General, 147*, 1865-1880; Pennycook, G., & Rand, D. G.(2020). "Who falls for fake news? The roles of bullshit receptivity, overclaiming, familiarity, and analytic thinking." *Journal of Personality, 88*, 185-200.

28 Pennycook, G., & Rand, D. G.(2019). "Lazy, not biased: Susceptibility to partisan fake news is better explained by lack of reasoning than by motivated reasoning." *Cognition, 188*, 39-50.

29 Gigerenzer, G., Hertwig, R., & Pachur, T. (2011). *Heuristics: The foundations of adaptive behavior*. Oxford University Press; Gigerenzer, G., & Todd, P. M. (1999). *Simple heuristics that make us smart*. Oxford University Press; Kahneman, D., Slovic, P., & Tversky, A. (Eds.). (1982). *Judgment under uncertainty: Heuristics and biases*. Cambridge University Press.

30 Shermer, M. (1997). *Why people believe weird things: Pseudoscience, superstition, and other confusions of our time*. W. H. Freeman and Company.

31 Kahneman, D. (2011). *Thinking, fast and slow*. Farrar, Straus and Giroux.

32 Allen, S. (1989). Dumbth and 81 ways to make Americans smarter. Prometheus Books; Beck, J. S. (1995). *Cognitive therapy: Basics and beyond*. Guilford Press; Morrow, D. R. (2017). *Giving reasons: An extremely short introduction to critical thinking*. Hackett Publishing Company; Shermer, M. (1997). *Why people believe weird things: Pseudoscience, superstition, and other confusions of our time*. W. H. Freeman and Company.

33 Erickson, T. D., & Mattson, M. E. (1981). "From words to meaning: A semantic illusion." *Journal of Verbal Learning and Verbal Behavior, 20*, 540-551; Song, H., & Schwarz, N. (2008). "Fluency and the detection of misleading questions: Low processing fluency attenuates the Moses illusion." *Social Cognition, 26*, 791-799.

34 Seta, J. J., Seta, C. E., & McCormick, M. (2017). "Commonalities and differences among frames: A unification model." *Journal of Behavioral Decision Making, 30*, 1113-1130.

35 Tversky, A., & Kahneman, D. (1981). "The framing of decisions and the psychology of choice." *Science, 211*, 453-458.

36 Kühberger, A. (1995). "The framing of decisions: A new look at old problems." *Organizational Behavior and Human Decision Processes, 62*, 230-240; Kühberger, A., & Gradl, P. (2013). "Choice, rating, and ranking: Framing effects with different response modes." *Journal of Behavioral Decision Making, 26*, 109-117; Kühberger, A., & Tanner, C. (2010). "Risky

choice framing: Task versions and a comparison of prospect theory and fuzzy-trace theory." *Journal of Behavioral Decision Making, 23*, 314-329; Mandel, D. R.(2001). "Gain-loss framing and choice: Separating outcome formulations from descriptor formulations." *Organizational Behavior and Human Decision Processes, 85*, 56-76; Mandel, D. R. (2014). "Do framing effects reveal irrational choice?" *Journal of Experimental Psychology: General, 143*, 1185-1198; Seta, J. J., Seta, C. E., & McCormick, M.(2017). "Commonalities and differences among frames: A unification model." *Journal of Behavioral Decision Making, 30*, 1113-1130; Tombu, M., & Mandel, D. R.(2015). "When does framing influence preferences, risk perceptions, and risk attitudes? The explicated valence account." *Journal of Behavioral Decision Making, 28*, 464-476.

37 Forgas, J. P., & East, R.(2008). "On being happy and gullible: Mood effects on skepticism and the detection of deception." *Journal of Experimental Social Psychology, 44*, 1362-1367.

38 Baron, J., & Hershey, J. C.(1988). "Outcome bias in decision evaluation." *Journal of Personality and Social Psychology, 54*, 569-579; Seta, C. E., Seta, J. J., Petrocelli, J. V., & McCormick, M.(2015). "Even better than the real thing: Alternative outcome bias affects decision judgements and decision regret." *Thinking and Reasoning, 21*, 446-472.

39 Kindleberger, C. P.(1978). *Manias, panics, and crashes: A history of financial crises*. Macmillan.

40 Aronson, E.(2018). *The social animal*(12th ed.). Worth.

41 Shiller, R. J.(2000). *Irrational exuberance*. Princeton University Press.

42 Asch, S. E.(1951). "Effects of group pressure upon the modification and distortion of judgment." In H. Guetzkow(Ed.), *Groups, leadership, and men*(pp. 76-92). Carnegie Press.

43 Ibid.

44 Batson, C. D.(1975). "Rational processing or rationalization? The effect

of disconfirming information on a stated religious belief." *Journal of Personality and Social Psychology, 32*, 176-184; Lord, C. G., Ross, L., & Lepper, M. R.(1979). "Biased assimilation and attitude polarization: The effects of prior theories on subsequently considered evidence." *Journal of Personality and Social Psychology, 37*, 2098-2109; Knowles, E. S., & Linn, J. A.(Eds.)(2004). *Resistance and persuasion.* Erlbaum; Nyhan, B., & Reifler, J.(2010). "When corrections fail: The persistence of political misperceptions." *Political Behavior, 32*, 303-330. 역풍 효과는 과거의 통념과 달리 그다지 강력하지 않을지도 모른다. 다음을 참조하라. Chan, M. S., Jones, C. R., Jamieson, K. H., & Albarracin, D.(2017). "Debunking: A meta-analysis of the psychological efficacy of messages countering misinformation." *Psychological Science, 28*, 1531-1546; Douglas, K. M., Uscinski, J. E., Sutton, R. M., Cichocka, A., Nefes, T., Ang, C. S., & Deravi, F.(2019). "Understanding conspiracy theories." *Political Psychology, 40*(Suppl 1), 3-35; Wood, T., & Porter, E.(2019). "The elusive backfire effect: Mass attitudes' steadfast factual adherence." *Political Behavior, 41*, 135-163.

45 Boghossian, P., & Lindsay, J.(2019). *How to have impossible conversations: A very practical guide.* Lifelong Books; Haidt, J.(2001). "The emotional dog and its rational tail: A social intuitionist approach to moral judgment." *Psychological Review, 108*, 814-834; Shermer, M.(2011). *The believing brain: From ghosts and gods to politics and conspiracies—How we construct beliefs and reinforce them as truths.* Times Books, Henry Holt and Company; Tappin, B. M., van der Leer, L., & McKay, R. T.(2017). "The heart trumps the head: Desirability bias in political belief revision." *Journal of Experimental Psychology: General, 146*, 1143-1149.

46 Kunda, Z.(1990). "The case for motivated reasoning." *Psychological Bulletin, 108*, 480-498.

47 Festinger, L.(1957). *A theory of cognitive dissonance.* Stanford University

Press.

48 Shermer, M.(2020). "Why people believe conspiracy theories." *Skeptic, 25*(1), 12-17.

49 Ritchie, H.(2016, December 30). "Read all about it: The biggest fake news stories of 2016." CNBC. https://www.cnbc.com/2016/12/30/read-all-about-it-the-biggest-fake-news-stories-of-2016.html; Schaedel, S.(2016, October 24). "Did the Pope endorse Trump?" FactCheck.org. https://www.factcheck.org/2016/10/did-the-pope-endorse-trump/; Samuelson, K.(2016, December 5). "What to know about Pizzagate: The fake news story with real consequences." *Time.* https://time.com/4590255/pizzagate-fake-news-what-to-know/. 그리고 많은 이들이 피자게이트는 사실일 가능성이 다분하다고 생각하는 것 같다. Effron, D. A.(2018). "It could have been true: How counterfactual thoughts reduce condemnation of falsehoods and increase political polarization." *Personality and Social Psychology Bulletin, 44,* 729-745; Manjoo, F. (2008). *True enough: Learning to live in a post-fact society.* John Wiley & Sons.

3장 사람들은 언제, 왜 개소리를 할까

1 Bever, L., & Phillips, K.(2017, October 13). "The mother jailed for refusing to vaccinate her son says she would 'do it all over again.'" *Washington Post.* https://www.washingtonpost.com/news/to-your-health/wp/2017/10/12/a-mother-was-jailed-for-refusing-to-vaccinate-her-son-now-shes-outraged-hes-been-immunized/?noredirect=on&utm_term=.f4e6c1378476.

2 McKee, C., & Bohannon, K.(2016). "Exploring the reasons behind parental refusal of vaccines." *Journal of Pediatric Pharmacology and Therapeutics, 21,* 104-109.

3 Lyall, K., Croen, L., Daniels, J., Fallin, M. D., Ladd-Acosta, C., Lee, B. K., Park, B. Y., Snyder, N. W., Schendel, D., Volk, H., Windham, G. C., &

Newschaffer, C.(2017). "The changing epidemiology of autism spectrum disorders." *Annual Review of Public Health, 38*, 81-102.

4   Wakefield, A. J., Murch, S. H., Anthony, A., Linnell, J., Casson, D. M., Malik, M., Berelowitz, M., Dhillon, A. P., Thomson, M. A., Harvey, P., Valentine, A., Davies, S. E., & Walker-Smith, J. A.(1998). RETRACTED: "Ileal-lymphoid-nodular hyperplasia, non-specific colitis, and pervasive developmental disorder in children." *The Lancet, 351*, 637-641.

5   Deer, B.(2010). "Reflections of investigating Wakefield." *British Medical Journal, 340*, 295; Deer, B.(2010). "Wakefield's 'autistic enterocolitis' under the microscope." *British Medical Journal, 340*, c1127; Deer, B.(2011). "How the case against the MMR vaccine was fixed." *British Medical Journal, 342*, 77-82; Deer, B.(2011). "How the vaccine crisis was meant to make money." *British Medical Journal, 342*, 136-142; Deer, B.(2011). "The Lancet's two days to bury bad news." *British Medical Journal, 342*, 200-204; Deer, B.(2011). "Pathology reports solve 'new bowel disease' riddle." *British Medical Journal, 343*, 985-989; Deer, B.(2011). "Who saw the 'histological findings'?" *British Medical Journal, 343*, 1205.

6   많은 과학 학술지가 그렇듯 《란셋》은 저자들에게 이해충돌 관계를 밝히라고 요구한다. 그렇지 않은 경우는 대개 사기 행위로 간주된다.

7   Jain, A., Marshall. J., Buikema, A., Bancroft, T., Kelly, J. P., Newschaffer, C. J.(2015). "Autism occurrence by MMR vaccine status among US children with older siblings with and without autism." *Journal of the American Medical Association, 313*, 1534-1540.

8   Hviid, A., Hansen, J. V, Frisch, M., & Melbye, M.(2019). "Measles, mumps, rubella vaccination and autism: A nationwide cohort study." *Annals of Internal Medicine, 170*, 513-520.

9   Rao, T. S., & Andrade, C.(2011). "The MMR vaccine and autism: Sensation, refutation, retraction, and fraud." *Indian Journal of Psychiatry, 53*, 95-96.

10 Korownyk, C., Kolber, M. R., Mccormack, J., Lam, V., Overbo, K., Cotton, C., Finley, C., Turgeon, R. D., Garrison, S., Linblad, A. J., Banh, H. L., Campbell-Scherer, D., Vandermeer, B., & Allan, G. M. (2014). "Televised medical talk shows-what they recommend and the evidence to support their recommendations: A prospective observational study." *British Medical Journal, 349*, g7346.

11 Mutnick, A.(2014, June 17). "Senators scold Dr. Oz for weight-loss scams." *USA Today*. https://www.usatoday.com/story/life/people/2014/06/17/dr-oz-senate-panel-weight-scams/10701067/.

12 Frankfurt, H.(1986). "On bullshit." *Raritan Quarterly Review, 6*, 81- 100.

13 설문조사 응답자는 어떤 의무도 지지 않는다는 사실에 주목해야 한다. 사실 참가자들은 이미 합의한 이익을 상실하지 않고 언제라도 실험을 그만둘 수 있다는 말을 여러 차례 들었다. 게다가 참가자들의 절반은 자신의 의견을 제공할 의무가 없다는 말을 들었다. 그런데도 참가자들이 여전히 개소리를 했다는 사실에 비추어보면, 의무를 가리키는 사회적 신호가 그다지 강력할 필요는 없다.

14 Gigerenzer, G., Gaissmaier, W., Kurz-Milcke, E., Schwartz, L. M., & Woloshin, S.(2007). "Helping doctors and patients make sense of health statistics." *Psychological Science in the Public Interest, 8*, 53-96; Hoffrage, U., & Gigerenzer, G.(1998). "Using natural frequencies to improve diagnostic inferences." *Academic Medicine, 73*, 538-540. 미국만 보더라도 의료인의 판단 실수는 매년 약 25만 명에 이르는 사망자를 발생시켜 최다 사망원인 3위에 올라 있다. 참고로 최다 사망원인 1위는 심장병, 2위는 암, 4위부터는 뇌졸중, 자살, 당뇨병 순이다. 다음을 참조하라. Makary, M. A., & Daniel, M.(2016). "Medical error: The third leading cause of death in the US." *British Medical Journal, 353*, i2139-i2141. 부검 보고서에 따르면, 의료인의 판단 실수 때문에 발생한 사망자의 5퍼센트는 오진으로 사망했으며, 진단과 치료를 제대로 받았다면 사망하지 않았을 것이다. Newman-Toker, D. E., & Pronovost, P. J. (2009). "Diagnostic

errors: The next frontier for patient safety." *Journal of the American Medical Association, 301*, 1060-1062. 훈련받은 전문가들이 의학 결정을 내릴 때 이러한 실수를 범한다는 사실을 감안하면 이러한 통계는 특히나 우려할 만하다.

15 Casscells, W., Schoenberger, A., & Grayboys, T. B.(1978). "Interpretation by physicians of clinical laboratory results." *New England Journal of Medicine, 299*, 999-1000; Brush, J. E., Lee, M., Sherbino, J., Taylor-Fishwick, J. C., Norman, G.(2019). "Effect of teaching Bayesian methods using learning by concept vs learning by example on medical students' ability to estimate probability of a diagnosis: A randomized clinical trial." *Journal of the American Medical Association, Network Open, 2*(12): e1918023; Eddy, D. M.(1982). "Probabilistic reasoning in clinical medicine: Problems and opportunities." In D. Kahneman, P. Slovic, & A. Tversky(Eds.), *Judgment under uncertainty: Heuristics and biases*(pp. 249-267). Cambridge University Press; Hammerton, M.(1973). "A case of radical probability estimation." *Journal of Experimental Psychology, 101*, 252-254; Kerlikowske, K., Grady, D., Barclay, J., Sickles, E.A., & Ernster, V.(1996). "Effect of age, breast density, and family history on the sensitivity of first screening mammography." *Journal of the American Medical Association, 276*, 33-38; Kerlikowske, K., Grady, D., Barclay, J., Sickles, E. A., & Ernster, V.(1996). "Likelihood ratios for modern screening mammography: Risk of breast cancer based on age and mammographic interpretation." *Journal of the American Medical Association, 276*, 39-43; Molinaro, A. M.(2015). "Diagnostic tests: How to estimate the positive predictive value." *Neuro-oncology Practice, 2*, 162-166.

16 Buys, S. S., et al.(2011). "Effect of screening on ovarian cancer mortality: The Prostate, Lung, Colorectal and Ovarian(PLCO) Cancer Screening Randomized Controlled Trial." *Journal of the American Medical Association, 305*, 2295-2303.

17 Wegwarth, O., & Gigerenzer, G.(2018). "US gynecologists' estimates and beliefs regarding ovarian cancer screening's effectiveness 5 years after release of the PLCO evidence." *Scientific Reports, 8*(1): 17181.

18 Simonson, I., & Nye, P.(1992). "The effect of accountability on susceptibility to decision errors." *Organizational Behavior and Human Decision Processes, 51*, 416-446.

19 Kahneman, D.(2011). *Thinking, fast and slow*. Farrar, Straus and Giroux.

20 Frankfurt, H.(1986). "On bullshit." *Raritan Quarterly Review, 6*, 81-100.

21 Craig, D.(2017). *How to become a human bullshit detector: Learn to spot fake news, fake people, and absolute lies*. Racehorse Publishing; Ekman, P.(2009). *Telling lies: Clues to deceit in the marketplace, politics, and marriage*. W.W. Norton & Company; Meibauer, J.(2019). *The Oxford handbook of lying*. Oxford University Press.

22 WhiteHouse.gov.(2017, January 20). "The inaugural address." https://www.whitehouse.gov/briefings-statements/the-inaugural-address/.

23 WhiteHouse.gov.(2020, November 20). "Press briefing by Press Secretary Kayleigh McEnany, 11/20/2020." https://www.whitehouse.gov/briefings-statements/press-briefing-press-secretary-kayleigh-mcenany-11-20-2020/.

24 Petrocelli, J. V.(2021). "Politically-oriented bullshit detection: Attitudinally conditional bullshit receptivity and bullshit sensitivity." *Group Processes and Intergroup Relations, 24*.

25 Brem, S. K., & Rips, L. J.(2000). "Explanation and evidence in informal argument." *Cognitive Science, 24*, 573-604.

26 Petrocelli, J. V.(2018). "Antecedents of bullshitting." *Journal of Experimental Social Psychology, 76*, 249-258.

27 심리학자들인 델로이 폴러스Delroy Paulhus와 동료들이 밝힌 연구 결과에 따르면, 사람들은 존재하지도 않는 사항에 대한 지식까지도 스스럼없이 말한다! Paulhus, D. L., Harms, P. D., Bruce, M. N., & Lysy, D. C.(2003). "The over-claiming technique: Measuring self-enhancement independent of ability." *Journal of Personality and Social Psychology, 84*, 890-904.

28 Fuocco, M. A.(1996, March 21). "Trial and error: They had larceny in their hearts, but little in their heads." *Pittsburgh Post-Gazette*, p. Dl.

29 Kruger, J., & Dunning, D.(1999). "Unskilled and unaware of it: How difficulties in recognizing one's own incompetence lead to inflated self-assessments." *Journal of Personality and Social Psychology, 77*, 1121-1134.

30 그러나 소위 인지 훈련 소프트웨어 프로그램의 다른 예로 학습 장애 아동을 지원하기 위해 판매되는 '패스트 포워드Fast ForWord'가 있다. 메타 분석으로 체계적인 검사를 실시한 결과 패스트 포워드가 아동의 구두 언어 장애나 난독증을 치료하는 효과적인 방법임을 입증하는 결정적인 증거를 갖추지 못한 것은 전혀 뜻밖이 아니다. 학습 장애 아동의 능력을 향상시키는 문제를 생각할 때, 많은 인지 훈련 소프트웨어 프로그램의 효과는 출생 전부터 2세까지 아이들의 읽기 능력을 증진시킬 목적으로 설계된 헤드 스타트Head Start 프로그램보다 떨어진다. Strong, G. K., Torgerson, C. J., Torgerson, D., & Hulme, C.(2011). "A systematic meta-analytic review of evidence for the effectiveness of the 'Fast ForWord' language intervention program." *Journal of Child Psychology and Psychiatry, and Allied Disciplines, 52*, 224-235.

31 Shepherd, R.(2017). "10 ways to sell your product even when there's no evidence that it works: The Arrowsmith Program of cognitive exercises." *Myndplan*. https://medium.com/myndplan/myndplan-9961a084f750.

32 Baumeister, R. F., & Leary, M. R.(1995). "The need to belong: Desire for interpersonal attachments as a fundamental human motivation." *Psychological Bulletin, 117*, 497-529.

33 Gonsalkorale, K., & Williams, K. D.(2007). "The KKK won't let me play: Ostracism even by a despised outgroup hurts." *European Journal of Social Psychology, 37*, 1176-1186; Williams, K. D.(2007). "Ostracism." *Annual Review of Psychology, 58*, 425-452; Zadro, L., Williams, K. D., & Richardson, R.(2004). "How low can you go? Ostracism by a computer is

sufficient to lower self-reported levels of belonging, control, self-esteem, and meaningful existence." *Journal of Experimental Social Psychology, 40*, 560-567.

34 흥미롭게도 윌리엄스가 실시한 연구에서 공모자들은 배제의 부정적인 영향을 이끌어내기 위해 방에 있을 필요조차 없다. 배제 게임을 좀 더 영리하게 변형한 형태인 사이버볼은 컴퓨터를 이용한 공 던지기 온라인 게임이다. 게임에서 참가자들은 개인 칸막이 공간에 들어가 컴퓨터 앞에 앉고, 실험실에 있는 다른 개인 칸막이 공간 두 곳에 있는 참가자 2명과 짝을 맺는다는 말을 듣는다. 나머지 두 참가자는, 프로그래밍된 알고리즘에 불과하지만 배제가 시작되자 참가자는 여전히 슬픔과 거부감을 느낀다.

35 Van Beest, I., & Williams, K. D.(2006). "When inclusion costs and ostracism pays, ostracism still hurts." *Journal of Personality and Social Psychology, 91*, 918-928.

4장 거짓말쟁이에게도 신봉자는 있다

1 Rosenblatt, A. I., & Carbone, P. S.(2019). *Autism spectrum disorder: What every parent needs to know.* American Academy of Pediatrics.

2 Biklen, D.(1990). "Communication unbound: Autism and praxis." *Harvard Educational Review, 60*, 291-315.

3 Beck, A. R., & Pirovano, C.(1996). "Facilitated communicators' performance on a task of receptive language." *Journal of Autism and Developmental Disorders, 26*(5), 497-512; Green, G., & Shane, H. C.(1993). "Facilitated communication: The claims vs. the evidence." *Harvard Mental Health Letter, 10*, 4-5; Montee, B. B., Miltenberger, R. G., & Wittrock, D.(1995). "An experimental analysis of facilitated communication." *Journal of Applied Behavior Analysis, 28*, 189-200; Moore, S., Donovan, B., Hudson, A., Dykstra, J., & Lawrence, J.(1993). "Evaluation of facilitated communication: Eight case studies." *Journal of*

Autism and Developmental Disorders, 23, 531-539; Mostert, M. P. (2001). "Facilitated communication since 1995: A review of published studies." *Journal of Autism and Developmental Disorders, 31*, 287-313; Szempruch, J., & Jacobson, J. W.(1993). "Evaluating the facilitated communications of people with developmental disabilities." *Research in Developmental Disabilities, 14*, 253-264.

4   Palfreman, J.(Producer).(1993, October 19). "Frontline: Prisoners of silence." WGBH Public Television.

5   비클렌이 시라큐스대학교 교육대학 학장으로 임명되자 일어난 당황스러운 반응에 관해서는 다음을 참조하라. "Statement of disapproval of the research and teacher education communities in special education of the appointment of Douglas Biklen as Dean of Education at Syracuse University." *SpedPro*. https://web.archive.org/web/20070311014306/http://spedpro.org/2005/10/31/dismay-over-syracuse-appointment-of-dean/; Riggott, J.(2005). "Pseudoscience in autism treatment: Are the news and entertainment media helping or hurting?" *Scientific Review of Mental Health Practice, 4*(1). https://web.archive.org/web/20131112175428/http://www.srmhp.org/0401/media-watch.html. 다음도 참조하라. Herbert, J. D., Sharp, I. R., & Gaudiano, B. A.(2002). "Separating fact from fiction in the etiology and treatment of autism: A scientific review of the evidence." *Scientific Review of Mental Health Practice, 1*(1), 23-43.

6   다섯 가지 추가적인 전술은 사용 빈도는 더 낮지만 개소리꾼들에게 유용하다. (1) 자신들이 내세우는 명분을 받아들이도록 사람들에게 동기를 부여하기 위해 분노와 두려움 같은 감정을 사용한다. Leventhal, H., Watts, J. C., & Pagano, F.(1967). "Effects of fear and instructions on how to cope with danger." *Journal of Personality and Social Psychology, 6*, 313-321; Feinberg, M., & Willer, R.(2011). "Apocalypse soon? Dire messages reduce belief in global warming by contradicting just-world beliefs." *Psychological Science, 22*, 34-38; Liberman, A., & Chaiken,

S.(1992). "Defensive processing of personally relevant health messages." *Personality and Social Psychology Bulletin, 18*, 669-679. (2) 상호주의 원칙을 적용한다. 예를 들어, '네가 내 등을 긁어주면 나도 네 등을 긁어주겠다.' Cialdini, R. B., Green, B. L., & Rusch, A. J.(1992). "When tactical pronouncements of change become real change: The case of reciprocal persuasion." *Journal of Personality and Social Psychology, 63*, 30-40; Strohmetz, D. B., Rind, B., Fisher, R., & Lynn, M.(2002). "Sweetening the till: The use of candy to increase restaurant tipping." *Journal of Applied Social Psychology, 32*, 300-309; Seiter, J. S. (2007). "Ingratiation and gratuity: The effect of complimenting customers on tipping behavior in restaurants." *Journal of Applied Social Psychology, 37*, 478-485. (3) 희소성의 환상을 적용한다. Ruge, D. W.(2015). *The top 20% in the modern digital age: Why 80% of small businesses fail at sales and marketing and how you can succeed*. The Successful Sales Manager. (4) 합의된 정보를 사용한다. 경제학자이자 노벨상 수상자인 로버트 실러는 이러한 메커니즘을 가리켜 비이성적 과열irrational exuberance과 반복되는 투자 버블로 알려진 사회적 피드백 압력이라 부른다. 이 용어들은 연방준비제도이사회 의장이었던 앨런 그린스펀Alan Greenspan이 처음 사용했다고 알려졌지만 실제로는 실러가 만들었으며 나중에 해당 용어를 제목으로 책을 썼다. Shiller, R. J.(2000). *Irrational exuberance*. Princeton University Press. (5) 의무와 일관성의 원칙을 적용한다.: Sherman, S. J.(1980). "On the self-erasing nature of errors of prediction." *Journal of Personality and Social Psychology, 39*, 211-221; Cialdini, R. B., & Sagarin, B. J.(2005). "Interpersonal influence." In T. Brock & M. Green (Eds.), *Persuasion: Psychological insights and perspectives*(pp. 143-159). Sage; Guéguen, N., Joule, R. V., Courbet, D., Halimi-Falkowicz, S., & Marchand,M.(2013). "Repeating 'yes' in a first request and compliance with a later request: The four walls technique." *Social Behavior and Personality, 41*, 199-202.

7   Lilienfeld, S. O., Marshall, J., Todd, J. T., & Shane, H. C.(2014). "The

persistence of fad interventions in the face of negative scientific evidence: Facilitated communication for autism as a case example." *Evidence-Based Communication Assessment and Intervention, 8*, 62-101.

8 '영리한 한스Clever Hans' 이야기는 촉진된 의사소통에 대한 불확증적 증거의 중요성을 인식하는 데 실패한 예이다. 주인은 영리한 말인 한스가 어려운 셈을 할 수 있고 복잡한 문제를 풀 수 있다고 주장했다. 1907년 공식적으로 조사를 실시한 심리학자 오스카 풍스트Oskar Pfungst는 한스가 실제로 이러한 정신적 작업을 수행하고 있지 않다는 것을 입증했다. 영리한 한스는 주인에게서 미묘한 단서를 포착하고, 자신을 지켜보는 사람들의 반응을 보며 정답을 제시했던 것이다. Heinzen, T. E., Lilienfeld, S. O., & Nolan, S. A.(2015). "Clever Hans: What a horse can teach us about self deception." *Skeptic, 20*(1), 10-17; Pfungst, O.(1907). *Clever Hans: The horse of Mr. Van Osten*. New York: Holt, Rinehart and Winston. 촉진된 의사소통에 관한 모든 설명은 틀렸음이 밝혀졌다. 다음을 참조하라.Gorman, B. J.(1998). "Facilitated communication in America: Eight years and counting." *Skeptic, 6*(3), 64-71. 다음 예를 보면, 조사 다큐멘터리 프로그램인 '프론트라인Frontline'은 촉진된 의사소통의 오류를 밝히기 위해 사용된 방법을 시각적으로 강렬하고 설득력 있게 설명했다. Palfreman, J.(Producer)(1993, October 19). "Frontline: Prisoners of silence." WGBH Public Television; Sobel, S.(2018). "Facilitated communication redux: Persistence of a discredited technique." *Skeptic, 23*(3), 6-9.

9 Bausell, R. B.(2007). *Snake oil science: The truth about complementary and alternative medicine*. Oxford University Press; Ernst, E.(2018). *SCAM: So-called alternative medicine*. Imprint Academic.

10 Choy, E.(2018, December 2). "How two leaders use hidden storytelling techniques to inform and influence." *Forbes*. https://www.forbes.com/sites/estherchoy/2018/12/02/how-leaders-use-storytelling/#1ee6507a5703; Dunlop, W. L., & Tracy, J. L.(2013). "Sobering stories: Narratives of

self-redemption predict behavioral change and improved health among recovering alcoholics." *Journal of Personality and Social Psychology, 104*, 576-590; Krippendorff, K.(2010, September 23). "Storytelling and influence: Learn how to get what you want." *Fast Company*. https://www.fastcompany.com/1680723/storytelling-and-influence-learn-how-get-what-you-want; Krippendorff, K.(2012). *Outthink the competition: How a new generation of strategists sees options others ignore*. John Wiley & Sons; McGregor, I., & Holmes, J. G.(1999). "How storytelling shapes memory and impressions of relationship events over time." *Journal of Personality and Social Psychology, 76*, 403-419; Merchant, A., Ford, J. B., & Sargeant, A.(2010). "Charitable organizations' storytelling influence on donors' emotions and intentions." *Journal of Business Research, 63*, 754-762; Petrocelli, J. V., & Sherman, S. J.(2010). "Event detail and confidence in gambling: The role of counterfactual thought reactions." *Journal of Experimental Social Psychology, 46*, 61-72; Valsesia, F., Diehl, K., & Nunes, J. C.(2017). "Based on a true story: Making people believe the unbelievable." *Journal of Experimental Social Psychology, 71*, 105-110.

11 Jenni, K. E., & Loewenstein, G.(1997). "Explaining the 'Identifiable Victim Effect.'" *Journal of Risk and Uncertainty, 14*, 235-257; Schelling, T. C.(1968). "The life you save may be your own." In S. B. Chase(Ed.), *Problems in public expenditure analysis*. The Brookings Institute; Small, D. A., & Loewenstein, G.(2003). "Helping a victim or helping the victim: Altruism and identifiability." *Journal of Risk and Uncertainty, 26*, 5-16.

12 Shermer, M.(1997). *Why people believe weird things: Pseudoscience, superstition, and other confusions of our time*. W. H. Freeman.

13 Nisbett R. E., & Ross, L.(1980). *Human inference: Strategies and shortcomings of social judgment*. Prentice-Hall; Sagan, C.(1995). *The demon-haunted world: Science as a candle in the dark*. Random House; Kahneman, D., Slovic, P., & Tversky, A.(Eds.).(1982). *Judgment under

uncertainty: Heuristics and biases. Cambridge University Press; Tversky, A., & Kahneman, D.(1971). "Belief in the law of small numbers." *Psychological Bulletin, 76,* 105-110.

14 Chopra, D. [@DeepakChopra](2020, May 16). *Twitter.* https://twitter.com/DeepakChopra.

15 Baer, H. A.(2003). "The work of Andrew Weil and Deepak Chopra-Two holistic health/new age gurus: A critique of the holistic health/new age movements." *Medical Anthropology Quarterly, 17,* 240-241; Chopra, D.(1989). *Quantum healing: Exploring the frontiers of mind/body medicine.* Bantam Books; Chopra, D.(1995). *Boundless energy: The complete mind/body program for overcoming chronic fatigue.* Harmony Books; Chopra, D.(1997). *Ageless body, timeless mind: The quantum alternative to growing old.* Random House; Chopra, D. (2007). *Perfect health: The complete mind body guide.* Three Rivers Press.

16 Pennycook, G., Cheyne, J. A., Barr, N., Koehler, D. J., & Fugelsang, J. A.(2015). "On the reception and detection of pseudo-profound bullshit." *Judgment and Decision Making, 10,* 549-563.

17 Chopra, D.(2020, October 1). [Tweet]. *Twitter.* https://twitter.com/DeepakChopra.

18 Cohen, G. A.(2002). "Deeper into bullshit." In S. Buss & L. Overton(Eds.). *Contours of agency: Essays on themes from Harry Frankfurt*(pp. 321-339). MIT Press.

19 Brafman, O., & Beckstrom, R. A.(2006). *The starfish and the spider: The unstoppable power of leaderless organizations.* Penguin Books.

20 이것을 설명하는 좋은 예는 다음을 참조하라. Redding, D., & Whitmire, T.(2014). *Freed to lead: F3 and the unshackling of the modern-day warrior.* The Iron Project. 다음의 웹페이지도 참조하라. F3Nation. "Lexicon." https://f3nation.com/lexicon/. "4E"는 "제4계급Fourth Estate, 언론계를 가리킨다.—옮긴이"의 줄임말이고, "10/90"는 "어느 공동체든 조직이든 전체 구

성원의 10퍼센트가 영향력의 90퍼센트를 행사한다는 일반적인 전제"를 뜻하는 완전히 개소리 개념이다.

21 Orwell, G.(1949). *Nineteen eight-four: A novel*. Harcourt, Brace and Company.

22 Law, S.(2011). *Believing bullshit: How not to get sucked into an intellectual black hole*. Prometheus Books.

23 The Chopra Center (2018, August 31). "10 tips on how to live your best life." https://chopra.com/articles/how-to-live-your-best-life. 좋은 삶에 대한 디팩의 접근방식은 환상적으로 들릴지 모르지만 현실을 들여다보면 이를 뒷받침하는 경험적 증거가 거의 없다. 도리어 디팩이 과학적 증거에 의존했다면 다른 문헌이 주관적인 행복과 삶의 만족을 뒷받침하는 사항들을 주장했을 것이다. 예를 들어, 다른 사람의 관점을 보려고 노력하거나, 우리를 행복하게 해주는 요인은 사물이 아니라 사람이라는 사실을 이해하거나, 일보다 삶을 우선하거나, 우리가 원하는 변화를 서서히 달성하기 위해 의식적 추론을 사용하거나, 스트레스를 일으키는 요인의 중요성을 먼저 판단하고 어떤 조치를 취해야 하는지 결정함으로써 스트레스에 대처하는 방법 등을 주장했을 것이다. Bakker, G. M. (2019). "Nine evidence-based guidelines for a good life." *Skeptic, 43*(6), 34-39.

24 그리고 많은 사람이 디팩의 주장을 수용하고 있다. 다음을 참조하라. Dalton, C.(2016). "Bullshit for you; transcendence for me. A commentary on 'On the reception and detection of pseudo-profound bullshit.'" *Judgment and Decision Making, 11*, 121-122; Pennycook, G., Cheyne, J. A., Barr, N., Koehler, D. J., & Fugelsang, J. A.(2016). "It's still bullshit: Reply to Dalton(2016)." *Judgment and Decision Making, 11*, 123-125.

25 Barnes, R.(Producer)(2007, August 13). "The enemies of reason." IWC Media. 다음 기사도 함께 참조하라. Molé, P.(1998). "Deepak's dangerous dogmas." *Skeptic, 6*(2), 38-45; Shermer, M.(2007). "The great afterlife debate: Michael Shermer v. Deepak Chopra." *Skeptic, 13*(4), 52-55.

26 Sokal, A. D.(1996). "Transgressing the boundaries: Toward a transformative hermeneutics of quantum gravity." *Social Text, 14*, 217-252; Sokal, A., & Bricmont, J.(1998). *Intellectual impostures*. Profile Books.
27 Sokal, A.(1996, May 1). "A physicist experiments with cultural studies." *Lingua Franca*. http://linguafranca.mirror.theinfo.org/9605/sokal.html.
28 Heap, M.(2002). "Ideomotor effect(the 'Ouija Board' effect)." In M. Shermer(Ed.), *The skeptic encyclopedia of pseudoscience*(pp. 127-129). ABC-CLIO.
29 Simpkins, A. M., & Simpkins, C. A.(2016). *Core principles of meditation for therapy: Improving the outcome of psychotherapeutic treatments*. John Wiley & Sons.
30 심지어 이론물리학자이자 노벨상 수상자인 리처드 파인만Richard Feynman 조차도 이렇게 말했다. "이 세상에 양자역학을 제대로 이해한 사람은 단 한 사람도 없다."
31 Bausell, R. B.(2007). *Snake oil science: The truth about complementary and alternative medicine*. Oxford University Press; Buekens, F., & Boudry, M.(2015). "The dark side of the loon: Explaining the temptations of obscurantism." *Theoria, 81*, 126-142; Ernst, E.(2018). *SCAM: So-called alternative medicine*. Imprint Academic; Lindeman, M.(2011). "Biases in intuitive reasoning and belief in complementary and alternative medicine." *Psychology and Health, 26*, 371-382; Sperber, D.(2010). "The guru effect." *Review of Philosophy and Psychology, 1*, 583-592.
32 Enron Annual Report(2000). https://picker.uchicago.edu/Enron/EnronAnnualReport2000.pdf.
33 앤드루 데이비드슨Andrew Davidson이 제공한 기업 헛소리 생성기Corporate Gibberish Generator를 가리킨다.
34 Fugere, B., Hardaway, C., & Warshawsky, J.(2005). *Why business people speak like idiots: A bullfighter's guide*. Free Press.
35 기업, 법률, 정치의 세계에서 사용하는 언어를 이해시킬 목적으로 개소

리를 집중적으로 수록한 사전이 몇 가지 있다. Beckwith, L.(2006). *The dictionary of corporate bullshit: An a to z lexicon of empty, enraging, and just plain stupid office talk.* Broadway Books; Duncan, K.(2016). *The business bullshit book: The world's most comprehensive dictionary.* LID Publishing; Fugere, B., Hardaway, C., & Warshawsky, J.(2005). *Why business people speak like idiots: A bullfighter's guide.* Free Press; Law, D.(2008). *A dictionary of bull****: A lexicon of corporate and office-speak.* Constable and Robinson; Webb, N.(2010). *The dictionary of political bullshit.* JR Books; Webb, N.(2006). *The dictionary of(bull-shit): A shamelessly opinionated guide to all that is absurd, misleading and insincere.* Sourcebooks; Young, R.(2007). *The dictionary of legal bullshit.* Sphinx Publishing.

36　Kelley, H. H.(1967). "Attribution theory in social psychology." In D. Levine(Ed.), *Nebraska Symposium on Motivation*(Vol. 15, pp. 192-238). University of Nebraska Press; Kelley, H. H.(1973). "The process of causal attribution." *American Psychologist, 28*, 107-128.

37　Mallet, M., Nelson, B., & Steiner, C.(2012, January 26). "The most annoying, pretentious and useless business jargon." *Forbes.* https://www.forbes.com/sites/groupthink/2012/01/26/the-most-annoying-pretentious-and-useless-business-jargon/#66f9fb982eea.

38　Emre, M.(2018). *The personality brokers: The strange history of Myers-Briggs and the birth of personality testing.* Doubleday.

39　인류학자인 데이비드 그래버David Graeber는 이러한 개념을 지지하는 설득력 있는 주장을 펼친다.: Graeber, D.(2018). *Bullshit jobs: A theory.* Simon & Schuster.

40　https://arrowsmithschool.org/arrowsmith-schoolonline/.

41　Weber, R. C., Denyer, R., Yeganeh, N. M., Maja, R., Murphy, M., Martin, S., Chiu, L., Nguy, V., White, K., & Boyd, L.(2019). "Interpreting the preliminary outcomes of the Arrowsmith Programme: A neuroimaging and behavioural study." *Learning: Research and Practice, 5*, 126-148.

42 Hovland, C. I., & Weiss, W. (1951). "The influence of source credibility on communication effectiveness." *Public Opinion Quarterly, 15*, 635-650; Kelman, H. C., & Hovland, C. I. (1953). "'Reinstatement' of the communicator in delayed measurement of opinion change." *Journal of Abnormal and Social Psychology, 48*, 327-335; Mills, J., & Jellison, J. M. (1967). "Effect on opinion change of how desirable the communication is to the audience the communicator addressed." *Journal of Personality and Social Psychology, 6*, 98101; Petty, R. E., & Wegener, D. T. (1998). "Attitude change: Multiple roles for persuasion variables." In D. T. Gilbert, S. T. Fiske, & G. Lindzey (Eds.), *The handbook of social psychology* (Vol. 1, pp. 323-390). McGraw-Hill; Rhine, R., & Severance, L. (1970). "Ego-involvement, discrepancy, source credibility, and attitude change." *Journal of Personality and Social Psychology, 16*, 175-190.

43 Dorlo, T. P., Betz, W., & Renckens, C. N. (2015). "WHO's strategy on traditional and complementary medicine: A disgraceful contempt for evidence-based medicine." *Skeptical Inquirer, 39*(3), 42-45; Gorski, D. H. (2015). "Science sells out: Advertising traditional Chinese medicine in three supplements." *Skeptical Inquirer, 39*(3), 46-48; Nickell, J. (2012). "Traditional Chinese medicine: Views East and West." *Skeptical Inquirer, 36*(2), 18-20; Renckens, C. N., & Dorlo, T. P. (2019). "Quackery at WHO: A Chinese affair." *Skeptical Inquirer, 43*(5), 39-43; Novella, S. (2011). "What is acupuncture?" *Skeptical Inquirer, 35*(4), 28-29; Point, S. (2019). "Laser acupuncture: High-tech placebo." *Skeptical Inquirer, 43*(5), 50-51; Ulett, G. A. (1997). "Acupuncture's secrets revealed." *Skeptic, 5*(4), 46-51; Ulett, G. A. (2003). "Acupuncture, magic, and make-believe." *Skeptical Inquirer, 27*(2), 47-50.

44 Deepak Chopra: "Never eat with people you don't like." The Oprah Winfrey Show, Oprah Winfrey Network. https://www.youtube.com/watch?v=55nTtwpIPro.

45　Bleske-Rechek, A., Paulich, K., & Jorgensen, K.(2019). "Therapeutic touch redux: Twenty years after the 'Emily Event,' energy therapies live on through bad science." *Skeptic, 24*(2), 26-31; Rosa, L., Rosa, E., Sarner, L., & Barrett, S.(1998). "A close look at therapeutic touch." *Journal of the American Medical Association, 279*, 1005-1010.

46　McCarthy, T.(2017, August 18). "A year in Trump's orbit: A timeline of Steve Bannon's political career." https://www.theguardian.com/us-news/2017/aug/18/a-year-in-trumps-orbit-a-timeline-of-steve-bannons-political-career. 2017년 2월 2일 〈타임〉은 표지에 배넌의 사진을 싣고 "위대한 조작자"이자 "세계에서 두 번째로 막강한 권력을 행사하는 인물"이라고 썼다. 전하는 이야기에 따르면 트럼프 대통령은 부관이 언론에서 두각을 나타내는 것에 불만을 품게 되었다. 2017년 4월 4일 트럼프는 〈뉴욕포스트〉에 "내 전략가는 바로 나 자신이다"라고 말하고, 〈월스트리트저널〉에는 배넌이 "내 밑에서 일하는 사람"일 뿐이라고 말함으로써 대통령이 배넌에 대한 호감을 잃었다는 보도 내용에 힘을 실었다.

47　Kelsey, A., & Stracqualursi, V.(2016, November 15). "Why Trump's appointment of Steve Bannon has raised so many alarms." *ABC News*. https://abcnews.go.com/Politics/trumps-appointment-steve-bannon-raised-alarms/story?id=43554212.

48　Graham, D. A.(2018, January 3). "Why Trump turned on Steve Bannon." *The Atlantic*. https://www.theatlantic.com/politics/archive/2018/01/the-president-vs-steve-bannon/549617/.

49　Bump, P.(2019, January 29). "Bolton joins a select group: Those once praised and now derided by the president." *Washington Post*. https://www.washingtonpost.com/politics/2020/01/29/bolton-joins-select-group-those-once-praised-now-derided-by-president/; Malloy, A.(2020, January 29). "Trump slams Bolton as Senate considers calling him as a witness." *CNN Politics*. https://www.cnn.com/2020/01/29/politics/donald-trumpjohn-bolton/index.html.

50 Frazin, R. (2019, August 31). "Trump renews attacks on Omarosa, slamming her as 'disgusting and foul mouthed.'" *The Hill*. https://thehill.com/homenews/administration/459522-trump-slams-omarosa-as-disgusting-and-foul-mouthed.

51 Underberg, J. E., Gollwitzer, A., Oettingen, G., & Gollwitzer, P. M. (2020). "The best words: Linguistic indicators of grandiose narcissism in politics." *Journal of Language and Social Psychology, 39*, 271-281.

52 Hamblin, C. (1970). *Fallacies*. Methuen; Lewiński, M., & Oswald, S. (2013). "When and how do we deal with straw men? A normative and cognitive pragmatic account." *Journal of Pragmatics, 59*, 164-177.

53 Cooper, H. (2009, May 23). "Some Obama enemies are made totally of straw." *New York Times*. https://www.nytimes.com/2009/05/24/us/politics/24straw.html.

54 Bizer, G. Y., Kozak, S. M., & Holterman, L. A. (2009). "The persuasiveness of the straw man rhetorical technique." Social Influence, 4, 216-230.

55 랜스 머피의 이야기는 보편적이고 상징적이며 전 세계 제약회사 영업 사원에 적용된다. 나머지 내용은 사실이지만 머피의 신원을 보호하기 위해 이름, 직위, 직장은 허구이다.

56 O'Connor, C., & Weatherall, J. O. (2019). *The misinformation age: How false beliefs spread*. Yale University Press; O'Connor, C., & Weatherall, J. O. (2019). "Why we trust lies: The most effective misinformation starts with seeds of truth." *Scientific American, 321*(3), 54-61.

5장 '왜' 대신 '어떻게'라고 물어라

1 테드 강연의 멋진 패러디는 존 올리버John Oliver가 진행하는 미국 시사 풍자 프로그램 〈라스트 위크 투나잇〉에서 찾아볼 수 있다(2016년 5월 8일 방송된 시즌 3, 11화). 올리버는 토드 강연TODD Talks으로 알려진 가짜 테드 강연을 만들어 잘못된 과학 연구를 조롱했다. 패러디는 테드 강연에서

전형적으로 공유되는 잘못된 정보를 크게는 아니지만 과장한다.

2   Thurlow, C.(2019, May 15). "Intermittent fasting: Transformational technique." *TedxGreenville.* https://www.youtube.com/watch?v=A6Dkt7zyImk.

3   Bhutani, S., Klempel, M. C., Kroeger, C. M., Aggour, E., Calvo, Y., Trepanowski, J. F., Hoddy, K. K., Varady, K. A.(2013). "Effect of exercising while fasting on eating behaviors and food intake." *Journal of the International Society of Sports Nutrition, 10*, 50; Byrne, N. M., Sainsbury, A., King, N. A., Hills, A. P., & Wood, R. E.(2017). "Intermittent energy restriction improves weight loss efficiency in obese men: The MATADOR study." *International Journal of Obesity, 42*, 129; Hoddy, K. K., Gibbons, C., Kroeger, C. M., Trepanowski, J. F., Barnosky, A., Bhutani, S., & Varady, K.A.(2016). "Changes in hunger and fullness in relation to gut peptides before and after 8 weeks of alternate day fasting." *Clinical Nutrition, 35*, 1380-1385; Klempel, M. C., Bhutani, S., Fitzgibbon, M., Freels, S., & Varady, K. A.(2010). "Dietary and physical activity adaptations to alternate day modified fasting: Implications for optimal weight loss." *Nutrition Journal, 9*, 35; Varady, K. A., & Hellerstein, M. K.(2007). "Alternate-day fasting and chronic disease prevention: a review of human and animal trials." *American Journal of Clinical Nutrition, 86*, 7-13.

4   Rabinowitz, J. D., & White, E.(2010). "Autophagy and metabolism." *Science, 330*, 1344-1348.

5   Stockman, M. C., Thomas, D., Burke, J., & Apovian, C. M.(2018). "Intermittent fasting: Is the wait worth the weight?" *Current Obesity Reports, 7*, 172-185.

6   예상할 수 있듯 조건이 많이 붙을수록 주장이 진실일 가능성은 낮아진다. 판단과 의사결정을 연구하는 사람들은 복합적인 조건이 붙은 결과를 결합으로 표현한다. 스포츠북sports book(다양한 스포츠 경기에 도박할 수 있는 장소—옮긴이)과 카지노는 결과나 보상이 발생할 법하지 않으므로

결합 도박 형태로 번창한다. 무언가를 진실로 만들기 위해 결합이 많이 발생할수록 주장이 개소리일 가능성은 커진다.

7 Liberman, N., Trope, Y., McCrea, S. M., & Sherman, S. J.(2007). "The effect of level of construal on the temporal distance of activity enactment." *Journal of Experimental Social Psychology, 43*, 143-149; McCrea, S. M., Liberman, N., Trope, Y., & Sherman, S. J.(2008). "Construal level and procrastination." *Psychological Science, 19*, 1308-1314.

8 Alcock, J. E.(2018). *Belief: What it means to believe and why our convictions are so compelling.* Prometheus Books; Boghossian, P., & Lindsay, J. (2019). *How to have impossible conversations: A very practical guide.* Lifelong Books; Haidt, J.(2001). "The emotional dog and its rational tail: A social intuitionist approach to moral judgment." *Psychological Review, 108*, 814-834; Shermer, M.(2011). *The believing brain: From ghosts and gods to politics and conspiracies—How we construct beliefs and reinforce them as truths.* Times Books, Henry Holt.

9 뉴욕 양키스는 1927년 월드시리즈에서 피츠버그 파이어러츠를 눌렀다. 하지만 파이어러츠는 "좀 더 최근인" 1960년 월드 시리즈에서 양키스를 눌렀다.

10 Schwartz, N.(1999). "Self-reports: How the questions shape the answers." *American Psychologist, 54*, 93-105.

11 Bellos, A.(2016, March 28). "Did you solve it? The logic question almost everyone gets wrong." *The Guardian.* https://www.theguardian.com/science/2016/mar/28/did-you-solve-it-the-logic-question-almost-everyone-gets-wrong; Robson, D.(2019). *The intelligence trap: Why smart people make dumb mistakes.* W. W. Norton.

12 물론 출연자가 처음에 어떤 문을 선택했든 상관없이 게임 쇼 진행자인 몬티Monty가 출연자에게 결정을 바꿀 기회를 제공하리라고 확실하게 가정할 수 있을 때만 이 조언은 유효하다. 게임 쇼 진행자가 천성적으로 짓궂다면, 처음에 출연자들이 뒤에 차가 있는 문을 고른 경우에만 최초

결정을 고수하든지 바꾸라고 제안할 것이다. 결정을 바꾸면 당연히 염소가 나올 것이고, 상품은 다음 쇼로 넘어간다.

13　Petrocelli, J. V., & Harris, A. K.(2011). "Learning inhibition in the Monty Hall Problem: The role of dysfunctional counterfactual prescriptions." *Personality and Social Psychology Bulletin, 37*, 1297-1311; Rosenhouse, J.(2009). *The Monty Hall problem: The remarkable story of math's most contentious brain teaser.* Oxford University Press.

14　워싱턴 DC에서 샌프란시스코까지 거리는 거의 4828킬로미터이고 3개의 시간대를 포함한다. 두 도시는 모두 적도 가까이 있지 않지만, 적도가 지나는 4개의 시간대(동부 시간대, 중부 시간대, 산악 시간대, 태평양 시간대)는 거리가 약 6437킬로미터이고 각 시간대 거리는 약 1609킬로미터이다. 전 세계 시간대는 24개이다. 지구 둘레를 합리적으로 추정한 수치는 약 3만 8624킬로미터이다. 지구의 실제 둘레는 약 4만 72킬로미터이다. 종이 한 장을 절반씩 100번 접는 것은 불가능하다. 두께가 0.1밀리미터인 종이 한 장을 반으로 1번 접으면 두께는 0.2밀리미터, 2번 접으면 0.4밀리미터, 5번 접으면 3.2밀리미터, 30번 접으면 1.6킬로미터, 42번 접으면 44만 2570킬로미터(지구에서 달까지 거리보다 길다), 100번 접으면 지금까지 알고 있는 우주의 반지름인 10억 광년 또는 지구에서 태양까지 거리의 무려 850조 배(1억 4966만 8992킬로미터)이다!

15　Fox News.(2016, December 27). "Food stamp fraud at an all-time high: Is it time to end the program?" https://video.foxnews.com/v/5262528761001#sp=show-clips.

16　United States Department of Agriculture.(2017, September 1). "Food and Nutrition Service: Supplemental Nutrition Assistance Program, Program Accountability and Administration Division." State activity report. Fiscal Year 2016. https://fns-prod.azureedge.net/sites/default/files/snap/FY16-State-Activity-Report.pdf. 2016년 총 사기 피해액은 7000만 달러가 아니라 5억 9270만 달러였다(폭스앤프렌즈가 어떻게 7000만 달러라는 수치를 수집했는지는 아무도 모른다). 2016년 총 SNAP 비용은 665억 3900만 달

러로서, 사기 피해액 비율은 0.009퍼센트로 여전히 1퍼센트 미만이다. 2016년 미국 인구는 3억 2300만 명이고, SNAP 수급자는 4420만 명(전체 인구의 13.6퍼센트)이었다. SNAP 수급자가 받은 평균 지원액은 매달 125.40달러였고, 매년 1504.08달러였다). 2016년 조사를 실시한 결과 부적격자 수는 5만 5930명으로 전체 수급자의 1퍼센트 미만이었다.

17 Wemple, E.(2016, December 29). "Agriculture Department seeks correction from Fox News on food-stamp fraud report." *Washington Post*. https://www.washingtonpost.com/blogs/erik-wemple/wp/2016/12/29/agriculture-department-seeks-correction-from-fox-news-on-food-stamp-fraud-report/. 이 합계는 여전히 부정확하고 실제로는 8억 5800만 달러에 가깝다. United States Department of Agriculture.(2013, August 1). "The extent of trafficking in the Supplemental Nutrition Assistance Program: 2009-2011(Summary)." https://fns-prod.azureedge.net/sites/default/files/Trafficking2009_Summary.pdf; Wemple, E.(2016, December 30). "Fox News runs incorrect correction of food-stamp fraud report, then corrects correction." *Washington Post*. https://www.washingtonpost.com/blogs/erik-wemple/wp/2016/12/30/fox-news-runs-incorrect-correction-of-food-stamp-fraud-report-then-corrects-correction/.

18 Hancock, J.T., Curry, L. E., Goorha, S., & Woodworth, M.(2008). "On lying and being lied to: A linguistic analysis of deception in computer-mediated communication." *Discourse Processes, 45*, 1-23; Niederhoffer, K.G., & Pennebaker, J. W.(2002). "Linguistic style matching in social interaction." *Journal of Language and Social Psychology, 21*, 337-360; Newman, M. L., Pennebaker, J. W., Berry, D. S., & Richards, J. M.(2003). "Lying words: Predicting deception from linguistic styles." *Personality and Social Psychology Bulletin, 29*, 665-675.

19 Lee, M. S., Choi, J., Posadzki, P., & Ernst, E.(2012). "Aromatherapy for healthcare: An overview of systematic reviews." *Maturitas, 71*, 257-260.

20 Le Trionnaire, S., Perry, A., Szczesny, B., Szabo, C., Winyard, P. G.,

Whatmore, J. L., Wood, M. E., & Whiteman, M.(2014). "The synthesis and functional evaluation of a mitochondria-targeted hydrogen sulfide donor, (10-oxo-10-(4-(3-thioxo-3H-1,2-dithiol-5-yl)-phenoxy)decyl)triphenylphosphonium bromide (AP39)." *Medical Chemistry Communication, 5*, 728-736.

21 ScienceDaily.com.(2014, July 9). "Rotten egg gas holds key to healthcare therapies." *ScienceDaily.com*. https://www.sciencedaily.com/releases/2014/07/140709115455.htm.

22 주석 20번에 인용한 논문의 발견 사항과 함축된 의미를 부정확하게 요약해서 보도했다는 사실이 밝혀지고 나서 다음에 열거한 다수의 기사가 철회되었다. 다음을 참조하라. Stampler, L.(2014, July 11). "A stinky compound may protect against cell damage, study finds." *Time*. https://time.com/2976464/rotten-eggs-hydrogen-sulfide-mitochondria/; Downey, A.(2017, October 27). "Sniffing your partners' farts could help ward off disease." *New York Post*. https://nypost.com/2017/10/27/sniffing-your-partners-farts-could-help-ward-off-disease/.

6장 우리는 더 현명해질 수 있다

1 Fisher, R., Ury, W., & Patton, B.(1981). *Getting to yes: Negotiating agreement without giving in*. Penguin Books.

2 Epstein, E. J.(1982). "Have you ever tried to sell a diamond?" *Atlantic Monthly, 249*(2), 23-34.

3 Crockett, Z., Dhar, R., & Mayyasi, A.(2014). *Everything is bullshit*. Priceonomics.

4 크리스티나 프라이스의 이야기는 보편적이고 상징적이며 전 세계 부동산 중개업자에 적용된다. 나머지 내용은 사실이지만 프라이스의 신원을 보호하기 위해 이름은 허구이다.

5 Turpin, M. H., Walker, A. C., Kara-Yakoubian, M., Gabert, N. N., Fugelsang, J. A., & Stolz, J. A.(2019). "Bullshit makes the art grow

profounder." *Judgment and Decision Making, 14*, 658-670.

6   Rule, A., & Levine, D. (2012). "International art English: On the rise, and the space, of the art world press release." *Triple Canopy, 16*, 7-30.

7   Dawes, R. M. (1979). "The robust beauty of improper linear models in decision making." *American Psychologist, 34*, 571-582; Hardman, D. (2009). *Judgment and decision making: Psychological perspectives.* BPS-Blackwell; Harte, J. M., & Koele, P. (2001). "Modelling and describing human judgement processes: The multiattribute evaluation case." *Thinking and Reasoning, 7*, 29-49; Kim, N. S. (2018). *Judgment and decision making: In the lab and the world.* Palgrave; Payne, J. W., Bettman, J. R., & Johnson, E. J. (1988). "Adaptive strategy selection in decision making." *Journal of Experimental Psychology: Learning, Memory, and Cognition, 14*, 534-552; Svenson, O. (1979). "Process descriptions of decision making." *Organizational Behavior and Human Performance, 23*, 86-112.

8   Newell, A., & Simon, H. A. (1972). *Human problem solving.* Prentice-Hall.

9   Hirt, E. R., & Castellan, N. J. (1988). "Probability and category redefinition in the fault tree paradigm." *Journal of Experimental Psychology: Human Perception and Performance, 14*, 122-131.

10 Facione, P. A., Facione, N. C., & Giancarlo, C. A. (2014). *User manual: The California Critical Thinking Disposition Inventory.* California Academic Press; Facione, P. A., Giancarlo, C. A., Facione, N. C., & Gainen, J. (1995). "The disposition toward critical thinking." *Journal of General Education, 44*, 1-25.

11 Stone, E. R., Yates, J. F., & Parker, A. M. (1994). "Risk communication: Absolute versus relative expressions of low-probability risks." *Organizational Behavior and Human Decision Processes, 60*, 387-408.

12 Kahneman, D., & Thaler, R. (2006). "Utility maximization and experienced utility." *Journal of Economic Perspectives, 20*, 221-234.

13 Stanovich, K. E. (2016). "The comprehensive assessment of rational

thinking." *Educational Psychologist, 51*, 23-34; Stanovich, K. E., & West, R. F.(1997). "Reasoning independently of prior belief and individual differences in actively open-minded thinking." *Journal of Educational Psychology, 89*, 342-357; Toplak, M. E., West, R. F., & Stanovich, K. E.(2014). "Rational thinking and cognitive sophistication: Development, cognitive abilities, and thinking dispositions." *Developmental Psychology, 50*, 1037-1048. See also McElroy, T., & Dowd, K.(2007). "Susceptibility to anchoring effects: How opennessto-experience influences responses to anchoring cues." *Judgment and Decision Making, 2*, 48-53. But also see Furnham, A., Boo, H. C., & McClelland, A.(2012). "Individual differences and the susceptibility to the influence of anchoring cues." *Journal of Individual Differences, 33*, 89-93.

14 Pennycook, G., Cheyne, J. A., Barr, N., Koehler, D. J., & Fugelsang, J. A.(2015). "On the reception and detection of pseudo-profound bullshit." *Judgment and Decision Making, 10*, 549-563.

15 Novella, S., & DeAngelis, P.(2002). "Dowsing." In M. Shermer(Ed.), *The skeptic encyclopedia of pseudoscience*(pp. 93-94).: ABC-CLIO.

16 United States Geological Survey.(2020, October). "General facts and concepts about ground water." https://pubs.usgs.gov/circ/circ1186/html/gen_facts.html.

17 Enright, J. T.(1999). "The failure of the Munich experiments." *Skeptical Inquirer, 23*(1), 39-46. 다음도 참조하라. CoolGuy23423(2009, January 30). "Dawkins debunks dowsing, from part one of The Enemies of Reason[Video]." YouTube. https://www.youtube.com/watch?v=_VAasVXtCOI.

18 National Consortium for the Study of Terrorism and Responses to Terrorism.(2017). *Global terrorism database.* https://www.start.umd.edu/research-projects/global-terrorism-database-gtd; Ritchie, H., Hasell, J., Appel, C., & Roser, M.(2019). *Terrorism: Our world in data.* https://

ourworldindata.org/terrorism#how-many-people-are-killed-by-terrorists-worldwide.
19. 이러한 장비 1개를 제작하는 비용은 60달러가 넘지 않았다. Norland, R.(2009, November 3). "Iraq swears by bomb detector U.S. sees as useless." *New York Times.* https://www.nytimes.com/2009/11/04/world/middleeast/04sensors.html.
20. Hawley, C., & Jones, M.(January 22, 2010). "Useless bomb detector sold worldwide risks lives." *BBC News.* http://news.bbc.co.uk/2/hi/programmes/newsnight/8471187.stm; Mohammed, R., & Nordland, R.(January 23, 2010). "British man held for fraud in Iraq bomb detectors." *New York Times.* https://www.nytimes.com/2010/01/24/world/europe/24scanner.html.
21. French, C.(2013, April 27). "The unseen force that drives Ouija boards and fake bomb detectors." *The Guardian.* https://www.theguardian.com/science/2013/apr/27/ouija-boards-dowsing-rods-bomb-detectors.
22. Doherty, B.(1996, November 11). "Box of dreams." *Reason.* https://reason.com/1996/11/01/box-of-dreams/; Higginbotham, A.(2013, July 11). "In Iraq, the bomb-detecting device that didn't work, except to make money." *Bloomberg Businessweek.* https://www.bloomberg.com/news/articles/2013-07-11/in-iraq-the-bomb-detecting-device-that-didnt-work-except-to-make-money.
23. Hussain, M.(2015, November, 23). "This fake bomb detector is blamed for hundreds of deaths. It's still in use." *TheIntercept.com.* https://theintercept.com/2015/11/23/this-fake-bomb-detector-is-blamed-for-hundreds-of-deaths-its-still-in-use/.
24. Shermer, M.(2011). *The believing brain: From ghosts and gods to politics and conspiracies-How we construct beliefs and reinforce them as truths.* Times Books, Henry Holt and Company.
25. Gilovich, T., Vallone, R., & Tversky, A.(1985). "The hot hand in basketball:

On the misperception of random sequences." *Cognitive Psychology, 17*, 295-314; Kahneman, D., & Tversky, A.(1971). "Belief in the law of small numbers." *Psychological Bulletin, 76*, 105-110; Thompson, W. C.(2009). "Painting the target around the matching profile: The Texas sharpshooter fallacy in forensic DNA interpretation." *Law, Probability and Risk, 8*, 257-276.

나오며

1. Asch, S. E.(1951). "Effects of group pressure upon the modification and distortion of judgment." In H. Guetzkow(Ed.), *Groups, leadership, and men*(pp. 76-92). Carnegie Press; Asch, S. E.(1956). "Studies of independence and conformity: A minority of one against a unanimous majority." *Psychological Monographs, 7*(9), 1-70; Deutsch, M., & Gerard, H. G.(1955). "A study of normative and informational social influence upon individual judgment." *Journal of Abnormal and Social Psychology, 51*, 629-636.

2. Berkowitz, A. D.(2005). "An overview of the social norms approach." In L.Lederman, L. Stewart, F. Goodhart, & L. Laitman(Eds.), *Changing the culture of college drinking: A social situated prevention campaign*(pp. 187-208). Hampton Press; Borsari, B., & Carey, K. B.(2003). "Descriptive and injunctive norms in college drinking: A meta-analytic integration." *Journal of Studies on Alcohol, 64*, 331-341; Cialdini, R. B., Reno, R. R., & Kallgren, C. A.(1990). "A focus theory of normative conduct: Recycling the concept of norms to reduce littering in public places." *Journal of Personality and Social Psychology, 58*, 1015-1026; Lapinski, M. K., & Rimal, R. N.(2005). "An explication of social norms." *Communication Theory, 15*, 127-147; Rimal, R. N., & Lapinski, M. K.(2015). "A re-explication of social norms, ten years later." Communication Theory, 25, 393-409.

3. Rimal, R. N.(2008). "Modeling the relationship between descriptive norms and behaviors: A test and extension of the theory of normative social

behavior(TNSB)." *Health Communication, 23*, 103-116.

4   Reno, R. R., Cialdini, R. B., & Kallgren, C. A.(1993). "The transsituational influence of social norms." *Journal of Personality and Social Psychology, 64*, 104-112.

5   Schultz, P. W., Nolan, J. M., Cialdini, R. B., Goldstein, N. J., & Griskevicius, V.(2007). "The constructive, destructive, and reconstructive power of social norms." *Psychological Science, 18*, 429-434.

6   따라서 여러 주요 대도시 지역에 있는 에너지 공급 기업들은 서술적 규범에 따른 에너지 사용 정보를 제공하는 동시에 명령적 규범을 인식시키기 위해 웃는 얼굴과 슬픈 얼굴을 사용해 피드백을 제공한다. Kaufman, L.(2009, January 30). "Utilities turn their customers green with envy." *New York Times.* https://www.nytimes.com/2009/01/31/science/earth/31compete.html.

7   Glad, W., & Adesso, V. J.(1976). "The relative importance of socially induced tension and behavioral contagion for smoking behavior." *Journal of Abnormal Psychology, 85*, 119-121; Grosser, D., Polansky, N., & Lippitt, R.(1951). "A laboratory study of behavioral contagion." *Human Relations, 4*, 115-142; Krassa, M. A.(1988). "Social groups, selective perception, and behavioral contagion in public opinion." *Social Networks, 10*, 109-136; Polansky, N., Lippitt, R., & Redl, F.(1950). "An investigation of behavioral contagion in groups." *Human Relations, 3*, 319-348; Polansky, N. A.(1952). "On the dynamics of behavioral contagion." *Group, 14*, 3-8; Ritter, E. H., & Holmes, D. S.(1969). "Behavioral contagion: Its occurrence as a function of differential restraint reduction." *Journal of Experimental Research in Personality, 3*, 242-246; Suzuki, S., Jensen, E. L. S., Bossaerts, P., & O'Doherty, J. P.(2016). "Behavioral contagion during learning about another agent's risk-preferences acts on the neural representation of decision-risk." *PNAS Proceedings of the National Academy of Sciences, 113*, 3755-3760; Watanabe, K.(2008). "Behavioral speed contagion: Automatic

modulation of movement timing by observation of body movements." *Cognition, 106*, 1514-1524; Wheeler, L.(1966). "Toward a theory of behavioral contagion." *Psychological Review, 73*, 179-192; Wheeler, L., Smith, S., & Murphy, D. B.(1964). "Behavioral contagion." *Psychological Reports, 15*, 159-173.

8   Chu, D. K., et al.(2020). "Physical distancing, face masks, and eye protection to prevent person-to-person transmission of SARS-CoV-2 and COVID-19: A systematic review and meta-analysis." *The Lancet, 395*, P1973-1987. 다음도 참조하라. Centers for Disease Control and Prevention.(2020, November 20). "Scientific brief: Community use of cloth masks to control the spread of SARS-CoV-2." https://www.cdc.gov/coronavirus/2019-ncov/more/masking-science-sars-cov2.html.

우리가 혹하는 이유

초판 1쇄 발행 2021년 12월 29일
초판 3쇄 발행 2022년 4월 20일

지은이 존 페트로첼리
옮긴이 안기순
편집자 하선정
디자인 손주영

펴낸곳 주식회사 해와달콘텐츠그룹
브랜드 오월구일
출판등록 2019년 5월 9일 제2020-000272호
주소 서울특별시 마포구 양화로 183, 311호
E-mail info@hwdbooks.com

ISBN 979-11-91560-08-4 (03330)

* 오월구일은 주식회사 해와달콘텐츠그룹의 단행본 브랜드입니다.
* 이 책은 저작권법에 의하여 보호를 받는 저작물이므로 무단 전재와 복제를 금합니다.
* 책값은 뒤표지에 있습니다.
* 파본은 구입하신 서점에서 교환해드립니다.